札幌大学産業経営研究所企業研究シリーズ Ⅱ

北海道の企業2
ビジネスをケースで学ぶ

佐藤郁夫・森永文彦・小川正博❖編著

北海道大学出版会

シリーズ〈北海道の企業〉刊行にあたって

　私たちが本書のような研究成果をシリーズで刊行することを思い立った理由は，大きくいって2つあります。
　ひとつは，北海道で企業経営を勉強する学生諸君や企業で働いている皆さんに，世界的なあるいは日本を代表する大企業ばかりでなく，身近な北海道の企業をも事例研究の対象に加えてほしいということです。
　アメリカのビジネス・スクールでの経営学教育がケース・スタディーという手法をとることはよく知られています。そして日本の大学でも近年，個別企業の経営のケースを吟味し討議する授業の試みが，少しずつ増えてきました。そこで取り上げられるのは総じて高い業績の企業ですが，けっして業績が良いという理由だけではなく，経営理念，企業文化，組織と戦略，イノベーション，マーケティング，競争と協調，環境変化への対応等々，経営学の主要論題のどれかで顕著な特性をもち，それが業績の変化に反映されたケースが最も好まれます。
　またケース・スタディーでは，成功企業の事例を一般化して他にも適用できるものとするのでなく，個々の企業がある時点のさまざまな条件下でどんな意思決定をしたのかを掘り下げ，ビジネスの感覚を身につけていくことが狙いですから，テーマごとに多様なケースに接する必要があります。しかも多くのケースで'賞味期限'は短く，加筆や書き換えが必要になりますので，テキスト作りも授業の継続も，必ずしも容易ではありません。日本でケース・メソッドを授業に取り入れたいという教師の意欲のわりに，実践がスムースに進行していないのには，そんな事情もあるでしょう。
　北海道の個別企業にかんするこれまでの研究は，研究者が自分の専門領域の関心から特定企業を探求したたぐいのもので，本書でいうケース・スタディーとは違いますし，ましてやテキストとして集成されたことは一度もありません。ビジネス・ケースに北海道企業のケースを加えることで，もっと魅力的な授業

ができるのではないかというのが，私たちのそもそもの発想でした．札幌大学産業経営研究所の活動の一環として，ここ２年ほど，他大学の教員や大学外の方々にも参加していただき，北海道企業のケース・スタディーのいわば第１次蓄積を試みてきました．いまのところ30社ほどを視野に入れて，おのおの担当する企業を決め，研究会を重ねながらケースの執筆を進めています．今回はそのうちの12ケースを１冊にまとめることにしました．

　本書の刊行を考えたもうひとつの理由は，北海道経済をめぐる分析や議論に，なにがしかの貢献ができるのではないかということです．

　北海道経済を対象にしてこれまで書かれた多くの著作は，北海道経済をまるごとか，あるいは産業別，地域別，時期別などに取り上げたものです．そうした研究はむろん重要ですが，そこに本書のような個別企業のレベルで行った検討を加えることによって，何か新しい論点が見えてくるのではないか．例えば北海道の産業の特性をよく示す農業や観光関連の事業，住宅産業，家具の製造・販売等々を論ずるときに，同一の産業に属しながら対照的なまでに異なる経営戦略をとった２つの企業が，共に成長してきたケースは少なくありません．「北海道における○○産業の成長条件」といった一般化が躊躇されます．また「北海道の資源を生かした事業展開」といっても，その内容はじつに多様です．現実には，北海道の資源にこだわって状況の変化に対応しきれず，倒産に追い込まれてしまったケースも，なくはありません．土地が広い，資源が豊富，冬は寒くて雪が積もるといった「北海道の経営環境」が，企業のとる戦略によってプラスの要因になったり，マイナスの要因になったりする場合があります．「北海道の企業家像」もこれまでやや単純化して論じられてきたきらいがあり，すぐれた経営者に個別に接すると一般化の弊が痛感されます．北海道では優良企業といっても歴史のある伝統企業はほとんどなく，いまも経営の先頭にいる創業者によって，成長のステップを刻んできたケースが非常に多いことから，それだけ企業家の構想，選択，決断，手腕が，企業の動向にどう作用したかを見やすいという意味があるのです．

　もちろんこの第１集におさめた12企業の事例だけでは，従来の北海道経済論に向けて投ずる石はごく小さなものにすぎません．できるだけ早く第２集，第３集の刊行につなげて，もっと多くの企業を比較，検討できるようにしたい

と念じています。それでも私たちの力からいって，今後，当研究所だけでこの種の研究課題を担うということはできないでしょう。むしろ多くの未熟さを含んでいるだろう本書を踏み台にして，いろいろなところから北海道企業のケース・スタディーが書き加えられ議論が展開されることを望んでいます。

　2005年11月3日

札幌大学産業経営研究所

〈北海道の企業〉第2集の刊行にあたって

　第1集で取り上げた12企業に今回の12企業を加えて24のケースを集成した今，調査とまとめにあたった私たち自身，北海道企業のイメージが当初より格段に豊かになったことを実感しています。一方では，ケースをいくつ増やしたところで，それぞれの企業がもつ特性はきわめて個別的なもので，軽々に「北海道の企業は…」などと一般化して論じられないことはすでに述べた通りです。しかし同時に他方で，こうしてケースの集積が厚みを増してくるにつれて，それらの全体を覆うある種共通の論点が浮かび上がってきた感じもするのです。

　そんな論点として，とくに3つをここに挙げます。第1に，北海道で各事業分野の先頭に立っている多くの優良企業は今なお「新興企業」「創業者企業」の性格を色濃くまとっており，それだけに事業に乗り出した創業者がいだいた夢と今日の事業の現実とのつながりを，かなり明瞭かつ具体的にたどれるように思います。これはじつは，長い歴史を持った企業や経営陣と組織を何度も変えてきた大企業の場合には，とても難しいことなのです。第2に，マーケティングにおけるすぐれた成果とその各々の内実という論点です。北海道企業のマーケティング力の鍛えられ方が足りないことはこれまでしばしば指摘されてきましたが，これは逆にいうと，そうした環境のもとで傑出したマーケティング力を身につけたからこそ優良企業になったとも解せられるでしょう。そして大事なのは，そのマーケティング力というものが，大量生産と大量流通を統合した大企業をモデルに書かれたテキストにあるようなのとは多分に異なる，地場中小企業の独自性を伴って育まれてきたということです。第3に，「地域資

源とのかかわり」の意味内容です。地場企業が地域の資源を有効に活用するのが望ましいと誰でもが思っているでしょうが，その活用の仕方は業種，業態，企業によって一様でありません。北海道産の一次産品を直接使ってブランド化しているようなものから，北海道の自然環境（日本列島の北辺，積雪寒冷，広大な土地，豊富な資源など）や社会環境（人材，資金，都市と農村，インフラなど）を経営のプラス要因にしている企業，地域の生活・文化を経営資源としそれに立脚した活動を追求している企業まで，「地域資源」の概念を大きく広げて検証する必要があります。

　こんな論点を念頭において個々の企業のケースに入っていくと，全体を通じての北海道企業のイメージが身につきやすいかもしれません。多くの方の北海道にかんする関心や勉強に役立てていただくことを，強く期待しています。なお今回の作業にも，（財）北海道開発協会から研究助成をいただきました。また刊行にあたって札幌大学経済経営学会からの出版助成が与えられました。これらに深く感謝の意を表します。

2008年3月

札幌大学産業経営研究所

目　次

シリーズ〈北海道の企業〉刊行にあたって

序　章　ケース・スタディーから学ぶこと
　　　──企業の成長要素と経営環境の変化 …………………………1

企業の成長要素　2／『北海道の企業』でみえた部分　2／本書で焦点を当てたマーケティング　4／顧客動向を把握するマーケティング　5／ブランドとネットワーク　7／希少性とブランド形成　11／中小企業の成長と資金調達　13／資金調達と信用　14／まとめ　17

第1章　きのとや
　　　──街の手づくりケーキ屋からの事業展開 …………………19

1．「きのとや」成立の経緯　21
　素人の挑戦　21／ケーキ宅配というアイディア　23

2．1店舗売り上げ日本一　25
　「異常」な伸長　25／「5つの日本一」目標　26

3．ビジネスモデルの構築　27
　製造・発注・配送システム　27／大きな試練と教訓　29／店舗の増設と百貨店への出店　31

4．おみやげ菓子のブランド戦略　33
　「きのとやスフレ」　33／積極的な新商品開発　34／スイーツ王国建設に向けて　36

5．むすびにかえて──マーケティング論からみた「きのとや」　37

第2章　六花亭製菓
　　　──幸運とマーケティング戦略が育てた北海道ブランド …………41

1．創　業　期　42
　最初の幸運　45

2．ブランド形成の初期　46

地域文化に根ざしたネーミングとパッケージ　46／ホワイトチョコレート　49
　3．六花亭ブランドへの転換　50
　　　六花亭の誕生　50／「マルセイバターサンド」　51
　4．生産と販売の体制づくり　52
　　　生産体制　52／店舗網　53
　5．六花亭ブランドを支える要素　54
　　　商品開発・販売戦略　56／ブランドづくりにつながる人事戦略　57／文化（メセナ）活動　59
　6．ま　と　め　61

第3章　サンマルコ食品
　　　──北海道ブランドの輸出企業　………………………………63
　1．スタート　64
　2．売れる商品の開発　65
　3．販売先の開拓　67
　4．食を取り巻く環境の変化　69
　5．冷凍食品市場の概要　72
　6．品　質　管　理　74
　7．二つのブランド戦略　76
　8．今後の展望　77

第4章　佐　藤　水　産
　　　──本物の北海道の味を提供する水産加工業　………………79
　1．佐藤水産の概要　80
　　　佐藤水産を支える経営理念　80／会社組織のネットワーク　81
　2．水産加工業の常識にとらわれない発展の経緯　84
　　　創業──佐藤商店から佐藤水産へ　84／札幌への進出　86／「石狩」へのこだわり　87／マーケティングの全面展開　89
　3．事業展開にみられる独自性　90
　　　北海道産食材で「らしさ」を追求　90／「天然鮭」を提供するという社会的使命　90／付加価値指向の新製品開発　91／安心・安全追求の高いハードルを設定　92／「商売冥利」「感動共有」の社風　93／石狩鮭から佐藤水

　　　　産ブランドへ　95
　4．おわりに──佐藤水産にみる成功要因　96

第5章　森高牧場
　　　──酪農経営体がもつ社会性 ………………………………………99

　1．森高牧場の歩み　101
　　　入植から酪農へ　101／「優良酪農家」への道　101／「マイペース酪農」への転機　102
　2．根釧原野での大規模酪農経営の展開　103
　　　パイロットファーム開拓事業　103／開拓パイロット事業　105／基本法農政のもとでの「新酪農村」建設　106／大規模酪農経営の構造　108
　3．森高牧場の経営転換　110
　　　マイペース酪農での具体的な方策　110／経営転換の経緯と成果　113
　4．家畜糞尿処理への取組み　116
　　　「社会問題」としての家畜糞尿問題　116／マイペース酪農での糞尿処理　117／地域漁業者との交流──活性水（U水）に向けて　118
　5．おわりに──残された問題　120

第6章　日農機製工
　　　──北海道の大規模農業を支える農業機械メーカー ……………123

　1．農業機械産業の動向　125
　　　農業機械産業を特徴づけることがら　125／北海道の農業機械産業　128
　2．売れる製品開発の深耕　130
　　　ニチノーグループの形成　130／製品設計の充実と製品開発　132
　3．ものづくりの体質改善　136
　　　生産工程管理システムの構築　136／5Ｓ活動の実施　137／人に優しい職場づくり　139
　4．確かな品質保証を実現するための「人づくり」　140
　　　社内資格制度　140／業務の標準化と目標管理　142
　5．今後の課題と戦略　143

第7章　ソメスサドル
　　　──革を極めたもの造り ……………………………………………145

1. 馬具メーカーからの変遷　146
　　産炭地の地域再興のための創業　146／輸出企業からの転換　147／企業再建　149／社名の変更から新しい経営へ　150

2. 国内企業の衰退が著しい事業環境　151
　　業界規模の縮小　151／零細規模が中心　153

3. 馬具技術を活かしたもの造り　153
　　製品のコンセプト　154／素材にこだわる　155／クラフトの技が活きる生産工程　156／生産計画ともの造り体制　158／革から発想する製品企画　159／コア・コンピタンス　160

4. 地道な営業で市場を開拓　161
　　売上構成　162／販売チャネル　163／本州進出　165／ひたすら地道な営業を展開　166

5. ブランド企業への道　166
　　ブランドとは　167／ブランドの役割　168／ブランド構築　168／ブランド確立に向けて　169

第8章　キメラ
——北海道へ進出して大きく飛躍した金型部品加工メーカー …………171

1. 金型業界の動向　173
　　わが国の金型業界　173／道内業界の現状　175

2. 株式会社キメラの設立　176
　　室蘭進出の経緯　176／社名の由来　177／室蘭進出に当たっての公的支援　177／室蘭進出後，基盤づくりに貢献した2人　178

3. 協和精工・キメラの技術等の変遷　179

4. キメラの業績　180
　　キメラ製品の特徴　180／キメラの経営実績　181／キメラのISO認証取得　183

5. キメラの強み(成長要因)　184
　　人材の確保と人材教育　184／「数字」を通じての組織力強化　185／IT技術と匠の技術の融合——短納期の実現　186／豊富な機械設備とその活用　188／発注先を虜にする「金型のデパート」　190／社長の仕事は情報収集　190

6. 新たな挑戦　191
　　金型部品から完成品へ　191／キメラの研究開発　192

第9章　カナモト
　　　──建設機械レンタル市場のパイオニア……………………………………195

1．カナモトの沿革　196

　創業　196／金(金本)太中氏の経営への参画　198／会社(法人)設立　200／建設機械レンタル業の創成期　201／建設機械レンタル業の特性　202／急成長期　203

2．多店舗展開・アライアンスによるシナジー効果の最大化　205

　多店舗戦略　205／東北・関東へ拠点を展開──北海道外への進出　205／中部・関西への進出　206／アライアンス戦略　206

3．多店舗展開を支えてきた資本戦略　208

　「脱」同族会社　208／株式上場　209

4．情報戦略　210

　ハードメリットとソフトメリット　211

5．今後の展望　211

　縮小する建設投資市場　211／資産戦略　211／海外進出　213／多角化　214／おわりに　214

第10章　モロオ
　　　──地域密着型の総合健康・医療企業を目指す医薬品卸……………217

1．医療用医薬品流通の概要と卸売業の動向　218

　医療用医薬品流通の概要　218／道内の医薬品卸業界の動向　221

2．モロオの創業と発展　222

3．モロオの事業内容と特徴　224

　医薬品の販売，受注・配送　224／地域密着型総合健康・医療企業としての事業の多角化　227

4．未来に向かって──事業を担う人材の育成　229

第11章　ムトウ
　　　──常に未来を志向して全国展開する医療機器総合商社………………235

1．医療の始まりと今　236

2．医療制度と医療機器業界　237

3．経営展開の経緯　238

　ムトウの今　238／経営拡大の軌跡──北海道から全国へ　240

4. ムトウの経営戦略　244
　　業界環境の特徴　244／ムトウの戦略とは　246／拡大を可能にした素地　247

 5. 戦略を具体化する取組み　249
　　経営の基盤確立のために　249／経営を支える人材の育成　251／市場への情報化対応　253

 6. これからのムトウ　256
　　今後の展開　256／北海道へのこだわり　257

第12章　データクラフト
――ソフトウェア産業のものづくりとマーケティング戦略 …………259

 1. 創業の経緯と時代背景　260
　　大学入学から就職，そして転職　261／パソコン産業の草創期　262／デービーソフトへの入社　264／パソコンの進化と業界動向　265／データクラフト設立の下地　266／デービーソフト退社とデータクラフト設立　267／人に支えられての創業　268

 2. 『素材辞典』の制作　269
　　DTPの普及と出版・印刷業界における写真ニーズ　270／著作権フリーの写真　270／フォトエージェンシー業界　272／『素材辞典』制作の法律問題　274／著作権と写真家　275／経営資源　277

 3. マーケティング　278
　　競合製品に対する差別化　278／営業努力　278／シリーズ商品化　280／『素材辞典』が業界に与えた影響　281

 4. 経営環境の変化と今後の展望　281
　　ロングセラー・シェアナンバーワン製品　284

終　章　企業活動と地域経済
――規模・成長性・波及効果 ………………285

　　企業活動の外部効果ということ　286／地域における集積の意義　286／集積からネットワークへ　288／産業連関の視点からみた北海道産業の動態　290／産業の地域経済への生産波及効果を測る　292／地域におけるリーディング企業の役割　294

編者・執筆者紹介　298

序　章

ケース・スタディーから学ぶこと

企業の成長要素と経営環境の変化

企業の成長要素

　企業が誕生して成長を維持させるために経営者はどのようなことに頭を悩ませているのか？　まず企業として誕生するためには，事業機会を見つけ出すことが最初のステップとなる。事業機会の発見とは，起業家が想定した顧客にふさわしい商品やサービスを開発するアイディアを思いつくことである。あるいは，既存の商品やサービスに工夫をこらして新しい顧客を掘り起こすことである。実際に事業を始めるにあたっては，想定した顧客と商品やサービスが適切に結びつくための供給システムを創造し，それに必要となるヒト，モノ，カネなど経営資源を調達しなければならない。これらの商品開発，供給体制の確立，資源調達は別々に取り組まれる場合もあるし，同時になされることもある。また，こうして始まった事業は経営者が想定した顧客や商品，そして経営者が調達できた資金や人材等の経営資源，そのときの環境などによって各種の制約が加えられることで多様な組み合わせが生まれる。起業家が繰り返し行う判断や意思決定によって，より相乗効果が働くような組み合わせが工夫され，成長の道筋はでき上がる。それらの判断や意思決定を行うには，やはり自社の商品開発，供給体制，経営資源，そして経営を取り巻く環境等に関する情報の束がどのように経営者まで届けられたかが重要となる。

　このように企業の成長は様々な要素を複雑に絡み合わせようとする経営者が行った判断や意思決定の積み重ねの結果から成り立っている。このため，多くの経営者がマスコミ等に成功の秘訣をたずねられると自讃の意味も込めて「企業は人なり」と答えることがあった。しかしながら，これでは「あの人がいたから」というような抽象的な属人論でとどまってしまうために外部からその経営の強みや優位性を抽出しにくい。また，この事業の後継者やこれから成長路線を歩もうとする起業家，中小企業の経営者にとっても経営を構成する商品開発，供給体制，経営資源の組み合わせのごく一部分を取り上げて提供しただけにすぎない。とりわけ，多くの経営者が日常の業務のなかで共通して抱える顧客獲得，資金調達，人材育成等の悩みについてはほとんど答えていない。

『北海道の企業』でみえた部分

　前著『北海道の企業』では，道内企業に関するケース・スタディーを試みる

ことで，地域経済や企業経営に関してこれまでにない知見を得ようとした。それは，第1に，これまで見てきたように，企業の成長にはそれを取り巻く地理的，社会的な環境が大きな影響を与えているはずであるが，従来の経営書は地域性に目を向けない大企業のケース・スタディーがほとんどであった。このため，地域に誕生して成長を望む中小企業の経営者にとって学ぶべき部分が抜け落ちている。第2に，これまで北海道という地域経済を理解するために採用してきた接近方法はマクロ的，産業別，地域別などの視点からとらえたものがほとんどであった。これを個別の企業レベルで見つめ直すことによって，多くの関係者の間で議論されてきた「北海道の企業経営者は〇〇〇」という評価について，われわれなりの再検討を試みたのである。

例えば，観光などでは，「サービス三流」という言葉がマスコミ等で流布している。このため，阿寒グランドホテルを取り上げることで，全国でも指折りのサービスという評価を得ている旅館経営について検証してみた。ジャパンケアサービスも介護サービスの分野では全国的に高い評価を得ている企業であるため，同様の視点から取り上げた。ちなみに，両社のようにサービス面で高い評価を得ているということは人材育成についても何らかの優位性を見出せるはずであるから，優れたサービスや人材育成の背景にある経営者の思想や理念などを探るうえでも両社を取り上げたことは大きな意味を持っていた。

また，「技術力が乏しい」というのも長くいわれ続けてきた評価である。ところが，ボールベアリングの北日本精機，北方住宅建築のカワムラ，自動車部品のダイナックス，家具のカンディハウス，情報通信技術のビー・ユー・ジー，バイオ産業のアミノアップ化学などは世界や全国を相手に事業を展開できる技術水準を競争力の源泉としている。これらの企業の存在も従来までの北海道企業への一般的な評価に対し，新しい論点を投げかけている。さらに，経営環境や戦略の面については，市場の狭い特定分野に深く足場を固めて先行企業への対抗を図るニッチ戦略もひとつの手法となるが，やはり北日本精機，ダイナックス，カワムラ，広告印刷の総合商研，食品加工のホクビー，不凍水抜き栓の光合金製作所などが独自の市場基盤を固めていた。また，わが国の流通業界においてこれまでのところ最も成功した企業であるセブン-イレブンに北海道という地盤で伍しているセイコーマートの存在は，その経営戦略の独自性から見

ても道内経営者が学ぶべきことの多い企業のひとつである。

本書で焦点を当てたマーケティング

『北海道の企業』の刊行を通じて以上のようなこれまでと異なる道内企業像を描くことができたものの，われわれには大きな課題も残された。それは，北海道企業に対して新しいタイプのデッサンを描くことはできたものの，企業の成長を構成する要素であるはずの商品開発，供給体制の確立，経営資源の確保などのディテール（細部）については12社だけではとらえきれない部分が数多く残されたからである。とりわけ，多くの経営者が成長を通じて体得してきたはずの顧客獲得と資金調達，人材育成などの北海道らしい解決方法についてはいまだ入口も見つけられないでいる。そこで，事例を増やして第2集の刊行を急ぐとともに，ある程度のテーマを意識したケース・スタディーに取り組むことによって，われわれなりの入り口にたどり着こうとしたのである。

それが，顧客獲得のためのひとつの手段であるマーケティング（販売）である。顧客獲得やマーケティングに焦点を当てた理由は，企業が企業として成立し，成長するためには自社の製品に対価を支払ってくれる顧客の存在が前提となるからである。また，北海道の企業には「販売力が弱い」との見方がこれまで多かったこともいまひとつの理由となっている。ところで，この一般的な評価も「技術力が劣る」と同様の視点からとらえ直すことができる。すなわち，大手企業の需要に見合うだけの設備投資を可能にする財務基盤や資金調達力が備わっていない企業では，大きなリスクを伴う広告・宣伝など大胆な販売拡大策には取り組みにくい，という論点である。販売力は，資金調達，供給体制，人材確保など多くの面で接点を有しており，経営全般と密接な関わりを持っている。とりわけ，経営資源の確保に制約が見られる中小企業にとって顧客獲得，すなわち販売力が占める位置づけは重要である。

北海道では食品分野などでよく見られることであるが，「商品がよければ必ず売れる」と主張して譲らない経営者は数多い。これは高い技術を必要とするバイオインダストリーや情報通信の分野でもよく見られることである。道内を代表する情報通信分野のベンチャー企業であるビー・ユー・ジーでもソニーや大手印刷会社の受注生産を主としていた段階では順調に成長軌道を歩んでいた

ものの，自社開発に取り組むようになると多くの苦難に直面している。商品開発にあたって顧客動向の的確な把握をマーケティング戦略に反映できないような経営では，企業が持続的に成長するのは難しいようである。

そこで，第2集で取り上げた企業群を改めて見てみると，六花亭製菓の場合は，創業以来絶え間ない製品開発努力を重ねていたことが，折からの北海道観光ブームに乗り，全国でも指折りの土産品メーカーとして急成長した。マーケットの方から押し寄せてきたのである。ただし，このような幸運に恵まれる企業はきわめて稀であり，通常は，「きのとや」のケーキ，サンマルコ食品のコロッケ，佐藤水産の水産加工物等のように，ある程度経営者の理想やイメージに近い商品の開発に成功した後で取り組んだマーケティング戦略が消費者に受け入れられたことによって成長軌道が刻まれる。もしくは，馬具や革製品のソメスサドル等のように，消費者のし好の変化や要望に合わせた製品開発に取り組むことによって市場を確保している。同様に，ハーベスターなど農業機械メーカーの日農機製工も，日常的な農家との意見交換や情報交換を通じて得た要望等を製品開発に反映させることが市場獲得につながっていることがわかった。同じ視点で見ることができるのが，医薬品卸のムトウである。医薬品卸会社の多くは，高額医療機器の販売機会を見つけ出すことを狙って医療機関との交流を深めるために担当者の定期異動を控えるのが一般的であった。これに対して，ムトウは定期異動を行うことによって他社と異なる医療機関との接点を確立，競争力へと結びつけて市場に独自の地盤を得たのである。

顧客動向を把握するマーケティング

ここで改めて，マーケティングそのものについてより具体的に見てみたい。起業家が素晴らしいビジネスアイディアを思いつき，そのアイディアが具体的なビジネスモデルへと展開する商品やサービスが生み出されても，代金を支払ってくれる顧客が存在しなければ企業は成り立たない。事業を始めた後で，アイディア段階で想定していた顧客が充分に獲得できないような事態はしばしば見られる。ときには，事務用品のPost it(付箋)の開発エピソードのように，本来イメージしていた商品が失敗作となっても利用方法を見直して(想定外の顧客発見)ヒット商品となるような幸運も稀に訪れる。しかし，事業をスター

トする前に的確に潜在的な顧客数を把握することはきわめて難しいことである。しかも，思いもかけないところに潜在的な競争相手が存在する可能性も高い。1994年にインターネットが市場に登場した際には，天才的な経営者といわれるビル・ゲイツであってもその商業的な価値を充分に理解していなかった節が見られる。また，現在活発化しているテレビ等とのメディア間の競合や融合，そして検索技術が生み出した市場の隆盛は誰にも予想のつかないことであったはずである。

　企業成長とは商品やサービスを提供して顧客に対価を支払ってもらうことで，自社の資産を増やし続けることである。したがって，持続的な成長という宿命を背負った企業は，自社の商品やサービスを進化させながら，顧客を増やし続けなければならない。また，幸運に恵まれて商品やサービスへの需要が急速な高まりを見せた場合，もしくは潜在的に大きな需要が期待できるときには，消費者に適切なタイミングで商品やサービスを届ける供給システムを築くために，企業側は迅速に対応しなければならない。六花亭製菓やサンマルコ食品が急成長するきっかけとなったように，工場設備の増強，原材料の調達ルートの確保，製造スタッフの大量確保，資金調達などをタイミングよく達成できなければ，せっかくの有望市場が他社に占有されてしまう。またはアイディア段階でとどまってしまうことになる。

　有望市場では，特許戦略やブランド戦略など，差別化戦略が打ち出されていなければ，新規参入者に市場を侵食されやすい。六花亭製菓の誕生エピソードのように関係会社であっても競合相手となって成長阻害要因となりうるのである。したがって，他社の追随を許さない拡大戦略が生き残りに直結する場合もある。経営者は自らが想定した市場にしっかりとした経営基盤を築くために差別化戦略と拡大戦略の妥当性や裏づけを確認していなければならない。そのためには，顧客が長期的に増え続けるのか，それとも一時的な現象で終わってしまうのか，あるいは新たな顧客開拓の可能性など，顧客動向や市場の変化について注意を払い続ける必要がある。このように，顧客の掘り起こし，リピーター化，拡大，という一連の顧客との交流活動，すなわちマーケティングが企業の存続的成長と密接な関わりを持つ。

　そして，そのような差別化を意識したマーケティング活動の最終到達点とな

るのがブランドの確立である。そこで，以下ではマーケティング戦略の到達点であるブランドについて見てみたい。

ブランドとネットワーク

　ブランドとは企業が市場に送り出した商品やサービスと消費者の間に一定以上の信頼や評価が生まれ，消費者がその商品やサービスに安定した支持を寄せることによってでき上がるものである。したがって，商品とサービスが持つ価値や便益，そしてブランドが発する情報や意味が，消費者の購買の意思決定のたびにある種の「つながり」「ネットワーク」の中で共有されていることを意味している。逆の見方をすると，消費者は他の消費者との「つながり」や「ネットワーク」から切り離されることによって不安，動揺，疎外感や孤独感などを感じる場合もある。動物生態学では，動物は無意識のうちに捕食者から自分の身を守るために群れを形成していることが経験的にわかっている。つまり，群れることが自身の生存，種の存続につながっているのである。これと同じように商品が店頭にあふれ，消費社会が深く浸透した現代では有名なブランドである商品やサービスを所有することによって，人は消費によって作り出されたある種の「つながり」や「ネットワーク」への帰属意識を持つようになる。それによってブランドの持つ価値を共有し，語る資格を得ることができ，安心感も獲得する。

　消費者が商品やサービスに対して抱く安心感，つまりブランドへの「信頼」や「高い評価」は過去の購買によって得られたものである。しかも，自分の過去の購買に限定されず，友人など自分の身の回りの人たち（「ネットワーク」や「つながり」）の経験から語り継がれたものであることも多い。したがって，初めて商品やサービスを購入する場合であっても，消費者のライフスタイルを取り巻く所得水準，行動様式，交友関係など，多様なネットワークやつながりから生まれた特性がブランドへの「信頼」や「高い評価」を形成する基礎にもなっている。逆に，マスコミで大きな話題となった食品の不正表示によって多くの消費者が抱いた不安は，これまで食品を購買してきた食品メーカーや流通業界と消費者の間にできていた「信頼」や「高い評価」への裏切りによって生まれたものである。この「信頼」や「評価」に対する裏切り行為は，ブランド

の根底に「つながり」や「ネットワーク」があるため，直接の被害者にとどまらず，社会的な広がりを持つこととなった。

一般にブランドとは「自らの商品やサービスを他と識別する」ためのロゴやパッケージ，デザインなどからでき上がったものをいうことが多い。このため，ロゴやパッケージが目立ちやすいカバンやバッグ等がブランドの代表と見なされやすい。目立つことで注目され，話題を呼びやすくなり，「つながり」や「ネットワーク」の所在が明確になるからである。しかし，本来企業がブランド形成を目指すのは識別だけでは不充分であり，商品やサービスの過去の購入で得た品質や顧客満足への「信頼」や「高い評価」の結果，購買行動において他を選好しないロイヤリティーが生まれてブランドとして定着できる。したがって，頻繁に訪れる顧客の顧客管理台帳をどう作り上げるかが販売戦略・経営戦略にとって重要な意味を持つ。これまで北海道から生まれたブランドの多くはまさにこうした経営努力によって生まれたと思われる。例えば，家具メーカーのカンディハウス，機械メーカーのダイナックスや北日本精機，アミノアップ化学，馬具メーカーのソメスサドル，農機具メーカーの日農機製工，阿寒グランドホテル等が成長を維持できた背景にあるのも顧客との長期に及ぶ取引関係やネットワークによって高い評価を得てでき上がった信頼が基礎となっている。

「ブランド」「つながり」「ネットワーク」「信頼」「高い評価」についてライフスタイルの例を用いてわかりやすく表現してみたい。例えば高級ブランドは，高級住宅街に一軒家を所有して，一流私立大学の付属小学校に子供を通わせ，子供の学校のつながりでできた友人と高級レストランで昼食を取るライフスタイルのなかに共有されている，ある種の共同体的な価値観からでき上がった商品群である。このようなライフスタイルは多くの「他から識別」された「つながり」「ネットワーク」を基礎に成り立っている。マーケティング戦略におけるセグメンテーションとはこのような「つながり」や「ネットワーク」を浮き上がらせ，商品やサービスを具体的な購買行動に結びつける識別行為のことである。例えば，高級レストランを開店させる際に，オープン日時等を知らせるダイレクトメールを送付する場合，一流私立大学の付属幼稚園の卒園者名簿や他の高級店の顧客管理台帳を利用するのが，セグメンテーションの効果的な取

表序-1　ライフスタイルと消費

1. 大衆層：
   「ファーストフード」「大衆レストラン・大型総合スーパー」「公立幼稚園から公立高校」「通勤に1〜2時間前後を要する住宅地のマンション・一軒家」
2. サラリーマン富裕層：
   「高級レストラン・百貨店」「ブランド洋服店」「一流私立大学」「大都市郊外の地下鉄・JRの沿線近くにある住宅地にマンション・一軒家」
3. 富裕層：
   「会員制のレストラン」「一流私立大学の付属中学校」「東京23区内・政令指定都市にマンション・一軒家」
4. 超富裕層：
   「一流私立大学の付属幼稚園」「東京世田谷区や政令指定都市など高級住宅街に一軒家」

り組み方である。

　このようなネットワークとブランド，そしてセグメンテーションが関係する考え方を消費行動パターンへと当てはめてみたい。例えば，自動販売機のように誰でもが購買可能な消費から，紹介がなければ入れない閉鎖的で高級・高額な会員組織，クラブ的な消費までカテゴリー化が可能である。これらは交通，情報，生活利便性などライフスタイルと関連性を持つ商品やサービスと結びつくことでセグメンテーションが成り立っている。これを具体的なブランドについて考えてみると，「大衆層」のライフスタイルならば毎日通うスーパーの店頭に置かれたブランド，車では大衆車などが当てはまるであろう。高度成長期に地方から出てきた若者たちがやがて郊外の住宅を購入し，居住するようになるライフスタイルのイメージである。一方，富裕層以上であれば，高級住宅街に住み，百貨店等のテナントに入っている高級ブランド，高級車等の消費が可能となる。ただし，高級レストランや高級バッグはいわゆる一般人でもお金をためると購買可能な範囲に入るため，カテゴリーづけは流動的となる。ブランド形成の過程において常連客の顧客管理台帳に象徴されるロイヤリティーが重視されるのはこのためである。

　同様の考え方に立つと，購入単価が安くなればなるほど，誰でも商品やサービスを入手可能であるため，同じブランドでも準公共財的な性格を持つようになる。例えば，コカコーラやマクドナルドは世界を代表するブランドであるが，お金さえあれば誰でもが購入可能であり，ブランドから排除されることはない。したがって，そのような準公共財的なカテゴリーに属するブランドの商品や

サービスに関しては，より人が集まりやすい立地やレジャー施設など大衆に近接した市場環境で提供されることが基本的な戦略となる。ディズニーランドや海水浴場などとコカコーラのイメージがつながりやすいのはこのような事情も背景にある。

　逆をいうと，ブランドを販売するにふさわしい場としてのセグメンテーションが存在していることがわかる。ブランド品を販売する店舗も人通りの多い百貨店内に存在することが多いが，高級ブランドの店舗は外から見えにくい箱型をしていることが多い。セキュリティー上の意味も含まれているが，このような大衆的な視線を排除した店舗の形状やセキュリティーへの意識が持たれること自体，ブランドイメージを形成する演出の一部と見ることもできる。同じような考え方から，商品の持つ特性によって販売の「場」も選択される。カンディハウスが創業後間もなく成功を収めたのはヨーロッパ調の家具を東京の百貨店で販売し，好評を得たのがきっかけとなっている。ソメスサドルについても競走馬という限定された市場から事業を展開しているが，これは数多くの革製品のブランドメーカーが階級社会を原点として生まれていることと密接な関係を持っている。このように，ブランド形成のためには販売の「場」も厳選されなくてはならない。

　販売の「場」だけでなく，商品やサービスが属する市場特性などによってもブランド化戦略は異なる。パッケージやラベルだけでは識別が難しい品質本位のブランドも存在するのである。高い職人芸によってでき上がる工芸品などがこのような分類に当てはまる。商品やサービスが持つ高い品質や評価が差別化や識別の最大要因となりうることがある。例えば，ムトウのような競合相手の多い業界に属する卸売会社は，多くのメーカー製品も扱っていることもあって顧客との信頼関係を構築するには，製品以外の人的要素が評価を形成する要素となる。いわゆるカリスマと呼ばれるような美容師やデザイナー，建築家等のサービスなどもやはり同様の視点で見ることができる。属人的な要素が強い商品やサービスは1人が従事可能な時間が限られているため，お金を積むだけではそのサービスを享受することはできない。また，誰の指導の下で修行を積んできたのか，ということもキャリアとなって評価の対象に加えられる。こうして，有名なデザイナー，建築家などの周囲には有名人などを中心とした一種の

共同体的な交流の場ができ上がる場合もある。

　このようにブランドを人のライフスタイルに合わせた様々な評価基準を用いてセグメンテーションしていくと，商品やサービスを持つ人の集合の大きさによってツリー(樹状)型を示すようになる。より準公共財的な性格が強い商品やサービスへの人の集合の裾野の広がりは大きく，いわゆる大衆が対象となる。一方で，セグメンテーションを重ねた結果，最後にたどり着いた「つながり」「ネットワーク」の範囲はきわめて狭く，限られた人たちだけが属するものとなる。こうして，セグメンテーションを重ねていって，最後にたどり着いた「つながり」や「ネットワーク」はある種の「コミュニティー(共同体)」を形成していると見なすこともできる。

　希少性とブランド形成
　ブランド形成が「つながり」や「ネットワーク」を通じて「コミュニティー(共同体)」と結びついていることは生産者と消費者との間にある情報の長さや商品やサービスの需給関係，そして流通チャネルや供給体制と関係を有していることを示している。多様化・個性化が消費を表すキーワードとなった現代では，商品やサービスのなかに希少性(ダイヤモンド)を見出すことで高い付加価値を獲得するブランドができ上がる。セグメンテーションを重ねてたどり着いた高級ブランドのように商品と情報の流通チャネルや供給体制をどう絞り込むかが大きな意味を持つようになっているのである。

　高度成長期は大量生産・大量消費が定着した時代である。そのような時期に「幸福駅から愛国駅」への切符を購入するために北海道を訪れた多くの人たちはまさしくその場でしか購入できない物に価値を見出していた。さらに彼らは北海道を訪れた思い出を親しい仲間と共有するために六花亭製菓のホワイトチョコレートをお土産に持って帰った。これもチョコレートそのものではなく，〝北海道旅行〟をシンボル化することや思い出話のきっかけ作りの方に価値が備わっていると見ることができる。したがって，六花亭製菓が売行き好調なホワイトチョコレートを十勝在住の画家・坂本直行がデザインした紙で包んだのは消費者の潜在的な欲求を反映したものであった。このような六花亭製菓の成功エピソードは高度成長の時期にすでに希少性を求めた消費行動が現れていた

ことを示している。さらに，希少性と流通チャネル，供給体制との間に関係性が存在することも認識できる事例となっている。

　六花亭製菓の場合は幸運に恵まれた部分も見られたが，ブランド化に成功した企業のなかには，流通方法や供給体制などに工夫をこらすことで物語性や希少性の創造に成功した例は珍しくない。洋菓子の「きのとや」はバースデーケーキを宅配することによって成長を遂げた。高級ブランドでは顧客データベースがその競争力の源泉となっていることが時に見られるが，「きのとや」の場合も顧客データベース構築によって，タイミングよく商品を提供している。ありふれた商品に宅配というサービスを付加して，贈る人の気持を伝えることによって差別化や付加価値の創造に成功したのである。サンマルコ食品の急成長も同様の視点から説明できる。北海道だけでしか購入できない羊蹄山山麓のジャガイモ，北海道をデザインしたパッケージ，これらが結びついて新しい価値を生み出している。このように流通や供給の制約から生まれた物語性や希少性がブランド形成に大きな役割を果たしていることがわかる。

　これまで見てきたように，消費の大衆化，成熟化が進むなかで独自の物語性や希少性を追求して差別化や付加価値の創造に成功，商品やサービスに共同体的な帰属意識やネットワークへの意識を持たせることがブランド形成につながっていることがわかった。また，サンマルコ食品のジャガイモのように，ブランドの確立している地域で原材料を大量に確保できない供給制約が，むしろ差別化につながる場合もあることがわかった。商品やサービスが持つ品質や特性とターゲットにする市場がうまくマッチングしてブランドを形成することができれば，商品そのものではなく，物語性や流通方法，供給体制の競争へと持ち込むことができる。これがブランドの持つ物語性とそこから生まれる「ネットワーク」や「結びつき」の強みである。

　表現を変えると，ブランド形成とは，品質の高さを求めることは熾烈な市場競争の下では必須の要件であるが，そのうえで流通や供給体制などの面からも希少性につながる物語性をいかに作り上げるか，ということが重要になっていることを示している。むしろ市場の成熟化が進むなかでは最も注力しなければならない課題と見ることもできる。つまり，生産者と消費者との「ネットワーク」や「結びつき」のなかにブランド形成のヒントが隠されており，体系化さ

れた取り組みが重要であることがわかる。

中小企業の成長と資金調達
　ブランド戦略と合わせて，顧客拡大を推し進めて持続的成長を可能にするいまひとつのエンジン役となるのが，資本戦略である。顧客のニーズを読み取って供給体制を整えるためには，工場や事業所・営業所の建設・確保，機械設備の設置，人員の確保などのために潤沢な資金を準備しなければならない。通常，企業の多くは商品を販売，代金を回収して得た手元の内部資金を設備資金等に充当することを目指している。しかしながら，現実の企業経営では商品やサービスの特性によって代金回収までに要する時間に多様性が見られる。しかも，各種の費用を支払いながら売上代金の回収を待たなくてはならない。生鮮品の取扱店や飲食店のなかには，仕入れたその日のうちに仕入れ代金を支払い，利益も確定できる業務形態が見られる。一方，例えば行政相手の事業の場合，年度末まで支払いがなされず，人件費等を受注側が負担しなければならないことも多い。このため，年度途中で事業継続のための概算払いも行われることがある。さらに，バイオ産業や医薬品など研究開発型の商品やサービスの場合，研究開発に莫大な資金が長期間にわたって投じられ，製品化される前に経営破綻に直面する場合もある。こうして，多くの経営者は，企業間取引，株式発行や銀行融資，ときには補助金や助成金など多様な調達手法を駆使した外部資金に頼りながら企業経営を継続させている。
　しかしながら，事業規模が零細で取引の際に情報の非対称性や不確実性が発生しやすい事業体への金融機関による融資は，資金提供側にとって審査や貸付後のモニタリング(監視)コストが大きな負担となる。このため，ときには優良企業の方が市場から撤退してしまう逆選択も発生する。このような不透明な市場環境において，零細な事業体が外部から資金を調達するには困難を伴うことが多くなる。とりわけ貸し出す側にとってリスクが大きい創業期は，貸し出し側に相当の目利きやノウハウが求められる。アミノアップ化学のように，現在は優良企業となっていても創業期から成長期にかけて経営危機に直面，金融機関の融資によって立ち直って成長軌道に復帰したという経験を有している会社は珍しくない。また，六花亭製菓のように企業がある程度の成長段階に達して

も資金調達方法に悩み，外債発行という文字通りの離れ業を演じた企業もある。このように，企業が持続的に成長するためには，資金調達が経営者にとって常に大きな課題となっている。

　北海道で創業，介護サービス市場の大手としてマスコミ等に登場することが増えているジャパンケアサービスの成長の軌跡は，図序-1で示した企業のライフサイクルと資金調達が典型的に現れたきわめて珍しい企業である。対馬徳昭社長が28歳で脱サラして施設介護事業に参入しようとした際，半分以上の資金は対馬社長が取引先を歩き回りビジネスモデルを熱く語って集めたものであった。また，最後に残された大口資金は父親から市場並みの金利をつけられた融資で補っている。国の福祉政策の下で収入が決められている事業であることもあって，順調な成長をたどるにつれ，財務諸表や各種取引先の評判などを通じてある程度の評価が可能となり，信用を重んじる銀行との取引も可能になっていった。その後，介護保険制度導入という福祉制度の大転換に合わせ，ベンチャーキャピタルの支援を受けることで傘下企業のひとつであった株式会社を店頭公開させることに成功した。ちなみに，このように創業期(スタートアップ)から株式公開まで起業家とベンチャーキャピタリストが密接な関係を結んだハンズ・オンの事例としても，ジャパンケアサービスはわが国最初の事例として関係者の間で知られている。なお，株式公開に漕ぎつけたことによって，金融市場での信用が高まり，資金調達のためのチャネルは飛躍的に増えたようである。

資金調達と信用

　企業の成長エンジンとなる資金調達のカギを握る信用は目に見えにくい属人的なところに存在していることがある。例えば，サンマルコ食品は，創業者が協同組合の経営に関わっていた頃に金融機関と頻繁な付合いがあったことがその後の工場建設に必要な資金確保につながっている。また，カンディハウスは創業者である長原實の才覚を信じた支援者からの資金支援によって創業に漕ぎつけている。大学生4名のアルバイトをきっかけに創業したビー・ユー・ジーの成長は，彼らが持つ高い技術力が一種の無形担保となって資金調達を助けた場面も数多い。しかし，欧米に比べて直接金融の発達が遅れ，銀行主体の金融

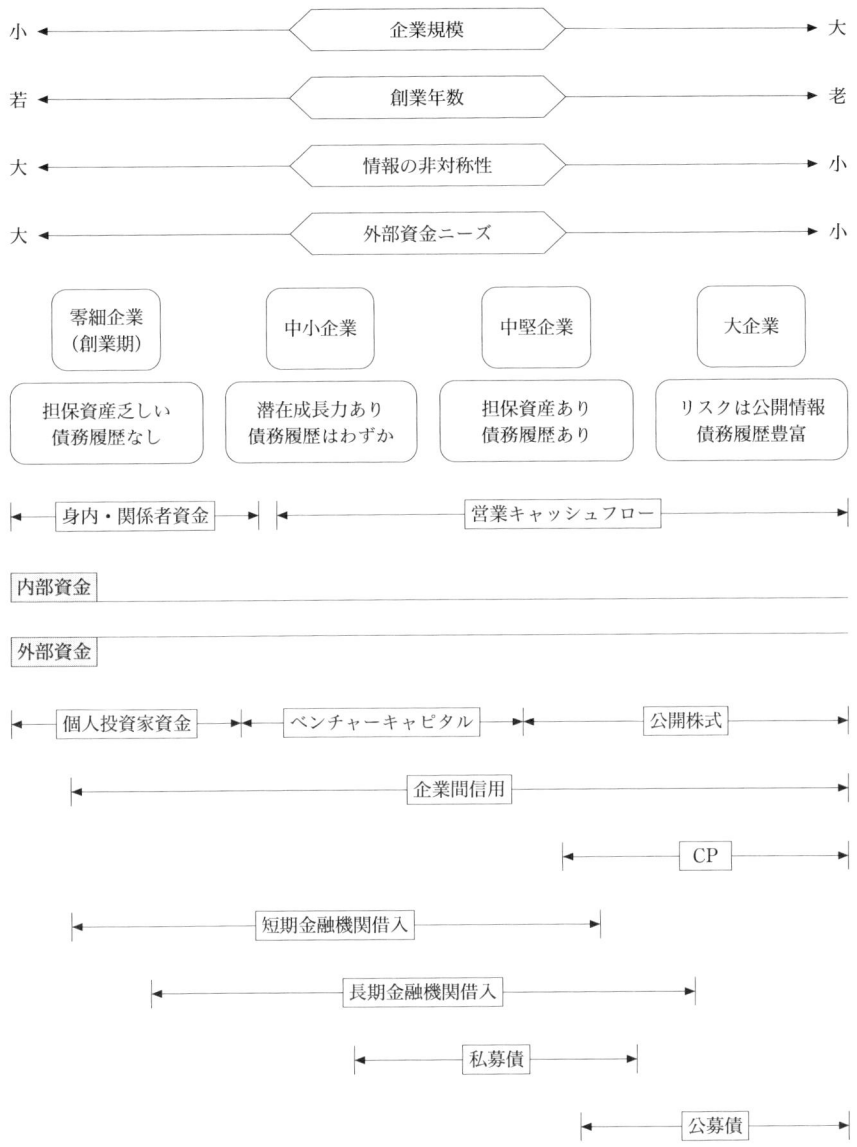

図序-1　企業のライフサイクルと主たる資金調達手段
出所）小野有人『新時代の中小企業金融』東洋経済新報社，2007年，31頁

システムが持続するなかで，大量に抱えた不良債権による金融システム不安を経た銀行が，このような資金供給を行うことはきわめて例外的なことである。とりわけ，体力の弱い金融機関が融資を行うにあたっては，財務内容の健全性を表す数値が盛り込まれた財務諸表を重視するのが一般的である。

　それは，資金調達環境に恵まれていない中小零細企業との取引は金融機関側のリスクが高いことによる。このため，国民生活金融公庫などの政府系金融機関が多くの中小零細企業の創業期に資金を提供したり，公共的な立場にある機関が信用を補完することで金融機関の貸し出しリスクをカバー，信用が薄い中小零細企業への資金供給の円滑化を図る信用保証制度の存在が重要となる。とりわけ，信用保証制度は，全国の中小企業の4割前後が利用してきたと見られており，わが国の中小企業経営を様々な場面で側面から支えてきた。この信用保証制度が過去に活発に利用されたのは，経済・社会環境や金融システムが急激に転換した時期が多い。最近では1997年に北海道拓殖銀行が経営破綻した際，中小企業者にとって同制度が生き残りのためのセーフティネットとして活用された。

　ところが，その後「金融検査マニュアル」の導入やペイオフの解禁，銀行合併によるメガバンクの登場など，金融環境の変化によって銀行による融資動向に大きな変化が生じた。メガバンクはペイオフ解禁を受け，預金量確保などで相対的に規模の小さい銀行よりも有利になっている。体力があるため，「金融検査マニュアル」通り，財務諸表に従って機械的に融資を実行することは経営の安定化にもつながる。こうして，信用保証枠を設けないで直接銀行が融資を実行するいわゆるプロパー融資への傾斜が強まったのである。

　このような金融機関の融資姿勢の変化は信用保証協会の保証承諾実績に如実に現れており，全国の信用保証協会の2006年度の保証承諾実績は，金融システム危機があり，過去最高水準だった1998年度実績の約47％の水準にまで落ち込んでいる。一方，北海道信用保証協会の保証承諾実績はほぼ98年度並み（97％）にまで利用されているものの，その中身は大きく変わっている。業態別実績を見ると，1995年度には拓銀を主とする都銀が全体の27％と最もシェアが多かったのが，2006年度には信用金庫が全体の38％を占めて最も多くなっている。このように，信用保証制度を必要とするような北海道内の中小零細企

業向け民間金融は信用金庫を中心とするものへと大きくシフトしている。

　これまでわが国では創業間もないような中小零細企業は，国民生活金融公庫や信用保証制度等公的な資金に頼ることを足がかりにして，成長軌道への移行を目指すのが一般的であった。しかしながら，このような公的制度は国の財政赤字が拡大するとともに，大きな見直しの波に呑み込まれている。まず，国民生活金融公庫は民間ベースに計算すると，1000億円を超える債務超過の状態にあるため，やはり膨大な赤字を抱える中小企業金融公庫とともに，日本政策投資銀行との合併・民営化が決定している。また，信用保証制度についても，金融システムがメガバンク主体の大規模金融機関中心へと移行しつつあるため，制度そのものの存在意義すら問われるようになっている。

　例えば，信用保証制度を利用した融資において連帯保証人を取ることに対しては根強い批判が続いてきた。このため，2006年度に入ってからの保証協会による融資については，経営者本人以外の第三者を保証人として求めることは原則禁止されている。いまひとつの変更点は，融資に当たって法人代表者以外の連帯保証人を禁じられたこともあって，従来一律であった保証料率（基本料率：年1.35％）を中小企業信用リスク情報データベース（略称：CRD）や物的担保の有無などを考慮して，0.5％から2.2％までの9段階の保証料率体系へと改定している。また，これまで信用保証制度では原則として融資金額の100％を保証する全保証が行われてきた。これが2007年10月1日から民間の金融機関が2割を負担する責任共有制度が導入されることとなった。このように現時点においても中小企業を支え，育てるための金融システムは流動的である。一時期は政府主導で信用金庫・信用組合や地方銀行を中心とするリレーションシップバンクへの動きがみられ，新しい時代にふさわしい中小零細企業向け金融の姿が提案されたものの，これも掛け声だけにとどまったまま現在にいたっている。現在でも様々な模索が繰り返されているが，中小企業経営者の悩みは尽きないままである。

　ま　と　め

　人口減少の顕在化，海外製品との競合，経済のサービス化などわが国の市場は急激な変化に直面している。しかも，企業成長のエンジン役となるはずの金

融システムの変遷からもうかがえるように，国の財政基盤の悪化を受けて中小企業政策もかつてのような手厚い保護政策とは性格を異にするようになっている。このため，中小企業経営者には，顧客獲得につながるマーケティングと他社との差別化を図るブランド戦略，間接金融だけにとどまらない直接金融を組み合わせたハイブリッド型の資金調達方法など，高度な経営ノウハウが求められるようになっている。北海道には優れた経営に取り組んでいる企業がまだまだ多数活躍しているはずである。これからも若い企業や企業経営者，そして研究者のテキストとなるように道内優良企業のケース・スタディーを重ねていきたい。

〈参考文献〉

ウィリアム・D・バイグレイブ，ジェフリー・A・ティモンズ著，日本合同ファイナンス㈱訳『ベンチャーキャピタルの実態と戦略』東洋経済新報社，1995年

石井淳蔵・嶋口充輝・栗木契・余田拓郎『ゼミナール マーケティング入門』日本経済新聞社，2004年

三田村蕗子『ブランドビジネス』平凡社新書，2004年

高橋徳行『起業学の基礎』勁草書房，2005年

小野有人『新時代の中小企業金融』東洋経済新報社，2007年

［佐藤郁夫］

第1章

きのとや

街の手づくりケーキ屋からの事業展開

日本では菓子を和菓子と洋菓子とに分ける。大昔からわが国で独自に作り出したほか中国や南蛮から渡来して定着したものも含めて和菓子と総称し，他方，明治以降，西欧文明とともに導入され普及してきたものを洋菓子と総称する。この区別は菓子を購入する消費者の通念であるとともに，菓子製造企業もおおむねこのどちらかに主力をおいて経営を行っており，材料，技術，営業方針等もそれに応じて異なっている。ただし近年は和菓子の要素を加味した洋菓子，洋菓子の要素を加味した和菓子というふうに，双方から境界を越えた様々な新商品が考案されている。

　菓子を製造する企業にとってもうひとつ大きな意味を持った区別は，菓子の水分含有度と保存性を基準にした生菓子(水分30%以上)，半生菓子(10〜30%)，干菓子(10%以下)の違いである。当然だが水分が多いほど日持ちがしにくく，生菓子はそのままだと2，3日で風味が損なわれてしまう(厳密には製造直後から品質劣化が始まる)のが普通である。とくに洋菓子でそれがはなはだしい。したがって相対的に大きな企業が全国市場を対象に大量生産する洋菓子は干菓子が主体で，部分的に半生菓子ということになる。また観光客が空港や駅でお土産として買う菓子のほとんども干菓子か，一部，半生菓子に分類されるものである。ただし近年は製造技術と流通技術の両面で，生菓子の日持ちをよくする方策が開発されてきている。クリスマス・ケーキなどを始めとして，一見，生菓子に見えながら製造の中間あるいは最終工程に冷蔵を入れるこ

表1-1　菓子の種類(カッコ内は例)

和菓子	生 菓 子	餅菓子，蒸しもの(まんじゅう，カステラ)，焼きもの(どらやき，カステラ)，流しもの(羊羹)，練りもの(ぎゅうひ)，揚げもの(あんドーナツ)等
	半生菓子	餡もの，おかもの(もなか)，焼きもの，流しもの(日持ちする羊羹)，練りもの，砂糖づけ(甘納豆)等
	干 菓 子	打ちもの(落雁)，押しもの(塩がま)，掛けもの(おこし)，焼きもの(せんべい)，飴もの，揚げもの(かりんとう)，豆菓子，米菓(あられ，せんべい)等
洋菓子	生 菓 子	スポンジケーキ，バターケーキ，シュー，発酵菓子(サバラン)，フィユタージュ，タルト，ワッフル，シュトルーゼ，デザート菓子類等
	半生菓子	スポンジケーキ，バターケーキ，発酵菓子，タルト，砂糖漬け類等で生菓子より日持ちをよくしたもの
	干 菓 子	キャンデー，チョコレート，チューインガム，ビスケットスナック類(ポテト系，コーン系，小麦粉系)等

とで1カ月以上保存して売られるようなものも少なくない。

　生菓子と干菓子との区別はまた，製造企業にとって別の面での違いにつながる。全体的にいって，干菓子は早くからその製造に機械が導入され，大企業が大量生産と大量消費を結びつけようとする対象商品になった。生菓子はその点で機械生産に馴染みにくいから，相対的に中小規模の企業が製造を担う傾向があったが，これも製造技術の進展に伴って機械による生産の要素が強まってきている。つまり生菓子，半生菓子でもかなり大量に生産する技術条件が増してきている。そうした趨勢のなかでなお「手づくり」にこだわる企業があるとすれば，それは菓子店として生産＝販売規模ではない別の価値観による営業展開の企業だということになるだろう。不特定多数でなく長年の信頼で結ばれた顧客を相手に堅実な商いを維持している老舗の菓子屋などがまず思い浮かぶ。しかし本章で取り上げる「きのとや」は，そうした老舗とは性格が異なる企業である。そうでありながら手づくり・生の洋菓子づくりにとことんこだわり，しかも業界で「異常」と称されたほどの生産と売れ行きの伸びを実現してきた企業である。そして今，札幌を代表する大手の菓子店に上り詰めて，否応なしに次の発展への道を踏み出そうとしている。

1.　「きのとや」成立の経緯

素人の挑戦

　北大水産学部出身の長沼昭夫は，卒業直後，山スキー部の先輩とともにユートピア牧場の建設を目指して養鶏業を開業し4年間の奮闘をしたのち，転職してダイエーに5年間勤務している。しかし，"サラリーマン生活の限界"を自覚して退職した。夢いっぱいの長沼青年にとって「サラリーマンでは夢がない，夢を持てない」と思われた。そんなとき「お菓子屋って素晴しい，お客様が幸せそうな顔をしている」という義父の言葉をヒントに，1983年，義父がやっている㈱丸証の菓子事業部として札幌市白石区東札幌にて創業した。こうして同年7月24日「洋菓子きのとや」が誕生したのである。といっても菓子を作り始めたのではない。長沼青年は菓子についてはまったくの素人だし，作る技術も持っていなかった。そこで評判のよい地元の製造者からケーキやパンを仕

表 1-2　企業概要

1983 年 7 月		㈱丸証の菓子事業部として札幌市白石区東札幌に「洋菓子きのとや」を創業
1984 年 5 月		全国初といわれる「ケーキの宅配」を始める
1985 年 6 月		売上げ 1 億円を達成
1989 年 6 月		売上げ 5 億円。菓子業界紙で 1 店舗当たり売上高日本一と紹介される
1993 年 6 月		売上げ 10 億円。デコレーションケーキ販売 13 万台、宅配 10 万件に迫る
1997 年 6 月		1 店舗売上げ 11 億 4000 万円のピーク。9 月に 2 号店「琴似店」をオープン
1999 年 10 月		「きのとやスフレ」販売開始（製品カテゴリーの新段階の開始）
2000 年 2 月		「きのとやスフレ」新千歳空港売店で販売開始
2001 年 2 月		「スフレ」の製造販売会社として「きのとや製菓㈱」を設立。三越札幌店地下 2 階に「きのとや三越店」(12 坪)オープン
2003 年 3 月		大丸札幌店地下 1 階に「きのとや大丸店」(50 坪)オープン
2007 年 11 月		4 カ年計画で「域外市場向け "さっぽろスイーツ"」(おみやげ用焼き菓子)の開発に着手
代表取締役		長沼昭夫
従業員数		200 名
店舗等		本社・本社工場・受注センター(宅配通販部門)、白石店、琴似店、三越店、大丸店、千歳空港(日航商事売店)等
資本金		3000 万円
売上高		(2006 年度)20 億 2000 万円(きのとや製菓を含む)

入れて販売する，そして店の一部に喫茶室を設ける，というかたちでスタートしたのである。「きのとや」という珍しい店名については，義父の出身地である新潟県北浦郡中条町の乙宝寺前にある「乙（きのと）饅頭店」で売っている〝きのとまんじゅう〟が 200 年以上も続く名産品であること，また，〝乙は，女性的でお洒落を象徴し，かつまた甲につぐ 2 番目に位置しており 1 番目を目標にできる〟というアドバイスから，決めたという。

しかしながら，当初の売り上げは惨憺たるもので，1 日 1 万円にも満たなかった。当時の店舗近辺は人通りの少ない場所であり，立地戦略が非常に重要視される小売業界では致命的であった。しかもケーキやパン等の商品は自前ではなくて，あくまでも仕入れたものにすぎない。お客が来るのを店でじっと待っていてもらちがあかないので，こちらから積極的に需要を獲得するための方策を考えざるをえなかった。

そして思いついたのが，バースデーケーキの予約販売である。アルバイトを雇って〝家庭訪問〟をしてもらい，予約を獲得することであった。なぜバースデーケーキか。結婚記念日，誕生日など個々人のいわゆる「記念日」商品は，

前もって需要日が予測でき，かつ1年中平均的に生まれる性格がある。そしてバースデーケーキを含むデコレーションケーキはケーキ類の中で相対的に単価が高く，個別の細かい要請にも対応しやすい。これらのことから計画的な予約販売に最も適している。その反面，日常的に消費されるものでないために，広い商圏を対象にして広く予約を確保しておかないと売上げが持続できない。長沼は，1件の予約獲得につき300円の報酬という条件で3人の主婦を雇った。3人は近所と遠方を問わずつてを頼って懸命にお客を探し，予約獲得は好調の出足を見せた。しかし，1年も経つとそう予約も取れなくなってきたので，今度はパンフレットを作成して会社を訪問してもらい，予約の獲得に努めた。また，新聞の「お誕生おめでとう」欄をもとに子供が生まれた家に電話をして1歳の誕生記念ケーキ，名づけて，"桃太郎ケーキ"，"かぐや姫ケーキ"等の予約を取り，製造・販売した。このバースデーケーキ販売の開始に合わせて(1983年12月)市内の有名店のチーフをしていたケーキ職人をスカウトし，ケーキの自社製造がスタートした。こうして迎え入れた高度の熟練職人が，やがて取締役技術部長となって長年にわたり実際の菓子作りに大きな貢献をすることになる。

ケーキ宅配というアイディア

継続的な予約獲得の努力を店舗からの距離にかかわらず行った結果として，お客のなかから「自宅から遠いのでケーキを届けてくれたら予約してもいい」という声が少なからず上がった。そのお客の要望に応えるというかたちで，バースデーケーキの宅配という発想が生まれ，ここに，全国的に見ても初めてといわれた「ケーキの宅配」が誕生したのである。具体的には，1984年5月から，道内初の電話注文による"宅配"サービスを札幌，江別でスタートさせた。「誕生日にケーキを届けます」という宣伝は，その珍しさから口コミでも広がって，売上げが急上昇した。宅配のよさは，顧客の便利さとともに作り立てを食べてもらえることである。長沼は当時を振り返って「味に自信があったから，宅配が，即，宣伝にもなった」という。好評に味をしめてこの年の暮れには同じようにクリスマスケーキの予約にも取り組んだが，これは予想をはるかに超えて予約が集まってしまい，製造が間に合わず多くのお客に迷惑をかけ

図1-1 宅配のバースデーケーキ

る結果になってしまった。

　ケーキの宅配を始めてからほぼ1年後の1985年6月,「きのとや」は売上げ1億円を達成する。少しずつだが,新聞の折り込み等も活用し,継続的な予約獲得と配達の仕組みをあらゆる角度から検討して実践することになった。3年後の87年6月までの年間宅配件数は1万1000件を超えるまでになった。

　デコレーションケーキの宅配という方策は,一見誰でもやれば成功しそうだが,実はその後も今日まで他の菓子業者で追随しているところはほとんどない。というのは端的にいって苦労の割に儲けが少ないからである。顧客の大切な日の特別な需要に配慮の行き届いた商品を提供しそれを繰り返すということは,ただの流れ作業的な顧客管理でできることではない。ケーキ上に描く名前ひとつ,トッピングの図柄ひとつから,適切な配達時間や効率的な配達経路の設定に至るまで,膨大かつ細心の計画性と注意が必要である。「きのとや」といえども,幾多の失敗を重ねながらノウハウを蓄積し,今日の年間10万件単位の製造と配達を順当に行う体制までに至っているのである。それでもなお,デコレーションケーキを遠方まで長い時間をかけて1個販売するのが,収益率からいえば高くならないのは自明であり,「きのとや」にとっても,事業全体が軌道に乗ってくるにつれて宅配部門の収益性が店舗販売に比べて低いことはますますはっきりしてきている。だが他方において,"ケーキ宅配のきのとや"という営業方針こそ,二つの意味で同社の経営の伸長にとって決定的な役割を果たしたことを忘れてはならない。ひとつは,名の知られていない小さな一店舗にすぎなかった「きのとや」の商圏が,最初から信じられないほど大きく設定された事実である。普通よほど評判のよい菓子屋でも,お客が足を運んで買いに来る商圏は5km程度といわれていたときに,「きのとや」は札幌全域から石狩,江別,北広島にまで広がる200万近い人口の商圏を対象に営業することになったのだった。もうひとつは,それに同店の「でき立てケーキの味」の評判が加わった。宅配されたケーキのおいしさを実感して「店にもいっていろいろなお菓子を見たい」

と思い，バスや地下鉄に乗って白石の店舗に立ち寄る客足が高いテンポで伸びてきたのである。「きのとや」にとって〝手づくりのでき立てケーキの宅配〟こそが，大企業のブランドに相当する位置を占めてきたのである。

2. 1店舗売り上げ日本一

「異常」な伸長

　白石に開業した当時の「きのとや」の店舗は約 150 m^2 の広さで，そのうち約 100 m^2 がケーキの店頭販売のスペースにあてられ，残りは喫茶室となっている。バースデーケーキの宅配をきっかけに口コミで人気が広がった「きのとや」の売上げは創業4年で2億5000万円，6年で5億円を達成した。この5億円を達成した1989年，菓子業界紙に「1店舗当たりの売上高日本一」の会社として紹介された。

　その伸びの趨勢はなおとどまらず，創業10年で10億円にまで達し，13年目の1995年にピークの11億4000万円を記録している。1店舗しかない菓子屋でのこれだけの売上げというのは業界でも「異常」と目されたもので，製造が追いつかず品切れが続出したり，店舗にきたお客に30分以上待たせたりするような状態が不断に発生するに至った。製造の方は日本一と紹介された1989年末に，年間10億円の生産能力を持つ工場を新設した。だが店舗の増設にはなかなか進まなかった。「1店舗だと販売効率がよく，品質にも目が行き届く。出店費用がかからない分，原材料と人手に関してできる可能性が大きい」というのが，長沼の考えだった。いよいよそれではすまなくなって，第2号店「きのとや琴似店」がオープンするのはようやく1997年になってからのこととなる。

　こうした経緯，さらにその後の百貨店等への進出も含めて，長沼社長の経営方針のなかに規模拡大や多店舗展開の構想は一貫して大きくなかったことがうかがわれるのである。1店舗での売上げの伸長が「異常」といわれたものだったとすれば，その際の長沼社長の異常なまでの情熱は「10人のうち8人までがおいしいというものしか店頭には並べない」という徹底した味の追求に向けられた。もともと菓子の製造では素人だったということが，業界の通念にとら

われずとにかく一番よい素材(粉，油，チョコレート，果実，風味・調味材料…)を揃える，一番よい製造方法(温度，湿度，発酵，乾燥，漬け込み…)を取る，ということにひたすら邁進する，プラス面に働いたとさえいえるかもしれない。

　そのために取った方策にも，各所にユニークな発想が取り入れられた。面白いエピソードをひとつ紹介しよう。前にも触れたが，バースデーケーキの宅配で人気が急上昇した当初の年末，クリスマスケーキ商戦を迎えたとき，長沼社長はあくまで生の作り立てケーキに固執したため，全従業員が三日三晩徹夜で作業しても予約の個数を作りきれず，顧客に迷惑をかけてしまった。そこで社長は自分で勉強した「フォード・システム」(自動車のベルトコンベヤーによる流れ作業大量生産システム)を取り入れて製造工程をレイアウトしてみた。しかしそれでは見かけの生産性は上がるかもしれないが，従業員の作業が分化され単調になって一人一人の製品への目配りもおろそかになり，本当によいケーキの量産にはつながらないことに気づいた。その反省に立って翌年は4人1グループの責任制にし，グループごとにトッピング，フィーリング，組み合わせ，成型等々の仕上げ加工全てを担うように変えてみたところ，製品の質が確保されるとともに，労働意欲の増進で生産性もかえって上がるという結果が生まれたという。「きのとや」の製造工程はこのように，「作り立てのおいしさ」をあくまで課題の中心に置きながら種類と量を増やす模索を展開してきたのである。

「5つの日本一」目標

　創業5年目の1987年，「きのとや」は「5つの日本一」という目標を掲げている。①1店舗当たり売上高日本一(洋菓子専門店1店舗で売上高5億円を目指そう)，②おいしいケーキ日本一(より新鮮で，より手をかけ心を込めて)，③お客様の満足日本一(接客，店作りでお客様に感動を。どこまでお客様の立場に立てるか)，④1店舗当たり粗利益高日本一(無駄を省き，効率的運営を)，⑤きのとや従業員の賃金日本一(同業他社比較でトップを目指そう)というのがそれである。このうちの①は，ほどなく業界紙で数値的に真に日本一であることが認定されたわけである。①〜⑤のどれをとっても，長沼社長の頭を占めているのは当時の1店舗だけの経営を，どこから見ても比類のない高い質のもの

に育てようということであって，企業規模の巨大化や多店舗展開への志向ではない。そしてこの「5つの日本一」目標は，「きのとや」の企業理念として今日なお経営の原点であり続けていると見ることができる。

3. ビジネスモデルの構築

製造・発注・配送システム

「きのとや」のケーキ製造から配送に至るシステムは，宅配を主体とするデコレーション部門と店舗に並べるショートケーキなど一般のケーキ部門とに分かれている（これと別にお土産市場を対象とする半生菓子の生産には別会社をあてているが，その点は後述）。

デコレーションケーキの販売台数は1993年に13万台というピークを記録した。その大部分が宅配のバースデーケーキで，その年の宅配件数は10万件に迫った。宅配は今日もその10万件水準が持続しており，8台の車が綿密な配送計画に従って札幌圏の全域を走っている。受注と宅配のためのコンピューターシステムは1996年に原型が完了した。予約対象になる広義のデコレーションケーキは今日，基本17種類と月ごとに変わる12種類，それがサイズによって80以上のアイテムに分かれており，バースデーケーキではさらにチョコレートのメッセージプレートに祝われる人の名前やお祝いの言葉が個別に書き入れられる。これは年間約7万個と，全売上げの35％を占めている。通常「バースデーケーキは売上げの1割あればいいほう」といわれる業界では異例の売上げ構成である。上述のように収益性は店舗販売より低いが，長沼社長は「宅配コストは宣伝費」と位置づけている。

図1-2　宅配サービス車

今日の予約販売には，次のような工夫が加わっている。それはポイントによる割引制度である。「きのとや」はどんなに数がまとまってもいっさい値引きをしない販売方針を取っているが，ただ，初夏から7月末までのキャンペーン期間に限り，予約すればポイント制度による商品券プレゼントがある。店舗での予約にはその場で渡し，電話予約には配達時に，予約金額に応じて「きのとや」店舗で使用できる商品券を提供する。例えば，デコレーションケーキを複数個予約すると比較的高額な商品券がもらえるポイントとなるため，消費者は1つでなく2つ以上のデコレーションケーキを予約する。予約だからキャンセルできるものの，実際にはほとんどキャンセルがない。このキャンペーンは1年間の平均的な予約獲得を目指したものであったが，現実には7月から9月までの3カ月間に配達する予約注文がこのキャンペーンの70%程度を占める。夏場のケーキ需要の端境期にデコレーションケーキが販売できるのである。そして，この予約情報はデータベース化されて，次のダイレクトメール発送に活用される。一度予約を取れば，記念品需要の特質からも，翌年も期待できるし，また，1人の予約は家族全体やさらには親類・縁戚に波及していく。

　一方，店舗販売のケーキづくりでも，「きのとや」では，「作り立てをお客様に」を最重点に置き，現在，製造工程・各店舗への配送を1時間サイクルで行っている。製造工程では半製品段階で冷凍すると生産性が上がるうえ，人件費も3割削減できるのである。しかし「おいしいものを売るには，作り立てが一番大切である」というのが長沼社長の変わらぬ信念で，そのため1日を3回に分けて仕上げることもある。各店舗の販売動向をいくつかのパターンに分け，各店舗独自の顧客動向も交えて翌日の製造個数を決定する。どの商品を何個作るか，どの店舗に配送するかはバーコードにより管理しており，製造部門はそのデータにより，1時間単位で製造品目・数量を確認し，製造・配送を行っている。このことにより，各店舗には，1時間ごとに新鮮なケーキをいつも並べることができる。

　店舗販売の主力であるショートケーキは，とくに若者に人気のシュークリーム90円といったものから300円台まで，特別高いというわけではないが，それでも製造のどの過程でもいっさい冷凍していないため新鮮で美味しいのだという評価が，「きのとや」を知って来店するお客には相当に浸透していると思

表1-3 きのとや製品の全国発送の伸び

	2005.7 〜2006.6	2006.7 〜2007.6	前年比
全体	6,780件	14,691件	216.7%
道外	2,975件	9,965件	335.0%
道内	3,805件	4,726件	122.6%

われる。

　店舗販売と宅配以外に，インターネットショッピングが2002年からスタートした。メールで送られてきた注文内容は予約システムに入力され，店舗陳列と同様の仕組みで作り立てをお客様に向けて発送する。道外への配達は航空便を利用し，翌日にはお届けとなる。店舗販売にしろ宅配にしろ顧客の顔を見ることを重視してきた「きのとや」の営業イメージからいって，インターネット販売は当初はそれほど重きを置かれたようには見えない。しかしインターネット時代の消費者は，すでに通販で遠く離れた場所の名品を取り寄せることに慣れており，「通販サイト」を開いておけばリピーターや口コミやネットコミで知った人からの注文が相当量あることが，「きのとや」にも実感できる段階が訪れた。例えば「きのとや」は2004年，大阪の百貨店で開催された北海道物産展に初めて出店した際，実演つきで販売したチーズタルト等が1万2000個も売れて，改めて「こんなにすごいマーケットがあるのか」と感嘆した。同時にこのような北海道物産展での出張販売が期間中の会場という〝リアル(現実)の世界〟での販売に終わるのでなく，インターネットという〝バーチャル(仮想)の世界〟との相乗効果が見込めることを痛感した。こうした明確な位置づけを反映してインターネット上における「きのとや」の宣伝とブログ広告は一挙に拡大する。それとともに近年，インターネットによる注文は急速に伸びつつあり，全国発送は「きのとや」の宅配売上全体の3割強を占めるまでになっている。

大きな試練と教訓

　作り立てへのこだわりは新鮮であるゆえの美味しさを武器にできると同時に，実はそこに危険も潜んでいる。それは冷凍も防腐剤もいっさいない手作りに要求される，食品衛生管理上のひときわ高いハードルである。とくに生菓子は水分含有量が高く栄養分も豊富だから，微生物にとってこれ以上の好都合な繁殖条件はないくらいなのである。

　「きのとや」のケーキからサルモネラ菌による食中毒が発生したのは，1店

舗売上げが年間 10 億円を超すレベルまで上がりなお増勢を続けていた 1997 年 8 月の初めだった。そのもようを『北海道新聞』(8 月 5 日付朝刊)は社会面に大きな見出しつきで次のように伝えた。

> 道内洋菓子業界の大手「きのとや」〔略〕のケーキを食べた 101 人に，発熱や下痢など食中毒症状が出て，このうち 7 人が入院，36 人が通院していることが 4 日，分かった。市保健所はサルモネラ菌による集団食中毒と断定，5 日付で，このケーキを製造した同社の東苗穂センター工場(東区)を 5 日間の営業停止処分とする。
>
> 市衛生局によると，患者は 11 カ月の女児から 64 歳の女性で，いずれも症状は比較的軽いという。
>
> 同局や同社によると，食中毒の原因となったのは，スポンジケーキにババロアと生クリーム，果物を重ねたフルーツケーキ(直径 18 センチ)で，同工場が 7 月 29 日に製造。58 個が予約による宅配で，8 個が店頭で販売された。2 日になって，同社や市保健所にケーキを食べた人から「腹が痛い」などの苦情や届け出があった。
>
> このうち，病院で手当てを受けた複数の患者の便からサルモネラ菌が検出された。〔略〕材料の卵などに付着した菌が，加熱処理が不十分だったために死滅せず，その後，増殖した可能性が高いという。
>
> 同社は 3 日から自主的に営業を停止しており，長沼社長は「患者の方には心からおわびし，今後は再発防止のため，衛生に万全を期したい」と話している。
> 〔略〕

この記事の最後には，「札幌市内で菓子による 100 人以上の集団食中毒が起きたのは 1977 年の 107 人以来，20 年ぶり」とある。つまり「きのとや」にとってだけのことでなく，それほどの社会的事件であった。これによって「きのとや」の売上げは半減といっていいくらい激減した。従業員にも大きな衝撃が走った。成長が急な日常に慣れていただけに突然の生産ストップで受けた打撃も大きく，もとに復帰するのは無理ではないかといった不安さえ広まった。しかし結果を今日から振り返ってみると，この事件は「きのとや」にとって決してマイナス効果だけでなかったことがわかる。生菓子の手づくりということに求められる万全の衛生管理がどれほどのものであるかを，従業員が初めて痛切に実感し学習したということがある。総じて社長の指揮についていけばよい

という気風が強かった組織が，従業員の自覚によって引き締まる，その貴重な契機になった。そしてそれ以上にその後の語り草にさえなったのが，事件が起きてから後の同社の処理の見事さだった。顧客からの苦情だけでまだ充分に状況がつかめない時点で早くも同社は操業を停止し，保健所にも顧客にも取引先にもいっさいを隠蔽せず事実を開示・説明し，食中毒症状を呈しなかった客まで含めて社長以下が個別に謝罪して回って，10月までに全ての示談を完了した。この迅速と誠実が顧客にも取引先にも好意的に受け取られて，被害者さえもがその後も「きのとや」との付合いを続けることになったのである。ケーキの個別製造＝宅配には小さなミスが生ずることがないわけでないが(バースデーケーキ上に描く名前がほんのちょっと違う，賞味期限の日付を間違う等)，対応の迅速と誠実は「きのとや」の社風のいわば伝統を構成している。

店舗の増設と百貨店への出店
① 琴 似 店

　1店舗売上げ日本一を達成してからも新たな出店にはなかなか進まなかった「きのとや」ではあったが，来店する客の便宜の面と，もりもと，柳月等の道内大手菓子メーカーの札幌出店で競争が今後いっそう激化するだろうとの展望とから，長沼社長のなかにも新規出店の構想が次第にふくらみ，「きのとや琴似店」の実現となった。琴似店の店舗面積は230 m^{2}と白石店より一回り大きい。賃借で入居したため，出店費用は内装費などの5000万円程度ですんだ。調理室と売場のほかに，20席程度の喫茶コーナーを設置した。来店客にはガラス越しに菓子づくりの様子が見えるようにし，ここでも手づくりの作り立てがすぐそのまま客の手に渡るというイメージが強調された。

　琴似店のオープンは1997年9月。実は8月開店の予定で進めてきたのを，上述のサルモネラ菌事件のために1カ月遅らせたのである。この年は6月までの1年間に白石店1店舗で売上げ11億4000万円のピーク(圧倒的日本一)を達成したという年であったが，当時の売上構成では宅配部門が45％に上っており，これだけ伸び盛りの企業としては利益率がそう高い状態ではなかった。2号店の新設は利益率の改善という面からも期待された。ただし現下の事件による需要激減のさなかの出店でもあったから，危機感を伴っての船出でもあった。

② 百貨店への出店

　「きのとや」に大丸の開設準備室長が訪れたのは2000年であった。「市場調査をして，きのとやのケーキが札幌で一番人気があるのがわかった。一等地を用意するのでぜひ出店を」との話をもっての来訪だった。

　長沼社長がこの話にすぐ飛びついたわけでない。これまで社長の頭を占めてきたのは，製造から販売に至るどの細部でも「きのとや」の思い通りに操業する経営体である。一流百貨店へのインショップ出店というものは，その百貨店の経営方針から様々な制約を受けるし，他の要因が加わった需要変動もあるし，そして出店の場所代は自前の路面店に要する面積当たりの費用をはるかに越えるのが普通である。多少の迷いの後，「大丸級の百貨店はもう来ない」と，3年後に札幌に出現する大丸への出店を決断した。そう決断した直後には三越札幌店からも誘いがあり，そちらのほうが早く2001年10月，三越札幌店地下2階に「きのとや三越店」(12坪)をオープンさせている。そして，2003年3月に大丸札幌店地下1階に「きのとや大丸店」(50坪)をオープンし，百貨店への出店を本格化させたのである。大丸地下1階の入口近く，165 m^{2}の店舗には，軽食・カフェのスペース40席も設けられた。周知のように札幌駅周辺の商圏が予想以上の活気を呈したことにも押されて，短期間で「きのとや大丸店」の年商は4億円と，「きのとや」全売上げの5分の1もの比重を占めるようになった。

　1997年の「きのとや琴似店」の開設から2000年初めの百貨店出店に至る時期(この時期に後述するように「きのとやスフレ」という新たなコンセプトを持った商品が生まれ，新千歳空港での販売も始まる)を見ると，明らかにこの期間に長沼社長の経営者としての意識が，「街の手づくりケーキ屋」から大きく次のステップに踏み出したことがうかがえるのである。それまで長沼社長の情熱は「この街でいちばんの菓子店づくり」に集中しており，目に見えるお客の満足が即，社長の満足につながっていた。だが経営が軌道に乗り，常時百数十名の従業員をかかえて給与の支払いと同時に仕事への意欲をも喚起せねばならず，年商何億もの商品に関連して顧客，取引先，金融機関等との多様な関係ができてしまったからには，一つの到達点にとどまっていることが許されない。企業というものは不断に成長を追求しなければ後退するしかないという感じが，

日々，長沼社長の心中にふくれあがってきた。そのことに向けての様々な模索を開始したのが，この時期だったといえよう。そしてその模索のなかの中核となってくるのが，次に述べる意識的なブランド戦略ということになる。

4. おみやげ菓子のブランド戦略

「きのとやスフレ」

「きのとや」のような生菓子・手づくりの方式は，売上げが数億円レベルにまでなったとき，「売れれば売れるほどコストが逓増する」という実態が表面化する。つまり規模の経済が働かないのである。といって工場や店舗を増設していっそう薄利多売を強めるのは必ず品質の低下を招く。この段階に来ても長沼社長は多店舗展開のような成長政策には消極的な感じしか持てなかった。その結果，有力な選択肢として出てきたのが，もともと広域市場圏を舞台にして事業展開してきた同社のノウハウともつながる，お土産市場への進出ということだった。

「きのとや」にとってお土産市場の意味は，生菓子よりもう少し賞味期限が長く，もう少し量産しやすく，また長距離輸送に耐える菓子の開発にほかならない。生菓子の賞味期限2，3日に対して4，5日はもたせたい。製造工程で機械に頼る部分をも加味してもよい。空港でお土産として買うとか，全国発送が容易にできる形態の商品にしたい。そうした試みの最初の結実が，1999年10月に販売を開始した半生菓子の「きのとやスフレ」であった。そして2000年2月から，日航商事千歳空港売店を通じて新千歳空港で販売を開始した。当初からのほぼ順調な売上げを確かめたうえで，長沼社長は将来を見すえて次のような対応を行った。2002年2月，生菓子を作ってきた「株式会社きのとや」から分離してこのスフレを製造・販売する資本金1000万円の別会社「きのとや製菓㈱」が設立された。これをもってしても，長沼社長がこのスフレの製造にこれまでと違うコンセプトを持ち込むことの意義を，非常に重視したことがうかがえる。つまりこの商品は，お土産菓子の本格的なブランド育成の第1号として位置づけられたのである。

2002年には新千歳空港における「きのとやスフレ」の販売拠点は5カ所に

増え，年末までに「きのとや製菓」の売上げ総額は1億5000万円を超えた。それから2年後の2004年2月，「きのとやスフレ」はリニューアルをほどこしたうえで「札幌スフレ」と改称された。おみやげ菓子に〝さっぽろ〟を連想させる商品が少ないとの思いからである。リニューアルされた札幌スフレは
クリームチーズ・スフレとチョコレート・スフレの2種，小さな一口サイズが5個あるいは10個，赤レンガと緑の木をイメージした包装の箱におさまっている。リニューアル後の売上げの伸びは前より5割程度も高まったので，長沼社長はこれを札幌土産の定番に育て，3年後には10億円を目指すという方針を掲げて，空港内の販売拠点も10カ所まで増やした。しかし北海道菓子のお土産市場における石屋製菓・六花亭製菓・ロイズ等の壁は厚く，かつまた新千歳空港フロアの通路整理で後発である「きのとや」の販売拠点数がわずか3カ所に減らされたこともあって，この方針は見直さざるをえなくなる。今日では新千歳空港が減った分をほかの北海道物産展やカタログ販売でカバーしながら，年商3億円水準を維持している。

図1-3 「札幌スフレ」

積極的な新商品開発

　2005年4月，北海道大学の入学式を終えた大学キャンパスに，北海道大学のオリジナル商品として「札幌農学校」という菓子が登場した。国立大学が独立行政法人となってそれぞれに独自の「営業」活動をすることが可能となったのを機に，北海道大学が「きのとや」に依頼していわば共同開発した北大オリジナル商品の第1号であった。角丸長方形の薄いミルククッキーで，包装紙に北大の校章と赤い「北海道大学認定」の文字が刷り込まれている（当初は新渡戸稲造直筆の商品名表示だったが，その後のリニューアルで1898〔明治31〕年に当時の学生たちが作った小冊子『札幌農学校』の扉を模したものとなってい

表1-4 「おみやげ菓子」の比較

	年間売上げ	賞味期限
札幌スフレ（きのとや）	3億円	4〜5日
札幌農学校（きのとや）	2.5億円	40日
白い恋人（石屋製菓）	70億円	120日
マルセイバターサンド（六花亭製菓）	40億円	8〜9日

注）上の数値は筆者の推定である。

る）。製造と販売を「きのとや」が担当しその売上げの3％を大学に納入してそれが研究費に用いられることとなっている。ほかに北大認定の独自商品がなかった状況のなか，入学式に売り出されたこの商品は大好評で売れ新聞等でも大きく取り上げられたが，その後キャンパスの外でも「牛乳味の懐かしい味」の評判で急伸長の売れ行きをみせて，今日早くも2億5000万円の年商水準に達している。

　この頃から「きのとや」は，堰を切ったように多彩な新商品を世に出している。社内組織も，これまで社長と技術部長などトップの少人数しか関わってこなかった新商品開発に代えて商品企画室が設置され，開発担当のプロ・パティシエ（菓子づくり職人）集団がコンセプトやイメージをかたちにし試作する体制が作られた。

　新商品では，最も賞味期限の長いのが「札幌農学校」を始めパイやゼリー，クッキーなど，賞味期限1カ月から40日程度と記されたものである。「札幌農学校」のように通常，干菓子の分類に入って他店では賞味期限を4カ月とかそれ以上に設定するような商品についてさえ，これだけ短い期間設定をするところに，「きのとや」の心意気が示されている。しかし同社の新商品開発を特徴づけるのは，やはり賞味期限のずっと短い，限りなく手づくりの生菓子に近い半生菓子の追求ということになるだろう。先にも述べたように生菓子の賞味期限は2，3日であるが，それを4，5日にしてお土産にしてもらおうというのである。今日そのコンセプトの中心をなしているのは「札幌スフレ」とともに，2006年に発売された「北海道純生サンドきのら」（スポンジにつぶあんを入れた洋風ドラヤキ）と「酪農チーズプリン」（小さな瓶づめプリン，4〜6個箱）であるが，賞味期限がいずれも4日から5日程度とされている（もちろん消費期限はそれよりずっと長いが，風味が落ちる）。そういう条件でありながら，今，

全国発送が強い勢いで伸びている。北海道物産展でも圧倒的に人気を博しているのが，こういった商品である。

「きのとや」の新商品開発でもうひとつ見られる特徴は，北海道とか札幌を商品名に使ってお土産市場に参入するというときに，ネーミングだけでなくできる限り北海道の原材料を用いる志向が打ち出され，顧客に向けてもそれを明示していることである。例えば上記の「北海道純生サンドきのら」の場合，生クリームは北海道産牛乳100％，砂糖は北海道産ビート，小麦粉は北海道産"雪星"などの品種，小豆は十勝産であるといったことが原材料名の場所に記載されている。チーズプリンに用いる牛乳も美瑛産と特定されている。チーズやチョコレート，ブランデーなどはむろん北海道産でなく輸入ものが主体となるが，それにしても北海道発で全国市場を目指すからには可能な限り北海道が生んだ原材料ごと全国のお客に味わってもらいたいというのが，長沼社長の願いである。2003年に策定した「きのとや」の5カ年計画のなかには，近く直営農場を設けて菓子づくりに生かす構想さえ含まれている。

スイーツ王国建設に向けて

現在，長沼昭夫は札幌洋菓子協会の会長でもある。「きのとやスフレ」を「札幌スフレ」に改称した際の発想にもあったように，札幌の名と風土を菓子に結びつけたいという長沼の強い思いがある。いつまでもラーメンばかりでなしに，札幌を神戸に負けないスイーツの街にしたい。そのために「きのとや」という単一企業のレベルばかりでなく，札幌の洋菓子会社が結束して札幌を盛り上げる体制が必要である。そうした協会の熱意と取組みを反映して，札幌のパティシエの数はこの3年で300人から600人水準に倍増した。この人数は全国の他都市と比べてもかなり高い水準にある。現在札幌で観光みやげ品として売られる菓子は年間300億円とも400億円とも推定されているが，この数値を上げるとともに，「さっぽろ」のイメージを消費者に喚起させる菓子の開発と定着がどうしても必要である。こうした思いをもって2005年11月には「スイーツ王国さっぽろ推進協議会」が発足し，ここでも長沼が会長に就任した。

この協議会の活動の目玉というべきは，毎年，札幌のパティシエが腕を競って「さっぽろスイーツ」の顔となる新製品を決めるコンテストである。その第

1回「さっぽろスイーツ 2006」には約 100 店の洋菓子店やホテルが参加して，そのなかから札幌プリンスホテルのパティシエ佐藤康彦氏制作の「さっぽろ・いちごタルト」が選ばれた。翌年「さっぽろスイーツ 2007」では，洋菓子店「館」のパティシエ坪田修輝氏が作った「さっぽろ・白いティラミス」が選ばれている。このコンテストのユニークなところは，優勝した菓子の完全レシピを全ての参加菓子店に公開し，このレシピから統一ルール（「白いティラミス」の場合，①外見が白いティラミスであること，②北海道産の生クリーム・チーズを使用すること，③菓子に「さっぽろ…」のプレートをつけること）を守って，各々の菓子店が独自にオリジナル商品を作って店に出し，さっぽろの洋菓子をアピールする仕組みにある。菓子店によって見かけも味も少しずつ違うが，皆同じ名称で売られるわけである。このようなレシピ公開と共同制作の仕組みは，職人意識の強いパティシェの世界でも大きな反響を呼んでいるという。まだ始まったばかりで成果の程度を測ることはできないが，話を本章の主題に戻していえば，こうした取組みの先頭に立ってなまなかでない情熱を傾けているところに，長沼の菓子づくり理念の根底にあるものがうかがわれるのである。

5. むすびにかえて──マーケティング論からみた「きのとや」

1983 年の創業から 20 数年，この業界で際立って高い成長を遂げた「きのとや」の成長要因を，どう把握すべきだろうか。「きのとや」の軌跡をたどったときに，誰もが強く印象づけられる同社の特徴は次の 2 点であろうと思われる。ひとつはバースデーケーキの宅配という販売上のユニークな発想から経営を軌道に乗せ，そして今なお宅配に大きな比重を置くだけでなく，そのノウハウを活用して多様な事業展開をしてきているという，販売面での特徴である。そしてもうひとつが，「手づくりの生菓子」というコンセプトにどこまでもこだわり，ゆるぎない業界大手としてブランド戦略を展開するようになってもそれにこだわり続ける製造面での特徴である。この両面を併せもっているのが「きのとや」であり，この両面の一体化に成功したのが「きのとや」の場合の成長要因だといえないであろうか。

北海道の経営者の特性のひとつとして，マーケティング力が弱い，そのため

製品の良し悪しとは別の，販売の工夫や知恵の面で北海道の企業が本州企業に押されているということが，よくいわれてきた。「よいものを作っていればお客は買いにくる」という態度が北海道の経営者に強く，営業活動での本当に熾烈な競争で鍛えられていないというのである。ここはそうした論評の当否を論ずる場所でないが，ただし次のことはいっておかなければならない。マーケティング志向が弱いという場合，マーケティングの技法を製品から分離して論ずる傾向，あるいは生産者が自分の生産するものの質に強くこだわっていることまで含めて批判する傾向がままあるが，それはまったく不当である。近年，刊行されたマーケティング論の好著『マーケティング戦略』(慶応義塾大学ビジネス・スクール編，有斐閣，2004年)は，その書き出し部分で次のような注意を与えている。

> マーケティングの出発点は常にプロダクトにあり，「はじめにプロダクトありき」なのである。したがって〔マーケティングという概念が生まれた〕20世紀初頭の頃のマーケティング概念は「プロダクト志向」である。〔略〕〔当時の〕米国では，新たな市場，新たな需要を求めて，技術者を中心として「プロダクト」の開発に邁進した。この頃の技術者の開発しようとするプロダクトは，技術者の「夢」であり技術者の開発プロセスである「満足」だったように思う。〔略〕
> 　一般に「プロダクト志向」〔略〕は，「顧客志向」や「ニーズ志向」に対比され，環境要因を考えない「技術者の独り善がり」として否定的に考える場合が多い。本当にそうだろうか。〔略〕プロダクト志向は，技術者の夢が現実とならなかった場合に，「技術者の独り善がり」と呼ばれるのである。〔略〕
> 　重要なことは「プロダクト志向」〔略〕を単なる技術者の独り善がりとして否定的にとらえるのではなく，「技術者の夢」を大切にすることであり，それを画期的な新製品の開発へと誘導することであり，そのためにはテクノロジー・マネージャーの活用が必要だということである。

同書の筆者がここで例示しているのはエジソンのような人物なのであるが，このことは新たな市場，新たな需要が生まれる産業において，ほぼ普遍的に適合する。札幌という土地で新しいスイーツの市場を開拓し，今その札幌をブランドとして全国市場に展開しつつある「きのとや」も，長沼青年の夢に始まりその一貫したプロダクト志向のマーケティングが，全国レベルの企業展望にまで押し上げてきた性格が強いと思われる。その意味でこれまでの「きのとや」

には，製品を離れたブランドの一人歩きの性向がほとんど見られない。価格や場所や宣伝の仕方で優越し付加価値をつけようとする方策があまりなく，売上げに占める「広告費」項目の比重も，このクラスの菓子店のなかでは際立って低いといえよう。宅配で市内を走り回っている車が，いわば宣伝カーの役割を果たしている。「地産地消」の実践にしても，お土産市場に進出するマーケティング戦略からというより，新鮮な生菓子の追求が結果として地域と消費者との結びつきを深めた意味合いが強いと思われる。

　このようなプロダクト志向のマーケティングは，業種を問わず地域に立脚して成功を収めた中小企業にしばしば見られる。逆にいうと，これは中小企業ならではのマーケティングでもあるのである。顧客のターゲットを定めやすい（汎用的な商品より専用的なもの，ニッチ市場に専念する等），消費者との双方向コミュニケーションが頻繁・濃密に交わされる，顧客の組織化が具体的・継続的であるといった，大企業がそれを望んでもとうてい及ばないような面での優位性の発揮である。結果として「きのとや」のこれまでの成長は，このようなマーケティングを一途に実行した企業のなかでの際立った事例として，とらえることができそうである。ということはまた，ここまで成長して北海道のお土産市場に地歩を築き始めた「きのとや」が，石屋製菓，六花亭製菓，ロイズを始めとしてそれぞれのブランドを確立した先達企業に比してどのような独自のブランドを開拓していくのか，その多くが今後の同社の選択にかかっていることを意味する。「きのとや」は，向かっていく企業としての到達目標を自らも未だ鮮明に把握しきってはいない，成長途上の企業であるように思われる。

[山本　敦]

第 2 章

六花亭製菓

幸運とマーケティング戦略が育てた北海道ブランド

北海道を代表する菓子メーカー六花亭製菓株式会社は帯広市に拠点を置く菓子店として創業，十勝の開拓の歴史と文化を活かしたお菓子作りに取り組んできた。この大消費地・札幌から遠く離れた街の小さな菓子店が試作，販売していたホワイトチョコレートが1970年代前半，北海道観光ブームの到来とともに大ヒット商品となり，続いてマルセイバターサンドも全国でもトップレベルの売上げを誇るお土産品にまで成長した。しかし，嗜好品であるお菓子の価値は味と歴史，文化のなかから育つと見る六花亭は，北海道外への進出を図らない。また，広告宣伝による販売促進ではなく，1959年から発行を続けている児童詩誌『サイロ』や中札内村の中札内美術村の建設に見られるように，地域文化の向上とともにお菓子の価値が高まり，ブランドイメージも消費者の間に広まると，こだわりを持った経営を続けている。

　ここでは，帯広という地方都市の菓子店が，北海道を代表する菓子メーカーにどのように成長していったか，その穏やかなブランド戦略の軌跡をたどってみたい。

1. 創　業　期

　六花亭は北海道札幌千秋庵から帯広千秋庵としてのれん分けした1933年が創業となる。前社長小田豊四郎の叔母夫婦は札幌千秋庵を経営していた。母の末弟岡部勇吉が札幌千秋庵の岡部式二から，同社の基盤である札幌から遠隔であるため商圏を荒らさないであろうという札幌千秋庵側の判断により，許されて帯広市内に和菓子製造と喫茶の店を開いたのが帯広千秋庵菓子店と言われている。この帯広千秋庵開店にあたっての本当の経緯は関係者それぞれの立場からの発言が食い違っており，明確にはわかっていない。しかし，お菓子の原材料が豊富であることと札幌千秋庵の営業基盤から遠隔に位置していた，という帯広特有の複合的な理由が重なり合ったものと見られる。開店したものの，競合相手が多く経営難に見舞われたことと体調不良により，岡部勇吉は1937年に閉店の話を持ち出した。このとき，親戚の間の計らいで，中学卒業後，札幌千秋庵で菓子製造から配達まで修行を積んでいた小田豊四郎が帯広千秋庵の経営を引き継ぐことになった。

表 2-1　六花亭がたどってきた道

1933 年	現会長小田豊四郎，札幌千秋庵菓子店に入店／帯広市西 2 条南 9 丁目（現本店）において，現会長小田豊四郎の叔父岡部勇吉が和菓子製造ならびに喫茶営業を開始
1937 年	創業者岡部勇吉が病気のため，小田豊四郎が帯広千秋庵菓子店の経営を引き継ぐ
1940 年	戦時中の物資統制により企業合同
1944 年	工場疎開のために工場解体される
1946 年	営業再開。蜂蜜入りアイスクリーム，南瓜まんじゅうなどを発売
1952 年	砂糖，小麦粉の統制解除／帯広市開基 70 周年，市政施行 20 周年記念品として「ひとつ鍋」を納入，発売開始／帯広千秋庵製菓株式会社を設立
1954 年	バター煎餅「郭公の里」を発売
1955 年	製菓工場改築
1956 年	甘納豆「らんらん納豆」を発売
1957 年	優秀食品衛生工場として厚生大臣表彰
1958 年	郷土銘菓「男爵」を発売。一般公募によりネーミングを決定
1959 年	チーズサブレ「リッチランド」を発売／銘菓詰合せ「十勝日誌」を発売／児童詩誌『サイロ』発刊
1961 年	坂本直行デザインの花の包装紙完成／店舗大改装
1963 年	登録銘菓「大平原」を発売
1964 年	社内報『大平原』を創刊
1965 年	本店新築
1966 年	帯広ステーションデパートに出店
1968 年	工場新築，自動化生産性向上を図る／ホワイトチョコレートを始めとする各種チョコレートの製造開始
1972 年	帯広市開基 90 年，帯広市制 40 年を記念し，「五十万坪」「万作」を発売
1973 年	コンピュータ導入，事務の合理化を図る
1975 年	イトーヨーカドー帯広店に出店
1976 年	関連会社㈱ふきのとうを設立
1977 年	ホワイトチョコレートが全国菓子博覧会にて最高賞を受賞／帯広千秋庵ののれんを返上し六花亭製菓に商号変更／「マルセイバターサンド」を発売
1978 年	「よい食品をつくる会」に入会／札幌そごうに出店／帯広工業団地に工場新築
1979 年	札幌ヨークマツザカヤ・ニチイ帯広店に出店／帯広工場第 2 期工事として製餡工場を新築
1980 年	札幌東急に出店
1981 年	札幌丸井今井本店・イトーヨーカドー釧路店に出店／本店喫茶室改装
1982 年	藤丸（帯広）にシューショップとして開店／帯広市開基 100 年，市制施行 50 年の記念銘菓「百歳」「おかげさま」「晩成」を発表
1983 年	丸三鶴屋（釧路）に出店
1984 年	「シフォンケーキ」を発売／長崎屋釧路店に出店
1986 年	六花亭商事設立／札幌市内で初めての独立店である円山店を開店
1987 年	日刊紙『六輪』を創刊
1988 年	帯広工場第 3 期工事，和生・洋生工場，本社機能を移転新築
1989 年	本店改築／「醍醐」発売／釧路フィッシャーマンズワーフに出店
1990 年	札幌五番舘西武・札幌三越・長崎屋帯広店に出店／「十勝春秋」を発売
1991 年	札幌真駒内店開店

1992 年	坂本直行記念館が中札内村の柏林(2万7000坪)にオープン／外債発行：1200万マルク
1993 年	中札内柏林ゾーンに直行デッサン館開設，建物は旧三井金物店より移築したレンガ造／札幌福住店・北大エルム店開設
1994 年	OK帯広店・サティ釧路店に出店
1995 年	小田豊四郎が会長に小田豊が代表取締役社長に就任／六花亭研究所開設
1996 年	札幌西友手稲店に出店，札幌森林公園店が開店／中札内柏林ゾーン相原求一郎美術館，帯広市の歴史的建造物「帯広湯」を移築
1997 年	マックスバリュー恵庭店に札幌地区初のおやつ菓子店「花六花」開店／帯広市内に25年ぶりに直営店「西帯店」を開店／釧路に喫茶室を併設した直営店「春採店」開店
1998 年	本社第4工場竣工／札幌市内に直営店6店目の「百合が原店」開店／「マルセイバターサンド」増産に伴い，工場を拡張，機械増設，中札内村工場稼動
1999 年	本店3階に食に関する書籍を集めた「六花文庫」を開設
2000 年	北海道神宮内に六花亭神宮茶屋オープン
2001 年	ストロベリーチョコの人気に応えビックサイズが登場
2002 年	創業70周年，帯広開拓120年を記念し，サクサクカプチーノ「霜だたみ」を発売／中札内村工場増築，「マルセイバターサンド」の製造を中札内村に一本化，1億個の製造体制／真駒内ホール店オープン，記念コンサート開催
2003 年	特定非営利活動法人小田豊四郎基金設立
2004 年	函館「五稜郭店」開店
2006 年	小田豊四郎死去
2007 年	「雪やこんこ」発売

　ちなみに，道内の菓子店の歴史を繙くと，松前藩の菓子職人に由来する1766年創業の松前町の三浦屋菓子舗，1851年新潟新発田藩で創業し1903年に小樽に移った花月堂などが道内菓子店の先駆けとして知られている。千秋庵も歴史は古く，1860年函館で始まり，明治期の1894年に小樽千秋庵が，大正，昭和には旭川と釧路が独立した。札幌千秋庵は小樽千秋庵から岡部式二がのれん分けして1921年に開業した店である。小田が入店した当時の札幌千秋庵は千秋庵のなかでも業容が最も大きなものとなっていた。しかし，叔父が経営難に直面したことからもうかがえるように，すでに十数軒の菓子屋がしのぎを削っていた帯広に新規開業した帯広千秋庵の経営は厳しかった。
　ところで，和菓子は材料として小豆，砂糖，もち米，しん粉，小麦粉等を用いているが，その品質により味や価格に大きな差が生まれる。使用する材料の品質によって材料費は大きく異なるが，その良し悪しによって味の大部分が決定してしまう。和菓子の世界では，一級品の材料で一流の職人が作れば一流の製品ができるが，二級品の材料であれば一流の職人が作っても一級品は作れな

いといわれている。札幌千秋庵の叔父から「どんなに高くてもいいから一番いい材料を使っておいしいお菓子を作ること，100しか売れないときは儲からないが，500売れるようになると儲かる」という言葉を贈られて，小田は帯広の地で営業を開始した。

叔父の言葉に従ってよい材料を使うならば，販路を拡大しなければならない。和菓子は他の菓子と同様嗜好品ではあるが，桜餅，柏餅，おはぎのように季節性がある商品である。また，葬式，法事，婚礼，誕生祝等，生活の節目に使用され，生活や行事に密接に関わった商品であるという特徴を持っている。行事用の菓子の注文次第で売上げは大きく左右されるために，御用聞きをしながら得意先を回るのに加え，葬儀屋，神社，産婆などを積極的に回ることで菓子の注文を取ったが経営状況はさほど改善されなかった。

最初の幸運

帯広千秋庵を引き継いだ後，経営がようやく軌道に乗ったのは，価格等統制令が発令される直前に，砂糖を大量に購入することができた幸運に恵まれたためである。1939年10月に価格等統制令が出される数カ月前，取引先である問屋の社長が砂糖を購入するようにと小田に融資してくれた。当時借金を抱えていた小田はこの資金を借金返済に回したかったものの，約束通り大量に砂糖を仕入れた。その数カ月後，価格等統制令が出され，砂糖の公定価格制が実施された。ほかの菓子店では砂糖が足りず四苦八苦するなか，帯広千秋庵はふんだんに砂糖を使って菓子を製造できた。そのため，帯広千秋庵が作る菓子は一躍地域で評判となった。翌年には菓子の公定価格制が実施され，菓子も配給切符制となったが，作った菓子は毎日完売となり，ようやく経営も軌道に乗ることとなった。

しかし，1943年に小田は戦地に召集され，さらに44年4月には工場は疎開のために解体され，菓子製造は休止状態となる。小田は1946年6月復員するや営業を再開した。統制品が入手できなくても製造できる蜂蜜，卵，牛乳を使ったアイスクリームやかぼちゃ饅頭などを商品開発し，作れば売れるという状態を続けた。サッカリン，ズルチンなどを入れた非常に甘いお菓子が好まれるなか，砂糖をたくさん使ったおいしいお菓子を作るということを心がけた。

戦後の物不足のなか，お菓子が面白いくらいに売れた時代であった。

2. ブランド形成の初期

地域文化に根ざしたネーミングとパッケージ

　経営が安定し，資金力が備わるにつれ，小田は新しい技術を積極的に導入していった。ほとんど手作業で行っていた製造過程を見た出入りの業者から，大阪の菓子製造機器メーカーの精魁堂を紹介されると，大阪まで出向き各種の機械を購入した。京都，大阪の菓子店や菓子原料店を紹介してもらい，その技術に接する機会を得た。こうして，激しい競争にさらされてきた関西の菓子店が価格競争ではなく，最終的には「味と品質」で生き残っていること，他人の真似ではなく自分で考えだしたお菓子を作りだすことの重要性などを悟る。

　小田にとって転機となったのは，講演会で聞いた「お菓子は文化のバロメーター」という言葉だった。また，菓子のネーミングについても，そのものズバリという名前ではなく，連想が浮かぶような名前が好ましいということを学んだ。これがその後の六花亭の商品開発の大きな指針となる。以後，発売された商品群には，十勝の地域文化に根ざした菓子名がつけられた。萩原実の『北海道晩成社十勝開発史』に出ていた依田勉三の句「開墾のはじめは豚と一つ鍋」からとった最中の「ひとつ鍋」はその嚆矢である。これは帯広開基70周年，市政20周年の記念式典用にと1952年に帯広市から注文を受け，地域に根ざしたオリジナル菓子第1号となった。最中は両面同じ形をしたものを張り合わせるのが一般的だが，「ひとつ鍋」という名前から，片方を鍋，もう片方を平らな鍋の蓋にした最中にし，中に求肥を入れるという工夫をした。

　十勝にちなんだネーミングや商品開発は地元自治体のための記念式典用の商品開発がきっかけであった。しかも，上品なイメージを持ちやすいお菓子にはなじみにくいと思われがちな「豚」にちなんだネーミングであった。ところが，式典終了後もこの商品を求めて店頭を訪れる客が現れるようになったのである。前述したように，菓子の材料は限られており，職人や経営者が創造できる価値の範囲は限られている。しかし，時代を経て消費者に愛され生き残ってきた菓子に，郷土の匂いを連想させるデザインやエピソードを結びつけた商品開発に

第 2 章　六花亭製菓　47

よって，小田は新しい価値を創造できることを体感した。競争が激しい関西で生き残っている菓子店の姿に一歩近づいたのである。こうして，小田は帯広・十勝の歴史や文化にこだわることで，自らの店が開発したお菓子の魅力や価値を掘り起こし，差別化への道を切り拓くブランド戦略に目覚めていった。

　小田が取り組んだ商品開発の戦略は他社製品と差別化し，自社の商品価値を高めるブランド戦略の第一歩である。周知のように，マーケティングという言葉は「ひとつ鍋」が発売されてから 3 年後の 1955 年に，石坂泰三率いる経済団体連合会の米国視察団が行った帰朝報告の際にわが国で初めて紹介された。戦争前後の配給制度に慣れ，その後は高度成長を謳歌して，消費者本位の経営になじむ機会の乏しかった当時のわが国の生産者にとって，言葉は新鮮でも実践にまではたどり着けなかった概念であった。そのような時代背景にありながら，現代にまで綿々と続くブランド戦略を思い浮かべながら実践を重ねた小田の先見性にあふれた経営感覚，時代感覚には見るべきものがあるといえよう。

　「ひとつ鍋」を契機に立て続けに商品開発が行われた。1954 年にはバター煎餅「郭公の里」を発売した。これは札幌千秋庵を代表するヒット商品であるバター煎餅の「山親父」を参考に，柏の樹海であった十勝にちなみ，柏の葉を 3 枚合わせたデザインを採用している。56 年には十勝小唄の囃し言葉から取った「らんらん納豆」を発売，58 年には北海道を代表する作物・馬鈴薯の形をした饅頭「男爵」を，59 年にはサイロを模ったチーズサブレ「リッチランド」，さらに銘菓詰合せ「十勝日誌」を発売している。「十勝日誌」は松浦武四郎が著した『東西蝦夷山川地理取調紀行』のうちの一冊の名であり，それをデザイン化した箱の中にこれまで発売した十勝にちなんだ菓子を詰め合わせたものである。

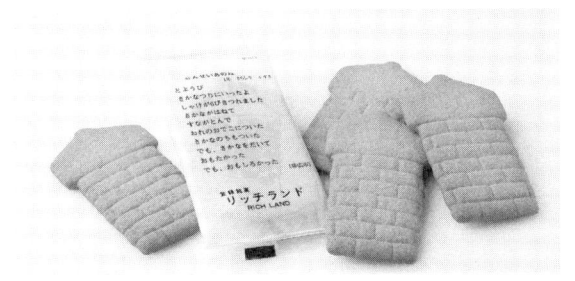

図 2-1　児童詩誌『サイロ』の詩を包装に使ったチーズサブレ「リッチランド」

また，この頃から，酪農地帯・十勝のイメージを意識するようになり，伝統的な和菓子から一歩踏み出した商品開発にも取り組むようになった。こうして1963年には試作を重ねたうえでマドレーヌを発売，十勝のフレッシュバターを使用していることから「大平原」と命名した。72年には「五十万坪」「万作」など，単なる地方都市の菓子店という枠組みから抜け出し，帯広という土地柄を前面に押し出したネーミングと商品開発を追い求めていった。

ところで，お菓子の包装紙は，はがし取るなり丸めて捨てられるというのが一般的な考え方であったが，捨てる前に，眺めて見てくれる包装紙を作りたいと願った小田は，当初は薄グリーンの地に道東地方の俯瞰図を描いたものを，十勝の歴史文化を意識してからは，十勝の絵物語の図柄を包装紙に採用した。六花亭が発行する児童詩誌『サイロ』の表紙絵を依頼した縁で，1961年には十勝在住の画家坂本直行の描いた花の包装紙ができ上がった。5色で印刷した花柄の包装紙は珍しく，社名を書き添えなくても，花柄から六花亭と人々に認識されるようになった。のちに坂本の絵はホワイトチョコレートのパッケージなどにも使われている。

このパッケージングによって消費者の注意を引きつけるのもマーケティングにおける重要な製品戦略のひとつである。パッケージや包装がよければ，消費者はすぐに企業名やブランドを認知することができる。これを「5秒間のコマーシャル」と呼ぶ研究者もいる。ただし，効果的なパッケージングのためには，パッケージングがどうあるべきか，製品にどのような付加価値をもたらす

図 2-2　坂本直行が描いた花の包装紙

か，という明確なパッケージング・コンセプトを持っていなければならない。小田の場合，パッケージング・コンセプトは早い段階でき上がっていたようである。

ホワイトチョコレート

小田は 1967 年に欧州旅行に出かけた際，現地のチョコレート工場を見学，今後日本の菓子業界はチョコレートが大きな売上げを占める時代が来るであろうと判断した。帰国後不二家の研究室で菓子の研究をしていた松田兼一に，チョコレート製造の指導を受けながら，工場を建設した。68 年ホワイトチョコレートを始め各種チョコレートの製造を開始したが，普通のチョコレートは売れたもののチョコレートの常識とは大きく異なった商品であるホワイトチョコレートは敬遠され，在庫となった。

ホワイトチョコレートが売れるようになったのは 1971 年の夏からである。70 年 10 月，旧国鉄は大阪万博の終了後の観光客の落ち込み対策として「ディスカバー・ジャパン」のキャンペーンを打ちだした。やはり万博に対応させて従業員が膨れ上がっていた日本交通公社もこの旧国鉄のキャンペーンに呼応したため，SL ブーム，札幌冬季オリンピック開催等で，北海道ブームが巻き起こった。ブームを担ったのは若者であった。リュックを背負ったカニ族といわれる若者が道内各地に出没した。ユースホステルは満杯となり，駅にごろ寝するカニ族が出現し，71 年 8 月には帯広駅前に女性のカニ族用のテントも用意された。北海道ブームで沸き立っていた 73 年，NHK の新日本紀行「幸福への旅〜帯広」が放送されたことがきっかけとなり，北海道ブームは加熱した。旧国鉄広尾線の「愛国から幸福行き」の切符が 4 年間で 1000 万枚以上売れるという現象まで起きたのである。

カニ族たちは，ホワイトチョコレートと「愛国から幸福まで」の切符を買って全国に持ち帰ったため，雑誌等にも紹介されるようになった。このため，北海道ブームが起きるまでは売れ残っていたホワイトチョコレートの販売が 72 年には軌道に乗るようになり，帯広千秋庵の売上げの 3 分の 2 をチョコレートが占めるようになった。主力であった和菓子と違い，賞味期限が長く収益性も高いチョコレートの販売は，以後の六花亭の発展の基礎となる。

ホワイトチョコレートのヒットはある意味で幸運に恵まれたところが大きかったと見ることができる。しかし，地域性にこだわることをブランド作りに結びつけ，北海道らしさを前面に打ち出した商品戦略とチョコレートの将来性を見抜いていた小田の先見性が，折からの北海道観光ブームでシナジー（相乗）効果となって現れたと見ることもできる。実際，在庫として売れ残っていた頃には売る側としても販売に期待していなかったため，有り合わせの包装紙に包んで店頭に並べていた。ところが，反響が起こるようになってからは，白い紙に坂本直行が描いたふきのとうの絵をデザインした包装紙に代えている。これは，白い地にふきのとうの絵柄があることによって，春の北海道の雪景色を思い浮かべて顧客自身がストーリーを作り出すことを演出したものであった。
　ここにも連想が浮かぶような名前を商品につけることによって，新しい価値を創造するお菓子作りを追求する小田のこだわりが生んだ，お菓子作りに文化を結びつけた世界が見られる。こうして，それまでは地方都市でちょっと話題性のある商品を販売していた菓子店が，急速に発展しテイクオフ（離陸）するステージへと移っていった。

3. 六花亭ブランドへの転換

六花亭の誕生

　ホワイトチョコレートは順調に売上げを伸ばしていったが，ホワイトチョコレートの人気の高まりとともに，札幌で類似品が出回るようになった。札幌に進出すれば札幌千秋庵の商圏を侵害することになる。しかし，大消費地の札幌で類似品が流通するのを放置することは自社の経営にとって痛手が大きい。このディレンマから脱するため，札幌千秋庵に対して札幌進出を申し入れたが，調整はつかなかった。そこで，別会社を作ってホワイトチョコレートを製造販売するため，まず千歳空港で売り出したが，商圏が侵害された札幌千秋庵側は商標権の使用中止を求めてきた。結局，札幌千秋庵にのれんを返上し，1977年5月，六花亭製菓に社名を変更した。そして同時に，社名変更を記念した商品として「マルセイバターサンド」を発売した。これが思わぬ大ヒットとなって新生六花亭のブランドの確立につながった。

六花亭という社名は奈良県東大寺管長の清水公照が，北海道らしさをイメージして雪の結晶を意味する六花(りっか)から採って命名したといわれている。

「マルセイバターサンド」
　マルセイバターサンドは東京，代官山の小川軒が売り出し大きな話題となっていたレーズンウィッチを参考に，問屋の勧めに応じて開発したものである。小川軒のレーズンウィッチはショートニングをサンドクリームにしていたが，六花亭は当時の主力商品ホワイトチョコレートと北海道のフレッシュバターで作ったレーズン入りクリームをビスケットでサンドした商品を開発した。サンドするビスケットが，クリームと相性がよく時間が経ってもサクサクした食感が残るようにするため，材料を吟味し開発には時間をかけた。また，明治期に十勝で最初に作られたバターの缶詰のラベルをデザイン化した包装紙も受けて大ヒット商品となり，量産化にも成功した。現在，マルセイバターサンドの販売額は六花亭の売上高約180億円の4割強を占め，お土産商品の販売額としては，単品では三重県伊勢市の「赤福餅」，石屋製菓の「白い恋人」と並ぶ大型商品へと育っている。
　しかし，現在では，マルセイバターサンドが発売されてからすでに4半世紀以上が経ち，次の製品開発が必要となっているが，その有力候補として「ストロベリーチョコ」と「霜だたみ」が成長を続けている。ストロベリーチョコは新婚旅行でオーストラリアに行った社員が現地で見つけたものを応用して開発した商品である。六花亭がここまで成長した第1の要因は，戦後の物不足の時期であっても，よい材料を使って手間を惜しまない真摯な姿勢と新製品開発へのたゆまぬ努力が実ったからである。これは六花亭を育てあげた小田の一菓子職人としての一面と関わるところが大きい。しかし，菓子メーカーへと飛躍した現在においては個人から組織へとシステム化された商品開発が求められるようになる。このための試みとして1995年には新製品開発のための機関として六花亭研究所を設立，ストロベリーチョコのように，社員の様々な試みのなかから，新しいヒット商品を生みだす仕組み作りの模索を続けている。このような試みは包装や広告の面でも行われており，現在ではグラフィック関係は全て社内のスタッフが製作しているし，その取組みにあたっては，商品から様々な

文化や歴史などの連想を抱きやすいように，シンプルなデザインを心がけているようである。ここに地域性をほのかに漂わせるという創業以来のこだわりが引き継がれている。

4. 生産と販売の体制づくり

生産体制

　六花亭の成長過程を振り返ると，その設備投資のタイミングのよさが際立っている。敗戦後の，菓子を作れば売れていた時代に関西からミキサーを調達したことに始まり，「ひとつ鍋」で評価が定着し「郭公の里」を販売した翌年の1955年には製菓工場(延べ72坪)を改築している。なお，同工場は57年に優秀食品衛生工場として厚生大臣表彰を受けている。坂本直行デザインの花の包装紙ができ上がった61年には店舗を大改装するとともに，自動包装機やトンネルオーブンなどを購入し，生産性の向上と合理化を図っている。さらに，チョコレートの発売を開始した68年には工場を新築し，自動化生産体制を構築することにより，生産性向上を確立させている。マルセイバターサンドを発売した翌年の78年には，帯広工業団地に入手した敷地9670坪に1500坪の工場を新築している。さらに79年には帯広工場第2期工事として製餡工場を新築，88年には第3期工場として和生・洋生工場を新築するなど，休むことなく増産体制を積み上げている。最近では，98年に中札内村にマルセイバターサンドの一貫工場を建設し，一層の量産体制を敷いている。

　ここで，六花亭と他菓子メーカーとの数字を比較してみたい。六花亭は財務情報を公開していないため，2002年3月期の数値であるが，売上総利益率は31.3％となっているのに対して，石屋製菓の2007年4月期の売上総利益率は46.3％である。菓子製造と一口にいっても製品の種類は多様であり，一概に比較することには無理があると思うが，TKC経営指標(平成14年版)による「その他のパン・菓子製造業」の黒字企業の平均値は30.2％となっている。

　六花亭と石屋製菓を比較してみると，石屋製菓が「白い恋人」の単品生産に対して，マルセイバターサンドなどの主力製品だけでなく，様々な生菓子や季節に合わせた菓子なども製造している違いが出ている。『流通しんぽう』2004

表 2-2 損益計算書比較

六花亭製菓 2002 年 3 月期			石屋製菓 2007 年 4 月期		
	（千円）	対売上比(%)		（千円）	対売上比(%)
売上高	14,509,496	100.0	売上高	7,283,796	100.0
売上原価	9,972,608	68.7	売上原価	3,898,295	53.7
売上総利益	4,536,883	31.3	売上総利益	3,372,623	46.3
販売費一般管理費	2,538,814	17.5	販売費一般管理費	1,886,810	25.9
営業利益	1,998,074	13.8	営業利益	1,485,813	20.4
経常利益	2,457,938	16.9	経常利益	1,989,397	27.3
税引前利益	2,018,142		税引前利益	1,983,463	
当期利益	1,007,743		当期利益	1,122,997	

出所）東京商工リサーチ『財務情報』

表 2-3 北海道 3 大菓子メーカー売上

	総売上	経常利益	主力製品売上	
六花亭製菓	176 億円	18 億円	79 億円	2004 年 3 月期
石屋製菓	83 億円	26 億円	75 億円	2004 年 4 月期
ロイズコンフェクト	82 億円	18 億円	30 億円	2004 年 7 月期見込

出所）『流通しんぽう』2004 年 8 月 24 日号

年 8 月 24 日号の記事によると，主力製品の売上依存度は，石屋製菓が業界では最も高く約 90％，一方，六花亭は約 45％となっている。

店 舗 網

　販売戦略に関して，六花亭の店舗戦略を見てみると，本店だけで長く営業を続けていたが，1966 年に帯広ステーションデパート，70 年にイトーヨーカ堂帯広店に進出するなど当初は帯広市内の大型店へのテナント出店が中心であった。74 年，帯広市内に開店した西 3 条店が初の直営店となる。その後，78 年の札幌そごう開店とともに初めて札幌に出店したのを皮切りに，相次いで札幌地区に出店を開始した。79 年には札幌ヨークマツザカヤ，80 年には札幌東急，81 年には札幌丸井今井本店に出店しており，これも製品イメージやブランド意識を反映した戦略と見られる。この大型店を中心にした店舗戦略は最近まで続いており，90 年に札幌五番舘西武，札幌三越，2003 年には大丸札幌店に出店し，札幌の全てのデパートに進出している。その一方で，直営店としては

86年に円山店を開店，91年に真駒内店，93年には福住店，北大エルム店，96年には森林公園店と札幌郊外の住宅地を中心に出店を続けており，やはりブランド意識を考えた店舗戦略がうかがえる。2008年現在札幌，道央地区の直営店は8店，大型商業施設への出店は20カ所となっている。札幌以外では，81年にイトーヨーカドー釧路店への出店を皮切りに釧路地区に7店舗，函館地区には2004年に出店した五稜郭店など4店舗を出店している。

　これまで見てきたように，六花亭の成長を大きく転換させたのは，北海道観光ブームが追い風となったお土産需要であった。六花亭の主力商品である「マルセイバターサンド」は売上げの約4割を占めていると見られており，福岡県の明太子や三重県の「赤福餅」などと比べられる全国でもトップレベルの土産品販売額を誇っている。しかし，観光客の市場構成を見ても，道外客の600万人に対して道内客は延べ人数でその何倍もになっている。したがって，贈答用だけではなく家庭で手軽に食べてもらう，いわば「おやつ菓子」として市場に浸透させることが販売戦略上に重要になる。このため，ばら売りを中心に販売員数を抑えてセルフサービス方式で販売する「花六花」を97年から展開している。現在までのところ札幌，帯広のスーパー内に14店を展開している。

　このような設備投資や店舗展開は小田の積極果敢な経営姿勢が推し進めたものであった。これらの資金調達のために1992年にドイツマルク建普通社債1200万マルクを発行，96年には日本初の銀行保証付ユーロ円建普通社債10億円を発行するなど，地方の菓子メーカーらしからぬ先進的な資金調達手法を取り入れていたことも特筆すべきこととして触れておきたい。

5. 六花亭ブランドを支える要素

　ここで改めて六花亭とブランドについて考えてみたい。ブランドと一言でいっても企業そのものがブランドになっている場合と商品がブランドになっているケースがある。六花亭の場合，ホワイトチョコレートがヒットしていた時期がありながら，ブランドとしては成り立たなかった。また，マルセイバターサンドについても，似たような商品が現れているため，六花亭（企業そのもの）以上のブランド形成にまでは至っていないと見られる。これを検証するために

インターネットの検索エンジンであるGoogleで検索し，検出された総ページ数とそのページを紹介している簡単な文書(テキスト)のなかでの，企業名と商品名の関係を見てみた。ブランド力を推測するためにこのようなことを行ったのは，Googleの持つ特性を利用することで，少なくとも膨大なインターネット情報のなかでのブランド力を推測できると判断したからである。

　ちなみに，Googleで検索した結果から出てくるページ・ランクは，ウェブ上の膨大なリンクを活かしてページAからページBへのリンクをページAによるページBへの支持投票(リンク数)と見なしたものである。Googleはこの投票数からそのページの重要性を判断している。また，重要度の高いページによって投じられた票はより高く評価されて，それを受け取ったページを重要なものにしていく仕組みとなっている。このような分析を通じて高評価を得たページには高いページランク(検索順位)がつくようになっている。したがって，検索に用いるキーワードが支持投票(リンク数)につながりやすい適切なものであれば，情報としての重要度の高さに応じて検索結果順位は高くなる。つまり，商品や企業名であればよりインターネット上の口コミ数(リンク数)が多いものが検索結果順位が高くなっていて，ブランド力もあると見ることができるのである。

　2006年2月15日午後3時時点で「マルセイバターサンド」をキーワードに入力してみると，約11万5000件のページがリストアップされた。その最初のページは「マルセイバターサンド(単品)～六花亭」となっている。一方，「六花亭」をキーワードに入力すると，29万3000件のページがリストアップされた。この最初のページは六花亭の公式ホームページであり，なおかつその公式ホームページの最初のページは包装紙と同じ花柄のデザインとなっている。これらのことから，会社としても商品名よりは六花亭そのものをブランドとして打ち出すことを意識していることがわかる。

　これと対極にあるのが石屋製菓と「白い恋人」との関係である。「石屋製菓」で入力して出てくるページ数は5万1200件にすぎず，最初のページも白い恋人パークとなっており，次いで石屋製菓の公式ホームページとなっている。一方，「白い恋人」をキーワードに入力すると，30万2000件のページがリストアップされて出てくる。つまり，少なくともインターネット上では，石屋製菓

よりは「白い恋人」の方が圧倒的な口コミ力，すなわちブランド力を有していると見ることができるのである。

このように，商品名よりも企業そのものから生みだされる話題が多く，ブランドを支える要因となっているということは，それにふさわしい特色ある経営戦略があることになる。それが，①商品開発・販売戦略，②ブランド作りにつながる人事戦略，③文化（メセナ）活動，という3本の柱である。

商品開発・販売戦略
① 原料の差別化
　六花亭が生まれ，成長した十勝の大地からは，豆，乳製品，砂糖などが採れるため，これらの材料を豊富に用いて成長してきた。六花亭が販売する量だけを考えるならば十勝産で充分だったが，現在のように消費者の舌が肥えてくると，十勝産の原料だけで菓子を作るのは困難になっているという。このため，小豆は京都丹波地方，黒砂糖は奄美大島，レモンは四国産と厳選して取り入れるようになっている。このため，仕入れ担当の社員は質のよい材料を求めて全国に出かけているが，有力な問屋の情報は他の菓子メーカーも知っているため，独自の材料を手に入れる努力を払い，そのうえでさらに製造工程にまで様々な工夫を凝らさなければ，差別化が図れなくなっている。
　例えば，マルセイバターサンドで使用されているホワイトチョコレートはミルクの加工工程が他社とは違っている。半製品の段階で差別化が実現できたときに初めて価格決定権を持つことができ，収益力が生まれる。単なるコストオン方式で値段を決めなければいけないものと，原料段階や製造工程で差別化できる条件を加味して価格決定権を持つことができるものとの差が競争力をつけ，差別化へとつながっていくのである。
② 品質管理
　六花亭の成長の過程において，その様々なステージでよい指導者に恵まれ，その助言を商品化に結びつけたことも大きな成長要因である。例えば，雑誌『商業界』の創刊に協力した新保民八の，損得よりも善悪を説く「正しきによりて滅ぶる店あらば滅びてもよし，断じて滅びず」の言葉に感銘を受け，それを実行してきたのもそのひとつである。また1978年には，食品公害を説く食

品研究家・磯部晶らが提唱した「よい食品をつくる会」に入会している。この会は，①原料の厳選，②加工段階の純正，③一徹で時代環境に曲げられることのない企業姿勢，④消費者との関係重視，を会の4原則とし，①安心して食べられること，②ごまかしのないこと，③味のよいこと，④品質に応じた妥当な価格，をよい食品の条件としている。六花亭はこの会の理念に基づいて，安全性が実証された原料だけを使用している。

また，1991年には菓子メーカーとしてのイメージ向上と健康管理を考慮して，全社禁煙を実施，97年からは無条件で自社製品の返品・返金を受け付けるサービス＝満足保証制度を始め，安心感を持って買える商品づくりに努めている。

③ 北海道限定販売

大消費地に近いところに商品を置くばかりがよいとは限らない。逆に手に入らないことが価値を創造する場合がある。とりわけ，嗜好品の場合はこの傾向が強くなる。工場廃水などが街中を流れる川の近くに立地する酒造メーカーのイメージはよいものとはいえない。帯広は歴史的に見ても豆の産地である。この豆の産地で和菓子を作ることは，六花亭のイメージを好ましいものにしているのは間違いない。しかも，道外には進出していないだけでなく，道外向けの広告宣伝もいっさいしていないという。それにもかかわらず年間約180億円も売り上げ，全国的にも知られているのは，千歳空港での販売に力を入れ，土産品としての名声を獲得したことが大きい。六花亭の販売戦略は直営店を基本としているが，千歳空港に限っては多数の売店に商品を卸している。道外に出店して販売するのに比べれば効率がよく，豆の産地である北海道でしか買えないという希少性や見えない価値を自然な形で演出できる。ただし，全国の百貨店などで開催される北海道物産店には積極的に取り組んでいる。また，1996年からはインターネットのホームページでの通信販売を始めているが，このような場合であっても"産地直送"というイメージは傷ついていない。

ブランドづくりにつながる人事戦略

六花亭には人事担当のセクション，つまり人事課がない。採用も異動も昇給もすべて社長が決めている。さらに，社長室はなく管理職もいないという。一

般的に人事は経営管理にとって最も重要な業務である。これを社長が全て掌握するためには，社内の膨大な情報を把握していなければならない。もしくは，放置していても，安心して任せられる社員だけを採用する必要がある。このため，全ての社員は1人1日1情報を社長に直接提出できる権利を持っている。その日の出来事，仕事の改善点，提案などテーマは自由。翌朝には社長が全てに目を通し，翌日の日刊新聞『六輪』に掲載する仕組みができ上がっている。社長は毎日届く情報を見ることで，社員が何を考え不満に思っているかを把握する。

六花亭には900名の正社員，460名のパート・アルバイト（2007年4月1日現在）がいるが，小田社長は，入社間もない社員以外はすべて顔と名前を覚えているという。また，北海道の就職人気企業ランキング（㈱ディスコ札幌支社，2007年12月〜2008年1月調査）においても，六花亭は総合ランキング13位，理系学生ランキングでは8位に位置している。

ものづくりの企業としてそこに登場するのはロイズコンフェクトと六花亭だけであるが，六花亭はロイズコンフェクトが登場する以前から北海道に根づいた人気企業である。

就職希望者への会社説明会は，札幌だけでなく，東京，京都でも開催し，社長自らが会社説明にあたり，面接も行っているという。採用状況についても北海道大学をはじめとする全国の国公立大学，慶應義塾大学など有名私立大学の出身者となっている。

六花亭という北海道の地方都市にある菓子メーカーが，道外でも採用活動を行うこと自体特筆すべきことであるし，また，各地から人材を集めることができる魅力を備えているものと思われる。

このような人事方針を採用するきっかけとなったのは，ホワイトチョコレートが突然売れ始めた70年代前半，売れすぎて休む暇もない多忙な日々が連続したため，毎日社長のデスクに辞表が置かれて大量の退職者が出た経験から，社員の心の動きをできるだけ社長が直接知るために始めたことにある。

また，菓子づくりは文化であるという観点に立つと，広い意味でサービス業と見ることもできる。顧客に喜んでもらえる質の高いサービスは，短期間のマニュアルや教育や研修によって身につくものではないというのが，社長の考え

方でもある。一般的に好かれるタイプであるはずの明るく元気な人が菓子づくりに向いているわけではなく，こつこつ粘り強くやる職人タイプの方が菓子づくりに向いている面もある。顧客は六花亭という文化を買いに来ているという視点に立つと，これをモノとともに買い手の心中に届けるコミュニケーション能力のある人材を店頭に立たせることが必要となる。こうした六花亭という文化は，小田から現在の社長にまで受け継がれた無形の財産であるから，これを一番熟知しているのも社長であるという理由で，採用や異動も社長自らが決めているのである。

文化（メセナ）活動

　六花亭が文化活動に取り組むのはお菓子のあり方と深く関わっていることは前述した通りである。その具体的な活動としては，1959年から毎月1回発行している児童詩誌『サイロ』が最初であり，現在まで40年以上続けている。これは，福島県郡山の同業者柏屋から58年に送られてきたガリ版刷りの子供の詩誌に，当時の小田豊四郎社長が感動したことがきっかけである。地元小学校の教師たちの賛同と協力を得て，十勝管内の小中学生の詩を載せる詩誌を作った。この表紙絵を担当したのが十勝で開拓生活を送りながら，北海道の風物を描き続けた農民画家・坂本直行である。この縁から六花亭のシンボルとなる白地にハマナスや水芭蕉が描かれた花柄の包装紙や，ホワイトチョコレートのパッケージが誕生した。

　82年には創業50年記念事業として室内楽演奏会と古典落語寄席を開催。地域の声に支えられこちらも20年以上続いている。さらに，92年，中札内村の柏の原生林に坂本直行記念館（現・北の大地美術館）をオープン，その後，帯広市内の石造りの銭湯を移築して相原求一郎美術館として開館するなど，3万坪もの敷地に美術館やレストラン，売店など7つもの建築物が点在する中札内美術村を建設している。97年には十勝に根ざした芸術文化活動に対して，メセナ普及賞を受賞している。また，5000冊の蔵書を持つ「六花文庫」や帯広の音楽ホール「六花亭ホールKyu」，月に一度，店舗がコンサートホールになる「真駒内ホール店」などを建設している。これらの建物は，北海道赤レンガ建築賞などを受賞しているが，特に札幌真駒内の「真駒内ホール店」はグッドデ

図 2-3　真駒内ホール店

ザイン賞，日本建築学会作品選奨を受賞している。

　これらの活動は，企業のイメージを作ることが第一の目的であるが，物であれば減価償却することになりいずれは利用価値が消滅するが，文化は時間をかけて使っていくうちにその価値が増し，社会資本として地域や社会のなかに残っていく，と考えた結果だという。言葉を変えて考えてみると，お菓子についておいしいという言葉を使わずに消費者においしさを伝えることである。現社長の言葉によると，おいしいお菓子はすぐ作ることができるが，お菓子を通じて文化までもが感じられるものを産み出すのは難しいという。

　このような考え方は，現社長の小田豊の体験にも根ざしている。小田は大学卒業後，京都の鶴屋吉信で3年間修行後，1972年に帯広千秋庵に副社長として入社，95年には六花亭製菓の社長に就任した。この3年間の京都時代に茶道の修行をし，入社後，経営に茶の心を取り入れたという。茶の湯には衣食住の全てがあり，建物だけでも器だけでもだめで，もてなす気持がなければいけない。歴史的な建造物には関心を示し，古くなり利用できなくなったからといって全てを減価償却するのではなく，物を使っていくうちに作られる価値を大切にする，というのが小田の文化を重んじる姿勢の根幹にある考え方である。このため，店舗にも自らの考え方を採り入れて，デザインを検討している。六花亭の建物には大きな看板はついていない。ポールサインを見落とすととても菓子店舗とは思えない。また中札内美術村にも六花亭の名前を出していない。これは前社長がはじめた児童詩誌『サイロ』の裏表紙にごく控え目な枠に六花亭とあるのと通じるものがある。

6. ま と め

　六花亭の成長要因としてブランド戦略に注目してここまで述べてきた。しかし，六花亭ブランドの構築に結びついた要因は，多くの幸運からもたらされたものが多い。ホワイトチョコレートのヒットは在庫品が北海道観光ブームの追い風に乗ったものであった。現在でも主力商品であるマルセイバターサンドは社名変更にあたって試作した3つの商品が，意図せぬヒットとなったものである。何よりも，六花亭というブランドは帯広千秋庵という社名を使えなくなったことから生まれたものである。仮に，帯広千秋庵のままの社名ならば，マルセイバターサンドも六花亭というブランドも生まれず，地方の菓子店のままでとどまっていた可能性すら否定できない。

　しかし，菓子は文化であるという考え方に立って，地域の歴史や文化を商品のネーミングや包装用紙などに取り入れていたことが，このような幸運の呼び水となっていることも事実である。つまり，ささやかで地道なマーケティング戦略が消費者の嗜好や時代や社会の要請，そして社名変更のような偶然と見事にマッチして大きな成果を生み出したと見ることもできる。北海道内だけで展開する六花亭は売上高が100億円を超えたとき，もうマーケットの拡大は見込めないと感じたという。しかしながら，目覚しい成長を遂げたイノベーション（革新）の多くが，たゆまぬ企業努力と意図しない僥倖の出会いから生まれているように，六花亭の組織ぐるみのブランド構築に向けた努力が，新しい市場を創造する可能性に期待したい。

〈参考文献〉
帯広市史編纂委員会編『帯広市史』帯広市，1976年
磯部昌策『食品を見わける』岩波新書，1977年
国民金融公庫調査部『日本の加工食品小売業』中小企業リサーチセンター，1983年
北海道新聞社編『私のなかの歴史 5』北海道新聞社，1985年
小柳輝一『甘辛の間食文化』日本経済評論社，1987年
六花亭製菓『一生青春　一生勉強』1993年
小林照幸『お菓子の詩』商業界，1995年
フィリップ・コトラー，ゲイリー・アームストロング『コトラーのマーケティング入門』

トッパン，1999 年
ゲビン・レーン・ケラー『戦略的ブランド・マネジメント』東急エージェンシー，2000 年
北海道新聞帯広支社報道部『お菓子のくに』北海道新聞社，2002 年
企業メセナ協議会『いま，地域メセナがおもしろい』ダイヤモンド社，2005 年
デザイン＆ビジネスフォーラム『デザイン・エクセレント・カンパニー賞』ダイヤモンド社，2005 年

［佐藤はるみ］

第 3 章

サンマルコ食品

北海道ブランドの輸出企業

売れる商品を開発してこれを欲しいと思っている消費者に届けることが，企業経営を成功へと導く第一歩である。当たり前のようだが，ほとんどの企業が汗を流してもなかなか実現できない課題である。創業以来20年以上増収を続けてきたサンマルコ食品株式会社が，北海道産の男爵イモを原料に使ってほぼ100%冷凍コロッケを扱うメーカーとして歩んできた道のりは，多くの企業の手本になる成功例といえよう。

1. スタート

同社の歴史は倒産寸前の会社の経営を現在の会長である藤井幸男が引き継い

表3-1 会社の沿革

1979(昭和54)年12月	藤井幸男がサンマルコ食品販売㈱を資本金500万円で設立
1980年4月	厚生省より医療用食品認定工場の指定を受ける
6月	資本金を1000万円に増資
1983年3月	資本金を2100万円に増資
1986年9月	事務所と工場の一部増築工事実施
1988年8月	第2工場完成
1989(平成元)年8月	恵庭工場建設用地取得
1990年5月	第1工場にスパイラル冷凍設備(増量)設置
5月	第2工場に自動軽量包装設備(コンピュータスケール)設置
1992年11月	恵庭工場完成
1993年10月	資本金を4000万円に増資
1994年6月	恵庭工場増設
1997年8月	浦幌工場完成
1998年10月	サンマルコ食品㈱に社名変更
2000年3月	東京支店事務所完成
2002年6月	代表取締役社長に藤井幸一就任
7月	恵庭工場改築
2006年4月	㈱日本冷食を子会社化
11月	ISO9001認証取得

表3-2 会社概要

本社・支店・営業所：	札幌本社，東京支店，北海道営業所，東北営業所，関西営業所，名古屋営業所，九州営業所
工場：	札幌第1工場，札幌第2工場，恵庭工場，浦幌工場
従業員数：	402名(パート含む)
関係会社：	㈲ホクレイ，㈲フジフーズ，㈱日本冷食

だことから始まった。この時,藤井は札幌市の手稲工業団地にあった創業54年の歴史を持つ家業の菓子製造会社を3カ月前に倒産させ,同団地を運営する協同組合理事長の職も辞したばかりであった。その藤井に販売不振と過剰設備投資で経営に行き詰まった冷凍コロッケメーカー・サンマルコの建直しを金融機関が要請した。弁護士や税理士などの専門家がこぞって反対する先行きの見えないチャレンジであったが,子供の頃からのガキ大将気質が藤井を〝もう一花咲かせたい〟という思いにかり立てた。1979年12月,資本金500万円を藤井が拠出してサンマルコ食品販売株式会社を設立,旧サンマルコの組織は残したまま事業を引き継いだのである。原料調達と販売は新会社,製造は旧会社が受け持つことにし,上がった利益の75%を旧会社の負債返済に回しながら12年間で経営を軌道に乗せる計画を立ち上げた。

しかしながら,操業を開始してみると工場は欠陥建築,機械設備は修理が必要,原料のイモは道東産の食用に向かないでん粉イモを使用していたため,揚げると割れが入って返品が山のようになるような始末であった。また,銀行から借金もできず,社員の給料や出張費も藤井から持ち出さねばならず,さらには経営を引き継いだ時点では知らされていなかった借金の存在まで判明するなど,苦難の連続であった。このため,一度立てた体制を見直すために1981年にはサンマルコ食品販売が旧サンマルコを吸収合併して負債を引き継ぐことにした(98年にサンマルコ食品に社名を変更している)。引き継いだ時点で売上げは1億円にも達しておらず,まさに先の見えない暗中模索の状況にあったといえよう。

ところで,経営を引き継いだ段階では,冷凍コロッケ専業メーカーとなることを目指していたわけではなく,北海道らしい冷凍ラーメンなども試作していたが,コロッケだけが売れたというのが真相のようである。

2. 売れる商品の開発

死に体状態にある企業を連続増収へと再生させたのは,売れる商品を開発してこれを消費者に届けるための努力が実を結んだからであった。まず,売れる商品作りのために原料に使っていたジャガイモの見直しを進めた。コロッケの

味は原料イモの善し悪しで決まってしまうからである。社内で試作と検討を重ねた結果，男爵イモにたどり着くことになった。男爵イモは糖度が高く，ふかすとホクホクする，揚げても形崩れしない，家庭での味に最も近い理想的な原料，との結論にたどり着いたのである。藤井には，家業を継ぐ前に三越百貨店の食品部職員だった時期があり，その頃に本州で行われていた北海道物産展で男爵イモの人気が抜群だった記憶があった。このため，「北海道産のおいしいジャガイモを使ったコロッケ，とくに〝羊蹄山麓産〟を前面に出すことができれば，本州の人にも喜ばれる」と確信を持ったのである。

　この発想は，北海道産の鱈子（たらこ）が九州名産品の明太子となって付加価値がついて販売されているのを見てから，北海道を単なる原料供給基地で終わらせず，道内で加工して本州で販売したい，という藤井がかねてから思い描いていた野望でもあった。

　北海道で加工用の農産物を相当程度の量仕入れる場合，農協，ホクレン経由が一般的である。資金力に乏しく，本来ルートでの仕入れは困難だった状況において，藤井の広い交友関係がサンマルコ食品を救った。実家の一部で旅館業を営んでいた頃の知人が留寿都村農協の組合長だったため，早速頼みにいくと，男爵イモを年間1000トン卸してくれることになったのである。当時，北海道の生イモは貯蔵法などの問題から通年で原料を調達するのは難しかった。ところが，留寿都村農協では雪を使った低温倉庫で保管していたため，通年利用が可能だった。これもサンマルコ食品にとって幸運となった。

　こうして，冷涼な気候で使用農薬の量が少なく，昼夜の寒暖の差が10℃以上もあって大きく，ミネラル分が豊富でおいしい水で育った男爵イモを確保することができ，サンマルコ食品の成長を長く牽引する「男爵コロッケ」が生まれたのである。しかも，当時は大手メーカーの冷凍コロッケは輸入マッシュポテトを原料に使っているところが多く，質は高いものではなかった。このような市場を取り巻く事情もサンマルコ食品にとって有利に働いた。

　大手メーカーとの差別化を図るため北海道らしさを前面に出して，トウモロコシやバター，カボチャなどを混ぜたコロッケも開発，5個入り180円の「北海道シリーズ」を商品化した。これは1個60gと大手メーカーが販売している商品より10g大きく，包装も大手メーカーではカラー包装が中心のところ

を乳白色のパックに社名だけを書いた簡単なものに作り上げ，価格も安目に設定して販売した。なお，現在の包装は半透明になっている。

　原料取引先との信用を重視して毎年契約分を使い切ってきた結果，信用は高まり，現在では8農協が合併してできた〝JAようてい〟からの原料調達は継続されている。また，生食としては不適なハネ品（B級品）中心とすることで，付加価値アップにも成功している。

3.　販売先の開拓

　「男爵コロッケ」が生まれ，これを販売するにあたって，当初は北海道で販売していたが，東北方面にも販路を広げた。しかし，思うような成果を上げることができなかった。そんな折，藤井は「北海道の人口は560万人，東京は周辺も含めて2000万人。食べ物を売るなら，胃袋が多いところにいかなければ」と考えた。こうして，1981年に三越百貨店に勤めていた頃の先輩だった名古屋三越の初代社長を訪ねることにした。この結果，毎週250ケースの商談を取りまとめることができたのである。その後も三越人脈を活かして，三越の店頭で扱ってもらうだけでなく，ニチイ（現マイカル），敷島製パンなどの販売先を紹介してもらうことで，販路を広げていった。

　このような絶え間ない営業努力が飛躍的な発展へとつながったのが1983年に旭化成の子会社である旭フーズ（現ジェイティフーズ）との取引開始であった。当時，旭フーズではコロッケ商品を取り扱っていなかったが，業務用の一口サイズが弁当業者の間で売れていたことにアイディアを得て，市販用の一口サイズのコロッケを提案したことが商談成功につながったのである。

　こうして，男爵コロッケを小さくして1個25g，1パック24個480円の徳用品「ひとくちコロッケ」を販売すると主婦の支持を受け，爆発的なヒットとなった。月2000ケースから始まった注文は短期間で急増し，ピークには4万ケースに達した。このため，厚別の本社工場はすぐに24時間操業・12時間交代体制になり，他社に製造委託しても生産が追いつかないほどになった。

　売上高は1982年3月期の4億3700万円から毎年2桁成長が10年ほど続くことになり，88年には第1工場近くの空き地を購入し，第2工場を建てた。

旭フーズへの売り上げは全体の4割以上も占めるようになった。

　この絶頂期に藤井は販売方法を大幅に見直す思い切った経営判断を下した。新しい販路の開拓である。旭フーズへのOEM（Original Equipment Manufacturing：他社ブランドの製品を製造すること）に半分近く依存した経営は危険を伴うことに加えて利益率が低い。藤井はまた，時代がコロッケを求めていると判断した。核家族化などでパートで働く主婦が増えているため，調理が簡単な揚げコロッケ等の惣菜を店頭に並べるスーパーなどが増えていたからである。サンマルコ食品の男爵コロッケをスーパーで惣菜品として販売する，これが藤井のとった市場の読みと対応策だった。

　具体的には首都圏にあった営業所の人員を増やしてダイエー，イトーヨーカ堂，ジャスコなどのスーパーや食品卸への営業を徹底した。藤井の読みは当たり，百貨店やスーパーの惣菜売り場で男爵コロッケが売れ，総売上高は1988年3月期の20億円から1993年3月期の31億4500万円へと着実に増えていった。藤井が決断を下した時には業務用（OEM含む）が2割，市販用8割だったのが，現在では業務用（OEM含む）8割，市販用2割へと販売構成が逆転している。

　こうしてサンマルコ食品の首都圏での販売は現在では約50％を占めるようにまでなった。このため，札幌を含めて全国に6カ所の営業拠点を設けているが，営業担当職員合計20名の半分近い8人を東京で勤務させている。ちなみに，かつては数％程度にすぎなかった北海道での売上割合は現在では13％へと高まっているが，将来的にはさらにこの数値を高めることを目指している。北海道での販売は地元での知名度を上げるだけでなく，物流コストの面においてもメリットが出てくるからである。

　このように業容が急拡大することによって札幌市内の工場の生産は限界に達するまでになっていた。このため，藤井は衛生管理がいき届き，かつ大量生産もできる本格的な工場建設への意欲を持った。コロッケは原価が低く，差別化も難しい商品であるため，これまでの生産体制のままでは1個あたりの利益は1円前後しかなく，生産効率を高めることが必要だったからである。1992年，本社から近く羊蹄山麓からの原料輸送ルート，本州への輸送などを考慮して最も効率的な恵庭市の工業団地に敷地面積2万4000 m²，延床面積6600 m²と本

社第一工場の3倍規模の恵庭工場が完成したのである。当時の年商とほぼ同じ20億円を銀行から借りての思い切った決断であった。

この大きな投資に対する周囲の不安の声に，逆に奮い立った藤井は，これまで以上に営業へと精力的に駆け回り，工場完成の翌年から日本ハムやニチロとの大口取引をまとめあげ，1993年から98年の間に売上高を15億円も伸ばし，自分自身が先頭に立って工場の稼働率を高めていった。なお，2度の改修を経た現在の工場は4つの製造ラインでスーパーやコンビニエンスストアなどの業務用を中心に1日85万個の生産能力を持つ国内屈指のコロッケ工場となっている。

4. 食を取り巻く環境の変化

ここで，藤井が感じ取った社会や市場の動きについて見てみたい。まず冷凍食品と密接な電気冷蔵庫と電子レンジの普及状況であるが，これらの家庭への浸透が1970年代に飛躍的に高まっていた。電気冷蔵庫は15年ほどの間に急速に広まり，70年には早くも家庭の90％近くに普及していた。また，電子レンジは70年にはわずか2％程度の普及率だったのが着実に家庭に定着し，藤井が旧サンマルコの経営を引き継いだ翌年の80年には3軒に1台，85年には40％以上の家庭が所有するようになっていた。

電気製品がこれほど急速に普及したことは女性の家事負担を軽減するとともに，女性の社会進出を可能にし，そのことがさらに家事負担の軽減を求めることにもつながった。ライフスタイルと技術進歩の相互作用が発生したのである。また，この間の高度成長と所得水準の向上は居住先を郊外へと展開させ，核家族化をも加速した。職住が分離した郊外での生活を支えたのが，立地を都市中心部から郊外へと移したスーパー，自動車の普及，そして外食産業の発展，インスタント食品，冷凍食品の開発・普及等である。また，女性の高学歴化に伴って，労働能力や労働意識が高まったことや子供の教育や住宅ローンなどによる家計負担を補うために既婚女性の職場進出が盛んになったことも，家事労働を簡単にする欲求を高めるようになった。こうして，郊外での生活は食料品などの購買は休日中心となり，食生活は外食，インスタント食品，冷凍食品な

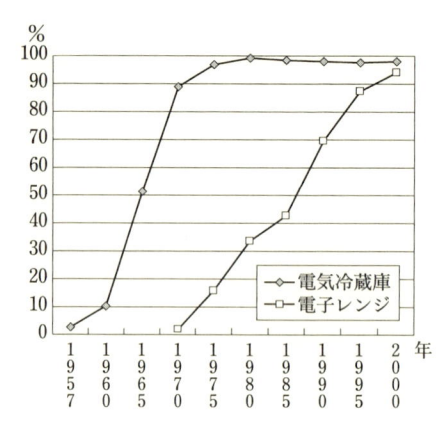

図 3-1 電気冷蔵庫と電子レンジの普及率推移
出所）内閣府『平成17年版 男女共同参画白書』を元に筆者作成

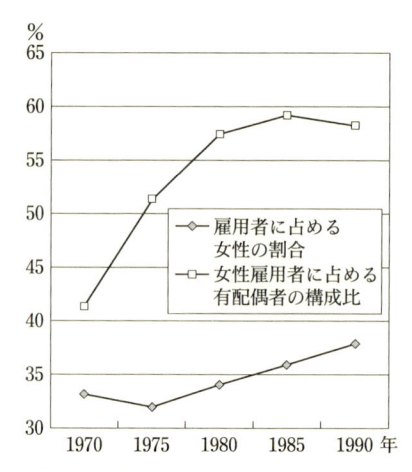

図 3-2 雇用者に占める女性の割合と女性雇用者に占める有配偶者の割合推移
出所）総務省『労働力調査年報』を元に筆者作成

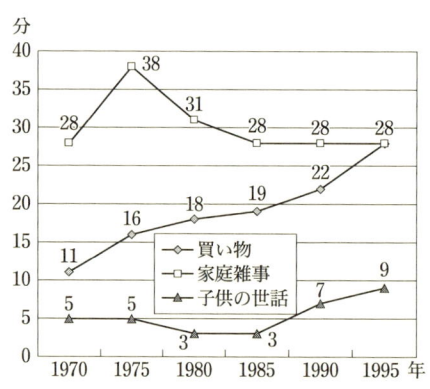

図 3-3 男性の家事の内容別時間量の推移（日曜, 全員平均時間）
出所）内閣府『平成17年版 男女共同参画白書』

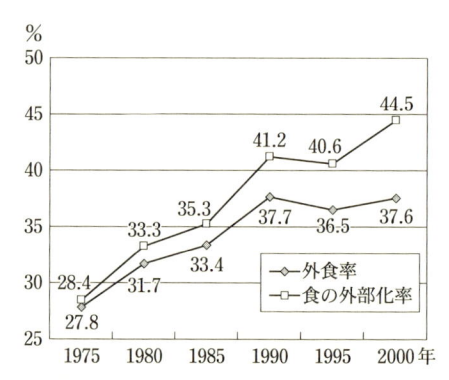

図 3-4 食の外部化率と外食率の推移
注）外食率＝外食産業市場規模／（家計の食事・飲料・煙草支出－煙草販売額）＋外食産業市場規模
　　食の外部化率＝外食産業市場規模＋料理品小売業／（家計の食料・飲料・煙草支出－煙草販売額）＋外食産業市場規模
出所）（財）外食産業総合調査センター

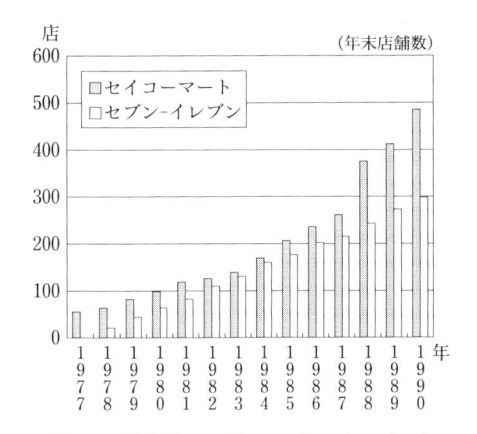

図 3-5　北海道におけるセブン-イレブンとセイコーマートの店舗数推移

出所）川辺信雄『新版 セブン-イレブンの経営史』有斐閣，2003 年，掲載データを元に筆者作成

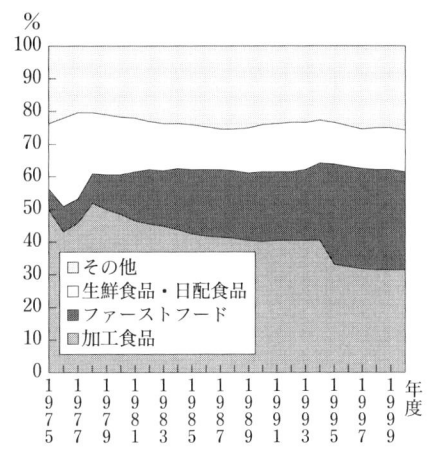

図 3-6　セブン-イレブンの商品分野別販売構成推移

注）① 1975～1976 年度については直営店のみ。他は直営店とフランチャイズ店の双方を含む。
② 1995 年度より「生鮮食品」を「日配食品」に名称変更，従来生鮮食品に分類されていたデリカテッセンをファーストフードに，従来加工食品に分類されていたパンを日配食品に，それぞれ商品分類を変更。

出所）図 3-5 に同じ

どへの傾斜を強めた。ちなみに，郊外での生活において男性が行う家事の分担をみると，休日の自動車を使った「買い物」が多くなっていった。

男性の買物への参加時間の増加が示すように，この間にスーパーやコンビニエンスストアの出店は加速している。スーパー・ダイエーの前身である大栄薬品工業㈱が 1957 年に創業してから，わずか 15 年後の 72 年にはダイエーが百貨店の三越の売り上げを超え，小売売上高日本一となったように，高度成長期の流通業界の成長の速さは目を見張るものがあった。ちなみに，ダイエーは翌 73 年には北海道に進出して 1 号店をオープンさせているが，80 年には小売業で初の売上高 1 兆円を達成するまでに成長している。

また，外食産業の動きも活発化しており，1972 年までにファミリーレストランのロイヤル，スカイラーク，ファーストフードのケンタッキーフライドチ

キン,マクドナルド,モスバーガーなどが次々とチェーン展開するようになり,外食や食の外部化が加速した。

この外食産業と先行き競合するのが,中食(なかしょく)と呼ばれるコンビニエンスストアやスーパー,デパ地下と呼ばれる百貨店の地下での弁当・惣菜・調理済食品などである。とりわけ,コンビニエンスストアは住宅地の近隣に立地することで,核家族化の進展などから一人で食事を摂ることが多い(個食・孤食)若い世代を中心に中食の担い手となった。このため,コンビニエンスストアの棚は加工食品,ファーストフード,生鮮食品・日配食品など中食関連商品群が8割近くを占めた。こうして外食産業やコンビニエンスストアを中心とする惣菜や調理済食品など中食の成長が冷凍食品の需要を拡大させた。

5. 冷凍食品市場の概要

ここで冷凍食品そのものについて改めて確認してみたい。ファミリーレストランなどの外食や中食を支えている冷凍食品であるが,その品質基準を定めている日本冷凍食品協会の定義によると,①下処理をしている,②組織が壊れないように急速凍結で冷凍されている,③消費者包装で流通過程での汚染や乾燥,酸化から保護されている,④生産,貯蔵,輸送,配送,販売を通じて品温が−18℃以下に保たれている,の4点が備わっていることが条件とされている。なお,冷凍食品製造の代表的な生産工程としては,原料入荷,原料検査,原料加工,調理加工,凍結,包装,商品検査,出荷の順となっている。

冷凍食品は,色,風味,香り,有効成分,食感,鮮度など,食品が持つ本来の性質と状態を長期間保存できることがメリットである。しかも,冷凍することによって,分子運動,反応速度,バクテリアなどの微生物繁殖速度を低下させることができ,衛生状態を良くすることで時間の経過とともに生じる変化を遅らせることができる。また,シーズンオフや収穫量の増減に関係なく安定した価格で販売することもでき,旬の味覚を年中味わえるだけでなく,簡単な調理だけで本格的な食の満足を得ることも大きな魅力となっている。このため,2000年近くまで右肩上がりで冷凍食品の生産量は増え続けてきた。

実は,冷凍食品のなかで品目別に見て最も生産量の多いのがコロッケである。

図 3-7 コロッケ製造工程

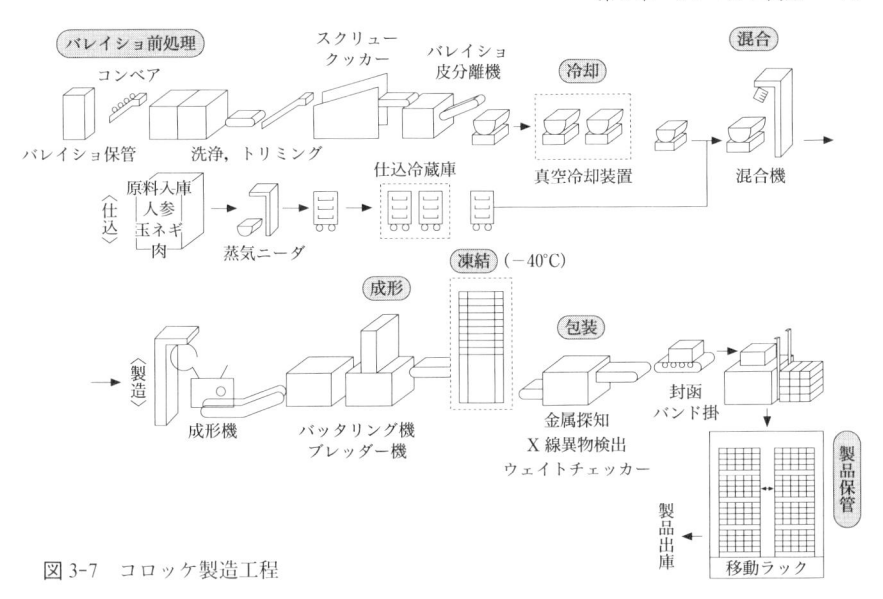

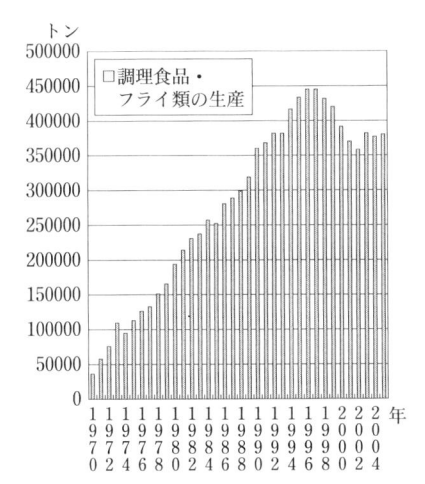

図 3-8 冷凍食品のうち,調理食品のフライ類の生産量推移
出所) (社)日本冷凍食品協会データから筆者作成

2002年から2006年までの最近5年間で見てもコロッケがトップの座を維持している。生産量上位5品目(1.コロッケ, 2.うどん, 3.ピラフ・炒飯類, 4.カツ, 5.ハンバーグ)で見てもまったく変動が見られない。さらに2006年のデータで見ると,生産量全体の1割を超える15万8256tを生産しており,生産金額で見ても452億6100万円と最も多く,全体の約7%を占めている。したがって,サンマルコ食品は売上げの100%近くが冷凍コロッケであるため,冷凍コロッケの総生産額の約10%を超えるシェアを単独で占めているものと見られる。冷凍コロッケの種類は多く,生産額の大きいのはクリームコロッケなどであり,ジャガイモコロッケの割合は小さいことから,

ジャガイモコロッケだけで見ると,サンマルコ食品のシェアはきわめて高いと見られる。ただし,自動車や電気製品などとは異なり,複雑な生産・流通経路と激しい市場競争が多様な形で市場を形成しているため,厳密な意味での市場の構成状況は明確にはわかっていないのが実情である。

なお,冷凍コロッケが惣菜のなかでも人気が高い理由について,各種のアンケート結果によると中食が選好されているのと同様に,①家庭で揚げ物をしなくてもすむ,②調理に手間がかからない,③家庭の味と近いものが味わえる,④家庭で料理をするよりも経済的,などが代表的な理由となっている。また,ジャガイモコロッケを始めとする野菜コロッケは最近顕著になっている健康指向にもつながるため,消費者からの支持は強いようである。

6. 品 質 管 理

藤井が見抜いた1970年代以降のわが国の食を取り巻く社会環境の変化がサンマルコ食品をうまく市場の流れに乗せ,20年以上の連続増収を実現することができた。しかし,サンマルコ食品自身が取り組んだ市場ニーズへの対応努力も大きな成長要因となっている。まず,最も力を入れてきたのが品質管理である。全国を販売先にしているのであるから,工場を全国に配置させる戦略も考慮に値するはずであるが,サンマルコ食品は原料へのこだわりを捨てることなく,工場立地は北海道内に限定している。物流コストはかさむものの北海道の原料を管理がいき届く範囲ですぐに使えるようにしたのである。具体的には,毎日1～2時間程度で原料が工場に届くシステムを作り上げた。主原料のイモを自社ではあまり貯蔵せず,冷蔵貯蔵ができる農協倉庫を活用して,毎日ピストン配送している。

原料へのこだわりは浦幌工場の建設の際にもいかんなく発揮された。1993年に十勝管内浦幌町から企業誘致の話が藤井に持ち込まれた。しかし,浦幌町の農地には土壌改良の必要があったことやイモの種類も男爵とは違っており,水質も問題だった。このため,町に土壌改良を頼み,4年後の着工となったのである。こうして当初は地元調達が50%以下だったのが,農協の協力で男爵の栽培が増え,地元調達率も着実に高まっている。

図 3-9 商品開発会議

　また，コロッケに使うグリーンピースは国産品が入手困難であるため全量輸入していることや肉類についてはBSE問題で，道内産以外のものも使用しなければならないため，サンマルコ食品の製品には「100％北海道産」という表示を用いないことが，かえって原料と品質へのこだわりを示している。

　品質管理についても細心の注意を払っており，金属探知機やエックス線異物検出機などを整備し，厳重な品質管理体制を敷いている。常に万が一の事態の発生を考慮に入れて，工場内はもちろんのこと，事務所内でも針式のホッチキスやクリップ，輪ゴムは使用しないように指導している。また，工場のスタッフの白衣にはポケットもつけていないなど徹底した姿勢を貫いている。このような地道な努力の積み重ねが実を結んで，2006年11月には品質管理や品質保証のための国際標準化モデルであるISO9001を認証取得している。

　しかしながら，同社の品質へのこだわりは激しい市場競争のなかで収益面で問題を生みやすいため，トラブルに巻き込まれることもあった。2007年に全国を騒がせたミートホープ事件で偽装ひき肉を仕入れたため，いわば被害者ともなってしまったのである。この経験は同社にとって大きな試練となったが，逆に品質へのこだわりを一層強めることにもなったようである。

7. 二つのブランド戦略

　サンマルコ食品が原料や品質にこだわるのは，ブランド戦略による他社との差別化を視野に入れているからである。同社が原料にこだわるのはジャガイモがどこでも同じというわけではないからである。「デンプン価」の違いや土壌によって食用の原料にはふさわしくない土地もある。とりわけ，業務用の商品で他社との差別化を図るには，前述したように原料のよさが決定的な要素となる。たまたま，"JAようてい"が産出する男爵イモは味の面で優れているだけでなく，生産能力に限界があるため，他メーカーの新規参入が難しいこともサンマルコ食品にとってブランド戦略上有利に働いている。

　ただし，北海道産の食品に対する本州でのブランドイメージは非常によいものの，それだけでは以前のように売れなくなっていることが，原料や品質などにこだわり続ける大きな理由でもある。原料の面でも減農薬などの付加価値が必要になっているほか，商品の個性を追求するだけでなく，販売方法などについても手抜きはできない。流通ルートに乗らないと店頭に並ばないし，たとえ並べることができても消費者に認知されるまでには時間がかかる。複合的な要素が重なり合って消費者からの支持を受け，初めてブランドとして定着してゆくからである。

　かつてサンマルコ食品のような単品を扱う専業メーカーは，総合的なラインナップを揃えたメーカーと比較して不利だといわれていた。大口顧客との取引をまとめる際に，他の商品で上がった利益をもとに値下げ交渉に応じることができたからである。ところが，大口顧客との取引のように低価格競争が一般化するようになると，優れた商品づくりに特化してきたサンマルコ食品のような専業メーカーの方が差別化に成功しやすく有利になる面がある。こうした利点をさらに追求して，大口顧客との取引にあたってこれまで以上のブランド力をつけるための努力を重ねている。

　いまひとつのブランド戦略は末端消費者に直接届ける商品の開発である。直営で「コロッケ倶楽部」「藤幸(とうこう)」「男爵コロッケ305」のアンテナショップのほかに，フランチャイズなど9店舗を通じて消費者の声を直接吸い上げ，新製品

開発へと結びつけるシステムの構築を推し進めている。これらの店舗から出てきた意見などは月1回早朝に行われる店長会議で発表され，商品開発や改良，システム改善などに活かされている。また，社長のチェックを入れずに社員が遊び感覚で新商品を開発する試みも実施されている。こうした積み重ねから生まれたのが，1999年にヒットしたチーズフォンデュコロッケである。単品で最高年間3億円も売り上げ，現在でも主力商品となっている。この他にもチョコレートクリームコロッケ，ゴマ入りコロッケ，リンゴ果肉入りコロッケなどの新商品が生まれている。最近でも，桜コロッケ，ウグイスコロッケ，お菓子なコロッケ，恐竜の足型コロッケなどが次々と生み出されており，アイテム数は850を超えるまでに増えている。また，顧客からのクレームについても消費者の声を聞くことにつながるため，毎月月末に行われるクレーム委員会などを通じた意見交換には経営上の重要な位置づけを持たせている。

8. 今後の展望

2006年3月，サンマルコ食品はエバラ食品㈱から子会社である㈱日本冷食を買い取ることを発表した。ここ数年，冷凍食品業界ではOEM生産が低コスト海外製品との競合によって低価格化が進むとともに，市場の縮小も進んでいた。このため，OEM生産が9割以上を占めている日本冷食では受注減，固定費の増加が続き赤字経営となっていたため，エバラ食品の経営の負担となっていた。一方，やはり価格競争によってサンマルコ食品でも販売数量は増えても金額的には伸び悩む状況が続き，売上を増やすためにはOEMの割合を再び高める必要性を感じていた。また，日本冷食はサンマルコ食品が量産できないクリームコロッケ類を得意にしているほか，グラタンや春巻などの調理冷凍食品も扱っているのも魅力だった。こうして同じ北海道でコロッケを生産する企業として，サンマルコ食品が売上高44億円（2005年3月期）の日本冷食を買い取ることで，売上高を一気に伸ばすことに成功したのである。なお，サンマルコ食品はエバラ食品が持つ日本冷食の株式総数59万8000株を全株引き受けている。

　サンマルコ食品は北海道の男爵イモを原料にしたコロッケを製造・販売する

会社として 20 年以上増収を続けてきた。しかし,「家計調査」からもわかるように,調理食品市場は全体として伸び悩み傾向となりつつある。また,ギョーザへの農薬混入事件で広く知られるようになったように,中国など海外からの製品輸入割合も 4 割を超えるようになるなど増加傾向をたどっている。したがって,日本冷食の買収劇に見られるように,今後はこれまでとは違った積極的な経営が期待される。まず,日本冷食の買取りによって商品ラインナップに広がりができたことから,コロッケ以外の冷凍フライ商品や冷凍野菜などへの展開も視野に入っていることが予想される。また,少子高齢化の進展や低価格競争で国内市場の拡大が見込み薄となっているため,業務提携を結んでいた韓国やこれまで日系企業を通じて販売実績があるアメリカなど海外に進出する可能性もないとはいえない。北海道ブランドの加工品を移輸出する数少ない企業としてサンマルコ食品の活躍に期待したい。

〈参考資料〉
中小企業事業団・中小企業大学校旭川校編『道内地場産品の商品化と販路開拓についての事例研究 平成 4 年度』1993 年
中村靖彦『コンビニ ファミレス 回転寿司』文春新書,1999 年
北海道開発協会『開発こうほう増刊 マルシェノルド』2001 年 11 月号 No.7
中小企業金融公庫総合研究所『地域資源を活用した地域中小企業の取組みの現状と展望（北海道編）』2005 年
「私のなかの歴史 北のコロッケ奮戦記 サンマルコ食品会長藤井幸男さん」『北海道新聞』2006 年
㈳日本冷凍食品協会 HP (http://www.reishokukyo.or.jp/)

［佐藤郁夫］

第4章

佐藤水産

本物の北海道の味を提供する水産加工業

独自の魅力を発信しつづける北海道は，観光地の人気ランキングでも常に上位にランクされている。北海道旅行をイメージするときに，「おいしいものを食べる」，「北海道でしか手に入らないおいしいものをお土産に買って帰る」といった，食事や食材に対する期待のウェイトが高い。しかしそれに対して，独自の努力で質の高いものを提供して期待に応えるという取り組みでは，未だ多くの課題を残しているともいえる。

　そのなかでも，水産物および水産加工品をめぐる課題には特有の性格がある。一般の消費者にとって，水産物ほど見た目で質の見きわめが難しい食材はあまりない。同時に，その質の差が，口にしたとき誰にでもわかる食材も多くはないだろう。そうでありながら，お菓子のように簡単に試すことができないうえに，値段が安いからといって，それが産地であるがゆえに安いのか，品質が劣るから安いのかが判別できず，売り手の言葉を信用するしかない局面がしばしば生じる。あるいはホテルでせっかくありついたカニや鮭が，期待とかけ離れた味わいであることを体験したりもする。

　お土産にかぎらず，お中元やお歳暮などの贈答品として購入する場合でも，水産物に関して「この商店から買えば確かだ」，「このメーカーのものなら安心だ」といった評価を得た企業というのはこれまできわめて少ない。しかしそのような評価を先駆的かつ広範に獲得しつつある代表的企業に佐藤水産がある。「本物の北海道の味」を提供することを社会的使命と明確に設定し，それを追求してきた同社の軌跡をたどる。

1. 佐藤水産の概要

佐藤水産を支える経営理念

　佐藤水産を従来型の水産加工業でくくるのは難しい。なぜなら昨今の同社の事業内容は，鮭を主体とする海産物の仕入れ・加工からその製品の卸・小売，さらには顧客の口に直接入るレストランの経営にいたるまでを包含しており，産業分類でいえば製造業，卸売・小売業，飲食業，サービス業を事業領域に含んでいるからである。ただモノを造って売るだけの店やメーカーではなく，心の満足やゆとり，食の幸せを提供するサービス業と，事業を位置づけている。

表 4-1　会社概要

設　　立	1948(昭和23)年10月
資　本　金	6,000万円
本社所在地	札幌市西区二十四軒3条6丁目3-20
従 業 員 数	社員185名，パートナー135名，パート28名(2006年9月現在)
売　上　高	75億円(2006年9月現在)
代　表　者	代表取締役　佐藤　壽
事 業 内 容	高品質海産物製造販売・鮭専門加工メーカー(直販店・レストラン運営・鮭専門加工)

また効率性や収益性が強く求められるなかで，存続することに最大の企業価値を見出し，鮭に特化した高品質海産物専門店としての使命を，7つの佐藤水産らしさの方針として表明している。

1. 私たちは美味しさ(高品質・高素材)にこだわります。
2. 私たちはオリジナル(当社にしかない・出来ない)にこだわります。
3. 私たちは本物(養殖鮭・遺伝子組換えなどの人工的な素材は使用しません)にこだわります。
4. 私たちは希少性(伝統の味・手作り)にこだわります。
5. 私たちは北海道(自然・素材・らしさ)にこだわります。
6. 私たちは安心・安全(添加物を出来るだけ使用しない)にこだわります。
7. 私たちは地球環境(資源の有効利用・環境整備)にこだわります。

　この7つのこだわりが単に社外向けのスローガンではなく，同社の事業内容に具体的に組み込まれていることは特筆すべきだろう。このような方針追求のなかで，海産物の仕入れから小売，外食事業に至る展開が生まれたことを，以下に検証していきたい。

会社組織のネットワーク

　佐藤水産は仕入れから販売，外食事業まで，垂直統合型の一貫体制を60余年の歴史のなかで築いてきた。現在，同社はこの一貫体制を支える7つのネットワークで組織を編成している。これらを具体的にみていくことで，同社の事業の全体像を概観したい。

① 本社機能

　現在，佐藤水産は札幌市西区二十四軒に本社を置いている。この本社は，各

部門の活動を統括するとともに，製品開発，商品企画，商品に関するあらゆるサービスから観光案内に至るまで，多彩な機能を担っている。

② 仕入・冷蔵庫生産部門

仕入・冷蔵庫生産部門では，環境対応はもちろんのこと，品質重視のプロの厳しい目で仕入から鮭・魚卵の最も初期的な加工までを行っている。その機能を担うのは主として石狩工場とえりも工場である。石狩工場は漁港から10分の場所，えりも工場は海産物が陸揚げされる港そのものに立地しており，鮮度最重視の姿勢がうかがえる。仕入れにはこのほか，北洋産紅鮭，アラスカ産カニといった輸入物，あるいは北海道各地の漁港からの仕入れも含め各々に直接のルートを作っている。さらに鮭以外の海産物は札幌の市場経由で仕入れるものもある。

③ 製造加工部門

製造加工部門では，1000アイテムにも及ぶ製品を高度な加工技術で製造している。主力工場は石狩にある「サーモンファクトリー工場」と「サーモンファクトリー第二工場」で，冷蔵庫，小売店舗とともに一大拠点となっている。

サーモンファクトリー工場はそれまで分散していた八軒(札幌市)，石狩の製造加工工場を集約し，2001年に本格稼動を開始した。同時に北海道内で第1号となる「HACCP／魚肉練り製品」を取得している。2006年にはサーモンファクトリー工場と国道をへだてた場所に第二工場および冷蔵庫も新設された。こちらは最新鋭の冷蔵庫と直結した工場として，主に大量生産に特化した製品の製造を行っている。

また石狩にある2つの工場以外にも千歳工場がある。ここは新千歳空港に近い立地を活かし，生きたままの活ガニを最大で20t備蓄できる水槽をもち，甲殻類をはじめとするフレッシュな水産品を新千歳空港店に随時補充し，空輸によって産地直送できる体制を整えている。

④ 卸営業部門

卸営業部門では，ターゲットにあわせて2営業部をもっている。営業1部では，直営店で扱っている自社製品を全国の百貨店やグルメ専門店に数量限定卸販売を行っている。また各地の百貨店で開催される北海道物産展にも出店している。営業2部では，日常の食卓にのぼる製品を中心に全国の量販店，学校・

病院などの集団給食，外食・中食などに業務用として卸売を行っている。
⑤ 小 売 部 門

　小売部門は，札幌市内主要百貨店や新千歳空港を含む札幌市内および近郊にある7つの直販店と通信販売とを擁している。この新千歳空港店は2007年7月にリニューアルされた。また近年では，季節ごとに旬のラインナップで，推奨する製品の頒布会や定番商品と旬の味覚をPRするグルメ会などを積極的に開催している。

　直販店のほかにもインターネット販売が伸びてきている。佐藤水産ではface to faceの販売を基本としているので，当初インターネットは情報発信程度にしか考えていなかったという。しかしその思いとは反対に顧客の側の「注文ツール」としてのニーズが高まってきた結果，ネット販売の実績が上がってきているようだ。遠方の顧客と同社とを文字通りネットワークでつなげることに成功した結果，できあがった関係が新しいビジネスチャンスとして展開されつつある。

⑥ 外 食 部 門

　外食部門では，札幌すすきのに「海鮮まるだい亭」と，石狩のサーモンファクトリー2階にシーフードレストランの「オールドリバー」を直営展開している。「海鮮まるだい亭」は繁華街にありながら静かな落ち着いた雰囲気のハイグレードな店として，1990年にオープンして以来，声価を高めている。「オールドリバー」は，昼は家族連れやサラリーマンが気軽にシーフードのランチを，夜は石狩湾のサンセットを展望しながらぜいたくなスペシャル・ディナーを味わうことのできる店である。加えて2007年秋，札幌大通にオープンした「ジュノー」は，同社ともゆかりのあるアラスカ州都から名づけられ，ジャンルを超えた海鮮創作料理をコースで味わうことができる。

　水産加工業者がレストランを設けるといった場合，素材だけを売り物にし，サービス業としての不備が目立つケースが少なくない。しかし，佐藤水産の直営レストランは選り抜きの板前あるいはシェフを正社員として長期に雇用し，安定的に腕を発揮する環境を整えているため，本格的な食事を提供する飲食店の展開を可能にしている。

⑦ 佐藤食品

　別会社組織である佐藤食品では，新千歳空港で販売される名物弁当「石狩鮨」などの海産弁当が作られている。石狩鮨は「佐藤食品ブランド」と銘打って800円台から2000円台までの20種類にも及ぶラインナップを有している。これらの海産弁当が空港内管制塔の真下にある工場で作られていることは意外と知られていない。この空港弁当の人気は絶大で，新千歳空港弁当販売のシェアの50%を超えるといわれている。

2. 水産加工業の常識にとらわれない発展の経緯

　佐藤水産は自らの事業領域を鮭に特化したサーモンメーカー，あるいはサービス業として，事業を位置づけている。そのことを物語るかのように，会社の売上の約60%を鮭が占めている。その内訳は秋鮭が55%で，残りの5%はキングサーモンや紅鮭からの売上げであるという。残りの40%は，カニを代表とする甲殻類，イカ，サンマ，昆布など，他の魚種によるものとなっている。以下では鮭を中心とする加工・販売によって北海道の水産加工業を代表するリーディングカンパニーに成長した経緯に迫っていきたい。

創業——佐藤商店から佐藤水産へ

　佐藤水産の創業は終戦間もない1948年，福島県から来道して石狩に住みついた佐藤三男が，個人商店として石狩町に食品雑貨店を開業したところにある。当時の石狩はいつもは閑散として人口もまばらだが，秋鮭のシーズンになると「石狩なべ」など鮭料理を提供する料理店が札幌などからの客で賑わう町だった。商人の血を引く三男はそこで才覚を発揮し，早くも1952年頃に，マルダイ佐藤商店は食品雑貨の総合卸・小売業として石狩地方では最大手の業者に育っていた。しかし佐藤三男はいつか北海道の中心である札幌に出て一番の商人になりたいという夢をもっていた。確かに人口20万人を超えた札幌は手広い商売の可能性を秘めていたものの，他所から入って既存の商圏に食い込むのは至難の業でもあった。そこで目をつけたのが石狩の鮭だった。

　しかし鮭の扱いは，ある意味で幾多の賭けを含んでいた。当時，鮭の買付け

表 4-2 会社沿革

1948 年	佐藤三男が石狩町に食品雑貨店を開業，マルダイ佐藤商店創業
1954 年	石狩川に遡上する秋鮭の水産加工に着手．工場建設
1959 年	札幌五番舘に直販部を開設．口コミで高品質との評判が広がり始める
1964 年	札幌市西区二十四軒に本社，工場落成
1968 年	佐藤水産株式会社に改組，資本金 1,000 万円
1970 年	千歳空港に直販店開設．観光客に「本物の北海道の味を提供する会社」という性格をアピールする
1972 年	東京大丸に直販店を開設．この年「さざ波漬」が世に出る．「石狩味」と合わせて，売上高の 50%を占める
1975 年	鮨弁当の製造販売を開始．札幌丸井今井デパートに直販店開設
1976 年	冷凍設備保有のえりも工場落成．とくに高品質の鮭の入手体制へ．「石狩味」が農林水産大臣賞受賞
1978 年	石狩川に鮭の大量回帰始まる．石狩漁協との間で水揚げ全量買付けの協定を結ぶ
1982 年	アラスカ・ダッチハーバーでカニ事業開始．石狩に新工場を落成し，鮭加工量産体制確立
1985 年	佐藤三男が会長に退き，佐藤壽が社長に就任．事業部制の採用
1987 年	社標改定．この年，創業 40 周年を迎える
1990 年	五番舘西武リニューアル，まるだい屋オープン．中央区に市場店オープン．札幌すすきのに直営レストラン「海鮮まるだい亭」をオープン
1992 年	石狩サーモンファクトリー店オープン．その隣にシーフードレストラン「オールドリバー」オープン．創業の地石狩に工場，直売店，レストランからなる佐藤水産の一大拠点が形成される
1996 年	創立 50 周年を迎える
2001 年	サーモンファクトリー工場 HACCP 取得
2002 年	札幌駅前に本店オープン
2007 年	創業 60 周年を迎える．札幌大通に海鮮創作料理「ジュノー」オープン

には，明治時代より続く仕込資本という習慣があった．浜には漁業権をもつ大小の漁業者がたくさんいる．漁期が近づくと漁業者はさまざまな漁具を取り揃えなければならず，少し規模の大きい漁業者は労務者の手当ても必要だった．そこで登場するのが仕込資本である．仲買人などが資金提供者になって零細漁業者に前渡金を与え，その年の漁期が終了すると現物の鮭で回収する仕組みがそれである．佐藤三男はそうしたなかに入っていって，仲買人登録を申請したのである．

　その頃の石狩はまだ鮭の回帰が順調ではなく不漁の年も多く，仕込資本家が資金提供をしぶる傾向が強まっていた．しかし佐藤三男は潤沢な資金をもたず，勝算があったわけでもないのに，仕込資金提供の約束を漁業者と行った．仕込みの約束をしてしまった三男は，当時の北洋相互銀行への説得に奔走した結果，

車庫を担保に融資の承諾を取りつけた。もちろん車庫には資産価値などないので，全面的な銀行担当者の好意で融資に応じてもらったことになる。決め手となったのはそれまでの三男の商売のやり方や人柄の魅力だったという。

この約束履行によって石狩の鮭漁業者との信頼の絆も強まり，やがて鮭大量回帰の時代におけるこの地での佐藤水産の確固たる地位への道を拓くことになった。いわばピンチをチャンスに変えていったことが，それからの鮭専業企業の出発点となったのである。

札幌への進出

ほどなく佐藤商店の鮭は石狩での販売を越えて，札幌の有名デパートにも進出し始めた。鮭の加工を開始して5年後の1959年，通常は出店が難しいといわれていた札幌駅前の五番舘(現在の札幌西武)に，佐藤三男の持ち前の粘りと人柄とで直販部を設けることができた。そこでは鮭，鮭加工品とその他の海産物を並べて提供することを始めた。

五番舘は札幌駅の乗降客ばかりでなく，やがて利用者が増える日航や全日空といった空からの旅客のバス発着所に近く，ホテルも多くあったという条件から，デパートの食品売場として，遠方からの旅行者が購入するウェイトが高いという特徴をもっていた。そのような場所で自社名を掲げて小売を開始したということは，それをどの程度明確に意識，展望していたかを別としても，その後の同社の発展軌跡を定める決め手になったことは明らかである。すなわち佐藤商店の営業は，三男が当初進出を志した札幌という商圏を早くから越えて，全国各地からの旅行者を対象とするものになったのである。

その際に佐藤三男の頭の中にあったのは，五番舘の鮭は全国どこにでもあるという製品ではなく，五番舘だからこそ特別なのだと思われるようなものにしようということだった。特別だからこそ遠方まで重い荷を持って帰ろうとするし，高い送料を払っても贈答用として送りたいと思うのだ。販売方法でも，顧客が納得して買えるようにと，箱に納められている中の魚や製品が見えるようにし，気に入ってもらえないときは詰め替えにも応じた。同じ種類の海産物でも等級が異なると値が違うことを，個々の商品別に明示した。

「だまさない，ごまかさない」営業姿勢を顧客に具体的に説明することでわ

かってもらおうという方策は，当時の札幌のお土産市場ではかなり先駆的なものであり，本州からの旅行者がリピーターとして立ち寄る度合いも着実に増えていった。お土産を買うためにあちこち探し回らなくても，旅行の最終日に札幌駅前の佐藤商店にいけばよいということが，旅行雑誌の記事や口コミの情報でも広がっていった。こうした成長の過程のなかで1968年，佐藤商店は佐藤水産株式会社へと名称と組織の変更を行った。そして，70年に新千歳空港に直売店を設置，72年には東京駅の大丸デパートに出店するなど，付加価値のついた高品質海産物専門店への道を追求することになったのである。

「石狩」へのこだわり

このような特質を伴った販売面での成果は，ただちに仕入れと製造の課題と責任につながった。通年で新鮮かつ高品質の類似したアイテムを陳列するということは，とくに季節や年や場所の変動が大きい海産物の場合に容易ではない。

また，1950年代に入ると汚水，公害などによって石狩川での肝心の鮭の漁獲量がみるみる減っていき，一時はまったく獲れなくなってしまう事態に見舞われたのである。1970年代に千歳川での鮭増殖の効果もあって石狩川に再び鮭が戻ってくるようになったものの，この間20年余の空白は佐藤水産にとって大打撃であったことはいうまでもない。

こうした環境変化を背景にして，佐藤水産では1960年代と70年代に，新たな対処をめぐってかなり長い模索があったと思われる。仕入れから製造，販売を一元的に管理する体制を強めるために本社を札幌に移転，新築したのが1964年である。全道をはじめ，全国の港や市場，さらには海外にまで良質の漁獲物を求めて奔走する事態が続いた。また鮭を中核としつつも，他の海産物（カニをはじめとする北海道特産品）を求める顧客の期待にも応じる必要が増大し，さらに通年提供のために生鮮品から派生してオリジナルでかつ日持ちのする多彩な二次的，三次的加工品を開発する必要に迫られた。

水産物自家加工品を編み出す佐藤三男の執念ともいえる努力から生まれた最初のヒット商品が，「石狩味」と名づけられた鮭製品である。秋鮭を塩引きや干物にして豪快に一本のまま売るのが北海道らしいと考えられていた時代，鮭の身だけを刺身状に細切りにしたものを糀に漬け込んで熟成させ小さな容器に

入れて売るというこのオリジナル製品は，アイディア段階から今日の完成形に至るまで5年の歳月を要した苦心作であった。しかし苦心が報われて最初のヒット商品となり，1976年には農林水産大臣賞を受賞するに至る。

　糀に漬け込んで日持ちをさせるとともに高付加価値をつける発想が，その後の新製品開発の原点となった。1971年に十勝の豊頃町大津漁港で60tもの売れ残りの秋鮭を抱えこんで窮地に立ったときの同社が，糀漬けのノウハウを応用して速成した「さざ浪漬」が第二の大ヒットとなり，今日まで続くロングセラー商品となっている。

　1978年以後，石狩川に鮭が再び大量に回帰するようになったとき，佐藤水産は石狩漁協との間で水揚げ高に関わらず全量買付けの協定を結ぶという選択肢を取った。この決断を踏まえて，石狩に最新鋭の冷蔵庫と工場を増設し，名実ともに石狩を本拠とする水産加工企業であることを世に宣言した。これは言い換えれば，北海道で水揚げされる天然の鮭を，等級づけの如何にかかわらず丸ごと，かつ無駄なく消費者に味わってもらうという姿勢の表明であった。もともと鮭は頭の先から尻尾まで内臓も含めて捨てるところのない魚とされている。そこに等級差まで受け入れて，北海道の鮭の全部位を無駄なく味わいつくすように仕向けようというのである。

　様々な模索を経て，海産物の仕入れから多品種への加工という製造面での体制がほぼ固まり今日の原型ができあがったのは，1970年代末から80年代にかけての時期だったと思われる。今日の佐藤水産の製品には，カニ，エビ，イカ，ウニ，貝類，昆布その他の鮮魚やその加工品(醬油漬，糀漬，塩辛，たらこ，干物，燻製など)も多く含まれており，今やけっして鮭だけを取り扱う専門業者とは言えない。しかしそれでも『社員心得』は今なお次のように宣している。

　「我々は，北海道No.1と言われるような『特化』した高品質海産物専門店・専門メーカーとしてのブランドを確立し，また鮭に『特化』したサーモンメーカーとして，オンリーワンと言われるような，ブランドを確立します」。

　鮭の町・石狩に起業し，鮭とともに成長，発展してきた佐藤水産はこれまでも，そしてこれからも鮭に特化した高品質海産物専門店としての地位に誇りをもって，北海道らしい製品を提供し続けることを使命としていくことだろう。

マーケティングの全面展開

　1985年,創業者の佐藤三男は会長職に退き,長男の佐藤壽が社長に昇格した。同じ年に,将来の発展のステップとなる出来事があった。それは事業部制の施行である。先に挙げた浜に近い部門での仕入れと第一次の加工から第五次の外食部門に至るまで,総合力とともに相乗的な発展可能な企業形態を目指してのことであった。それぞれの部門は個人が管理できる規模を超えているという認識から事業部として位置づけ,各々に大幅な権限委譲を行う一方,各部門の有機的な関連を強めてより大きな総合力を発揮できるようにしようという,佐藤水産ならではの独自の事業部制であった。

　1986年には世代交代を経験し,新しい時代を迎える佐藤水産を支えるコーポレートアイデンティティー(CI)計画が実施された。おりしも創業40周年という意義ある年に,皆が誇りをもてる会社,地域ナンバーワンの会社作りを新たな目標として掲げ,その誓いを社標に込めた。それまで使用していた㊥マークをデザイン性のあるものに変更した。こうして,事業部制とCI計画によって,次代の企業づくりをスタートさせた。

　その後,1990年代を通じて同社の発展を物語るのは,何といっても直営レストランの展開であろう。北海道の食材の魅力を余すことなく味わってもらうには,レストランで供するのが究極の加工のカタチになる。佐藤水産が独自に培ってきた仕入れから製造加工の技術をレストラン運営によって見事に結実させる結果となった。前述した「海鮮まるだい亭」,シーフードレストラン「オールドリバー」,さらに2007年には札幌大通(丸井今井大通別館)に海鮮創作料理レストラン「ジュノー」をオープンし,今日に至っている。

　佐藤壽新社長のもとでの会社全体の動きを総合的に見るならば,1990年代以降はマーケティング戦略の格段の強化,多様化の時代として特徴づけるべきではないだろうか。上述のレストラン運営をはじめ,札幌駅前の総本店開設のほか各直営店全ての拡大強化,全国各地での北海道物産展やインターネット販売への取り組み,ブランドに石狩を押し出す明確な方針,贈答品または日々のお惣菜として食するような新製品開発への熱意など,これらはどれも1990年代以降の発展を顕著に特徴づけるものとなっている。レストラン直営に乗り出したことも,そうした全体的な発展の一環をなすものと解されるだろう。

3. 事業展開にみられる独自性

北海道産食材で「らしさ」を追求

道内外からの旅行者のお土産提供を太い軸芯にして発展してきた佐藤水産は，今日のように事業と顧客が多様になっても，「北海道生まれの北海道育ち」の商品を事業にとって揺ぎない柱としている。製品内容の広告にも，単なる一般の製品名ではなく「北海道の鰊からとった数の子」「岩内産たらこ」「えりも産筋子」「日高産昆布」「函館産イカ」「羅臼産ほっけ」「礼文島産うに」「オホーツク産しまえび・ほたて」など，北海道およびその近海の固有名詞を冠する場合が少なくない。

また水産物の加工に際して用いているクリームチーズや生クリーム，リンゴ，米までが，十勝産，余市産，北海道米「ほしのゆめ」などと特定されている。遠洋で獲れる，たとえば旬の北洋紅鮭の多くも，根室や花咲の漁港で買い付けたものとされている。カナダから買い付ける紅鮭，アラスカからカナダにまたがるユーコン川に遡上するキングサーモン，燻製の燃料素材としてカナダ産ヒッコリーチップ等といった輸入物もあるが，それも本物志向として産地が明記されている。

佐藤水産の製品の箱を開けると，北海道各地の特産物を介して自然や風土が伝わってくるような，そんな積極的なイメージづくりがうかがえる。そして特定の産地を顧客に開示するだけではなく，なぜ同社がその産地からその食材を入手しているかという，「おいしさ」に対する同社の判断と姿勢をも示そうとしているように思われる。「地産地消」の重要性が叫ばれ，それが地域活性化の手段ともなりえる昨今にあって，水産加工業界において地産地消を自社の強みとして魅力にまで仕立てあげているともいえよう。

「天然鮭」を提供するという社会的使命

北海道産というのと同じくらいの大きな比重をもって打ち出されているのが，「天然素材」「本物の味」といった表示である。とくに鮭加工品のほとんどに「天然鮭 WILD SALMON 養殖鮭ではありません」と書かれた楕円形のシールが

図4-1 変わらぬ意志のあらわれ―「天然鮭」シール

貼られており，同社の強く変わらぬ姿勢を表明している。

佐藤水産が「天然鮭」にここまでこだわるのは，佐藤壽社長の実体験によるところが大きい。北欧の鮭養殖場を視察した佐藤壽社長は，ヘドロの溜まった養殖場の狭いケージのなかで薬品漬けにされ，あたかも工業製品のように大量生産された鮭養殖の実態を目の当たりにし，養殖鮭は取り扱わない決意を固めたという。食に対する安心と安全を守ること，この当たり前でありながら強い社会的使命感が商品に張られた「天然鮭」シールに盛りこまれていると見ることができる。

「天然」の意味は養殖物や遺伝子組替えを排することにとどまらない。ナマものを別として佐藤水産の製品の多くが賞味期限60日（一部が15日～30日）と記されており，水産物の新鮮さを味わう加工品としては比較的長い。しかしそれは化学合成添加物などによって賞味期限を引き延ばしているのではいっさいない。それは獲れたての瞬間冷凍によるものであったり，糀，粕，糠，塩，醬油，自然発酵，燻製，干物といった天然の保存方法の活用によるものである。先人の智恵のうえに同社では様々な工夫をこらし，付加価値を高めてきた。これらが安心，安全に裏打ちされた「伝統の味」や「オリジナル」といったキーワードを同社のこだわりとして強く打ち出すもとになっているのである。

付加価値指向の新製品開発

佐藤水産の商品アイテムは1000種類にも及ぶといわれ，現在も新製品が提供され続けている。新製品という言葉を広義にとり，味付けや塩分の含有度を少し変える，対象素材を変える，容器やデザインを変える，といったことまで含めると変化の件数は計り知れない。一方で発想のまったく新しい製品も毎年生まれており，それらアイテムのなかには製法特許取得製品も数多く含まれている。

その代表例として1990年代後半以降のヒット商品となった「手まり筋子」

を取りあげてみたい。一般に筋子は一本ものの棒状が最良とされ、ちぎれた筋子はハネ品として扱われていた。ところが、家庭では結局食べるときには箸でちぎったり庖丁で切らなければならず、このとき筋子の粒がつぶれて液状のドリップが流れ出る状態になり、舌ざわりもそこだけ変わる。それならばと、始めから一口大に加工して販売するという発想が社内の何気ない会話から生まれたと製造畑を歩んできた太田善晴副社長は話す。

一口サイズにカットした筋子はこれまでも売られていたものの、できあがった一本ものの筋子を後からちぎったものであり、顧客に代わってメーカーがカットしていただけだった。佐藤水産の手まり筋子は生の筋子をちぎってから漬け込む。一口サイズにしてから漬け込むので、塩分の浸透圧が早く均等にいき渡るために、一本物の筋子より塩分も5.5％前後減らすことが可能となり、甘口で味わい深い筋子ができあがった。この工夫が筋子のおいしさの再発見となり、大ヒットにつながった。佐藤水産でも当初は卵巣を人の手で一つひとつちぎっていたが、その後、粒を潰さず一口サイズに自動カットできる機械を開発し、日本・米国・カナダで製法特許を取得した。

このような手応えの大きい新製品ができると、そこにさらに付加価値をつける様々な新商品を派生させようというのが、同社の製品開発の基本路線である。一方で手まり筋子自体に、醬油、明太、粕漬けといった多様化の方向が展開された。

また別の方途もある。手まり筋子の発売当初、どのように顧客に知ってもらうかを考えた末、サーモンファクトリーの筋子コーナーで、手まり筋子のおにぎりを作って販売することにした。水産会社が作るおにぎりだから、と具がはみ出るほど大きなおにぎりである。これが一度購入した顧客の口コミで大反響を呼び、「ジャンボおにぎり」として人気のヒット商品に成長していった。現在では新千歳空港のお弁当売り場でもおにぎりという手軽さが受けて売り切れ必須のヒット商品となっている。

安心・安全追求の高いハードルを設定

北海道の食料品製造業のなかで水産物加工を行う企業の数は畑作物(味噌・醬油・砂糖から精米・小麦粉・そば粉、さらにパン・麵類・豆腐の製造まで)

や肉製品，酪農製品などを扱う企業数と比較して，業種単位ではずば抜けて多い。その圧倒的多数は従業員10人以下，あるいは20人以下といった小規模企業で，それぞれの漁港と札幌との輸送経路の途上か，大消費地に散在している。

　手づくりの水産加工品というと聞こえはよいが，水産加工業者の工場では血なまぐさい水が流れ，魚の内臓や頭部が散乱したコンクリートの床上を長靴とカッパ姿で歩き回る光景や，立ち姿で単調な箱詰めの手作業をひたすら繰り返しているような光景がどうしてもイメージされてしまう。

　しかし佐藤水産の加工工場，とりわけ石狩の2つの工場は，こうしたイメージとは対極にある。従来の水産加工工場のイメージを払拭したレンガ色の落ち着いた外観と，安心・安全を提供する衛生管理システムを擁している。それは製品の新鮮さや安全性に関わるだけではなく，労働条件の快適性，クリーンエネルギー使用や汚水管理を通しての環境保全などにも，画期的な水準を達成している。

　また石狩工場の特徴のひとつにガラス張りの解放的な作業室がある。作業工程ごとに仕切られた環境のなかで，作業員相互の安全や衛生管理の意識を高めている。この手法は，HACCPが示す最大の特徴である製造工程ごとに危害原因を全て洗い出すことができる点を色濃く反映している。石狩工場はこの「HACCP／魚肉練り製品北海道第1号認定」と「ISO14001認証」を取得している。

「商売冥利」「感動共有」の社風

　われわれが近年慣れ親しんでいる近代的企業のイメージからすれば，佐藤水産の見かけは一面において古風な印象を受ける。社名もカタカナ化が勢力を増す時代に，「まるだい屋　佐藤水産」と，まるで戦前から続く屋号のようである。加えて創業者の佐藤三男が歩んできた道と経営に対する理念が，今日も引き合いに出され，大切にされている。それはいわゆる創業一家という意識につながる面さえうかがえる。

　さらに佐藤水産には「輪勢」という言葉が掲げられている。輪勢とは和をもって輪をなすこと，輪によって勢いをつけることであり，輪とは和でもあり，皆が一つの輪になったときに大きな力，勢いとなることを，400人の社員に浸

透させようとしている。では人々をその輪に吸引する力は何だろうか。

　ここでも佐藤水産は古臭く映りそうな「商売冥利」という言葉をもち出す。商売の感動は金儲けでは得られない。顧客の立場になって考え，顧客の喜びを自分の喜びとして感じる，そうした感動の共有こそが商売冥利なのだと確信をもっている。先の概要の節であげた7つのこだわり（方針）は，顧客と従業員とが共有する喜びと信頼の目標でもある。

　例えば，佐藤水産の包装紙とショッピングバッグには「回帰」という題名の抽象絵画が用いられている。これは鮭が生まれた川を忘れず帰るように人と人，顧客と従業員との持続的な心のかよいあいを目指そうという願いが示されている。売上げや利益はそうしたかよいあいの結果として企業にもたらされるのだというのが，創業以来，佐藤水産の経営理念となっている。

　一方で古風な経営理念を掲げながら，会社内の人間関係は先進的で斬新なものとなっている。そのことは例えば1000アイテムにも及ぶ製品の開発過程に特徴的に現われている。

　佐藤水産では新製品開発の担い手は社員一人ひとりだということが強調されている。当然ながら同社には製品開発や製品企画（宣伝方法まで含む）の専門部署は存在している。しかしそれらの機能は，会社全体の製品展開の方向性を調整するいわばコーディーネーター役として位置づけられているにすぎない。その証拠に，月に2度行われる商品会議は，新製品の提案から既存製品の改善・改良まで，アイディアをもつものが自由に参加することができる。こうして生まれた新製品は少なくないという。

　この商品会議のほかに，月1回行われるマネージャー会議も課長以上に開放されている。各部や課で皆の協議から発生した提案が，ここにもち込まれる。加えて社内情報ネットワークを用いて，他の部署の情報を誰でもが引き出すことができ，また社員間でもやり取りしやすい環境を整え，文字通り情報をオープンにしている。こうした体制の頂点で責任をもつ佐藤壽社長は毎朝4時半に起床して，えりもの工場から本社まで，全社の日々の日報情報をくまなくチェックしている。

　また2003年に本店3階に設けられた文化ホールでは，各種の催し物も展開されている。佐藤水産のカタログや社外情報誌『共鳴（こだま）』も，歴史や文

化，地域情報を盛り込んだコミュニケーションの場になっている。このように一見，古風な創業一家の伝統的な組織体制に，近代的な内実を盛り込もうというのが，今日の経営の方向性であるように見受けられる。

石狩鮭から佐藤水産ブランドへ

　佐藤水産の製品が顧客の信頼を獲得し，それを高めかつ広めていった歴史を，マーケティング展開の高度化という点でたどると，大まかに次のようにいえるだろう。まず佐藤水産の声価は五番舘地下から新千歳空港の直販店への展開に至る贈答用あるいはお土産用の評判に大きな重点を置いて高まった。当初の製品ラインナップはかなり高価かつ重量のかさむものが多く，それを顧客が買っていくのは「佐藤水産から買えば品質は確かだ」という高品質を提供する製造元への信頼からであり，それが最も初期的なブランド構築の役割を果たした。

　次の段階では，佐藤水産の製品特性が「北海道で獲れた天然物」というコンセプトに集約される趨勢を示した。この北海道産を強調するために，北海道限定や直販店限定の販売という流通チャネルの厳選戦略が採られた。また石狩に水揚げされる鮭の全量買い付けが示すように，等級のいかんを問わず北海道の天然の産物を丸ごと味わってもらうために，製品を格段に多様化しつつ製品ごとに付加価値を付与する方策が追求されることになった。しかしそこではまだ，製品名やパッケージ，ロゴなどで知られるような意味でのブランドは，充分に育つことはなかった。

　「北海道」をブランドに押しあげて広く道外の消費者にアピールするのは，他の業界でも採用された方策である。しかし販売規模がさらに大きくなり，他方で消費の性向が多様化の度合いを高めるにつれて，北海道というブランドが製品そのものに別の価値を付与する余地を妨げはじめた。なぜなら様々な企業が，北海道という範囲をさらに限定して，「札幌」「十勝」「富良野」「羊蹄」等々と特定の地域を掲げ，希少性をブランドと結びつけるようになったからである。この時代背景にあっては，単純に「北海道」と謳うだけでは，もはや希少性は薄くなってしまったのである。

　そこで佐藤水産が取り上げた地域名は「石狩」である。石狩川の名が独特の大自然のイメージで全国に知られていることから，これを同社の製品ブランド

図4-2 鮭に特化した専門メーカーの新ブランド―石狩育ち

として活用する方向は，今後も追求されるものと思われる。2007年，サーモンビッツ(ひとくちサイズの天然鮭ウィンナー)から始まってソーセージ，ソフトスモークサーモン，鮭とば燻，鮭ルイベ漬などを「石狩育ちシリーズ」と銘打って発売を開始したなかに，明確に石狩をブランドとして活用していく意図を読み取ることができよう。

同時に，「岩内産たらこ」「えりも産筋子」「日高産昆布」といった地域限定表示の傾向も強まり，佐藤水産がその地域の産物を主体的に選んだことが，顧客に他社製品との区別の要素となるよう仕向けられている。つまり小ロットの地域ブランドが製品そのものに付加価値をもたらすことの意義を，会社として明確に意識するようになってきている。このように佐藤水産が特定地域にこだわって仕入れを行う企業だというイメージが顧客に浸透すれば，もしかすると次の段階では必ずしも「えりも産筋子」などのネーミングでなくてもよいのかもしれない。同社が責任をもって仕入れてくるものは，どの地域からであれ信頼できるものだと顧客に受け入れられるようになるのである。

4. おわりに――佐藤水産にみる成功要因

佐藤水産の最大の成功要因は，同社の強みである高品質海産物専門店に早くから特化した点にあるだろう。言い換えるならば，競争優位性を早い段階で見きわめ，独自性を発揮できる「場」を発見できたことにあるといえる。ある識者によれば，成功する企業の条件は本業のそばを原則とし，本業との連動性や関係性を意識しながら独自性を打ち出すことにあるといわれており，佐藤水産においてもこの条件が踏襲されていると考えられる。

ここで特筆すべきは，成功の条件とは少なくとも佐藤水産にとっては，効率性や収益性といった経済価値がその条件となっているわけではけっしてないことである。企業として存続することに最大の価値を見出し，北海道らしい商品

を提供することに使命をもって持続的経営を促進してきたことこそ，佐藤水産の成功の条件といえよう。

　しかしながら，60数年の歴史をもつ同社においても，これまで長期的に持続してきたからといって，これからも持続するであろうという仮説は成り立たない。反対に過去の実績に安住する企業の方が，実績に裏打ちされた組織の慣性によって新しい展開に踏み出せなくなる危険性を含んでいるといえる。コントロールしたり，予測したりすることができない環境を前にして外部からの影響を避けることができない以上，企業は環境変化に応じて，自らの構造や制度，さらには社会的役割そのものを変えなくてはならないのである。佐藤水産が未来に向けて持続的な発展をしていくためには，伝統という安定のなかに革新という変化を組み込んでいくような行動が要求されると考えられる。

　佐藤水産の経営方針の特徴は水産加工業という範疇をどこまでも超えて進む多角化戦略であり，この点に同社の革新の可能性を見出すことができよう。多角化を通して同社が対象とする顧客の範囲を，旅行者から地元の一般顧客まで，あるいは子供のおやつや弁当にまで広げていこうという新しい展開がすでに見られる。加えてインターネットを通じての広域販売の可能性も高まっている。これらに対応していくためには，「北海道限定販売」「直販店のみの販売」といった流通チャネルを相対化し，別の展開にも充分なエネルギーを割かなければならない。

　なかでも今日，戦略上の新たな重要課題として浮かびあがってきているのが，日常購買品の市場に参入することと思われる。先の「石狩育ちシリーズ」はまさにそうした指向から生まれたものである。佐藤水産のこれまで築きあげてきた知名度や，食に対する安心・安全への配慮が，日常の食卓までもカバーするものになりうるかどうかは今後の課題といえよう。その意味では，同社製品のブランドは，今その構築途上にあると考えられる。

　佐藤水産が伝統的に培ってきた経営理念のもと，石狩の鮭を通じてお客に心を伝える姿勢を貫きながら，社員一人ひとりの創意工夫によって同社の安定と革新を創出していくことにこれからも期待したい。

〈参考文献〉

海老澤栄一編著『魅力ある経営——パラドックスの効用』学文社，2007年
佐藤水産株式会社編『四十年のあゆみ——創立四十周年記念出版』佐藤水産，1988年
佐藤水産株式会社編『佐藤水産会社案内』2007年
水産庁編『平成18年版 水産白書』2006年
羽田野六男編著『天然魚 秋サケの魅力』日本海洋センター，2003年
北海道新聞社編『北海道企業ファイル』北海道新聞社，2005年
吉岡道夫『貫き通した文武商道 佐藤水産㈱創業者佐藤三男の生涯』佐藤水産株式会社，2001年
佐藤水産HP(http://www.sato-suisan.co.jp/)

[湯川恵子]

第5章

森高牧場
―酪農経営体がもつ社会性

北海道の酪農業は今日，乳牛の頭数，生乳生産量ともに全国シェアの40数パーセントを占めて他地域の追随を許さない。わが国で酪農という経営形態の内実は多様であって，例えば，数百頭以上の経産牛(現に搾乳している牛とお産のため乾乳している牛)を擁し家族以外の労働者を雇って経営している「メガファーム」「ギガファーム」と呼ばれる企業体から，数頭の牛を夫婦で育て兼業で生計を立てている経営までの幅がある。そのなかにあって，北海道の酪農経営は発端から大規模な近代的農業を代表するものと見られてきた傾向があり，今でも大きな流れとしては施設に多額の資金を投じ，また飼料を外部から購入して多頭化経営を追求する方向が続いているといってよいであろう。しかし，個別の経営次元で分析すれば大規模化した酪農経営ほど高い成果が上がっているとはとてもいえないし，かえってそこに今日の酪農経営の困難が集約的に現れるという面さえある。

　また北海道の酪農業といった場合，その地帯構造は根釧(根室・釧路)草地酪農，天北草地酪農，十勝畑作酪農，網走畑作酪農と，おおよそ4地帯に大別できるが，歴史をたどるとそうした地帯ごとに経営規模や施設の水準，課題と困難，国の開発事業や政策との関わりなどにかなりの違いがあり，それが各々の展開軌道に反映されている。

　そうした全体のなかから，どんな酪農経営を代表的なケースとするかは簡単でないが，本章で取り上げるのは根釧台地(別海町)にある，けっして大規模牧場ではない一牧場の事例である。ここで紹介する森高牧場は，かつて(1990年当時まで)はその地域で最高水準の「生産性」(乳牛1頭当たりの乳量と収入)を誇り，農家平均の2倍の農業所得を上げていた優良牧場であった。それがその後に自ら望んで，より小さな飼養規模，より低い生産性，より少ない所得の牧場経営に転換するという道を選択したのである。だがその結果として，今日までに「本来目指すべき酪農経営の方向はこういうものでないのか」ということを様々な面で感じさせてくれる，新しい牧場の姿をとるに至っている。そのような道がこの牧場単独にではなくて，地域酪農家との連帯のなかで選ばれたこと，さらに酪農家との関係ばかりでなく地域の漁業者たちとの協力さえ含んで実行されたことが特徴的であり，そのことも本章でこの牧場に着眼する大きな理由である。

1. 森高牧場の歩み

入植から酪農へ

　森高牧場は，1931年，現在の経営主である森高哲夫の祖父の時代に奈良県から現在地である別海町中西別に入植して今日に至っており，別海町では古い農家の一つである。

　明治初期，エドウィン・ダンがアメリカから乳牛や綿羊を引きつれて北海道にやってきて以来，北海道に酪農業を興す取組みは有為の青年たちによって，あるいは開拓農政の課題として展開されたが，農政が別海町を含む根釧地区に及んだ端緒は，1933〜1937年の北海道庁「根釧主畜農業開発計画」であった。この一帯は年の平均気温が5〜6℃，盛夏でも濃霧に覆われて17℃前後と農耕の条件はきわめて厳しく，当初の豆，馬鈴薯等への試みが冷害・霜害による凶作で挫折を繰り返した後，次第に馬の生産を主体とする畜産農業に活路を求めるようになっていった。森高家の場合も当初は畑作に苦闘したが，入植から4年を経た1935年に耕作の補助牛をかねて1頭の牛を導入したのが酪農に手を染めるきっかけとなった。次いで1942年に3頭，43年に1頭を導入した。この世界大戦下に購入した牛が，その後の森高牧場の基礎となった。すなわち今日まで60年以上にわたりよそから1頭の牛も買わないで，代を重ね改良を続けて牧場の実質を築いてきているのである。

「優良酪農家」への道

　森高哲夫は1952年生まれ。いま50代半ばの，見るからに充実と進取の気性を感じさせる酪農家である。高校を卒業してただちに就農して家業を手伝っていたが，1977年，25歳での結婚を契機に父から経営移譲を受けて，3代目の経営者となった。その時点で，経産牛38頭，出荷乳量223 t，経産牛1頭当たり乳量5868 kgの経営であった。父は，営農計画や税金の申告，牛を売るのも機械を買うのも施設を建てるのも，若い哲夫がすべて自分の判断でやるように仕向けた。

　以来，乳検組合への加入，全て無登録であった乳牛の登録を開始し，初代，

2代本登録を受け，現在では牛群全てが血統登録になっている。頭数規模をあまり拡大せず，経産牛1頭当たり乳量を高めることを経営の中心にすえてきた。いわば高泌乳路線を走ってきたといえる。このため飼料用トウモロコシの作付けをしたり，草地更新を短縮化(採草地8年，放牧地5年)，電牧による輪換放牧(1区画約1haで15枚)の実施などにより，生産は右肩上がりで増加し，経営も安定した。

1987年には経産牛40頭，出荷乳量315 t，経産牛1頭当たり乳量は7875 kgにも達していた。当時の哲夫は家畜共進会などにはまったく興味はなかったが，人工授精師に偶然見出してもらったローヤル・ブラック・ダンテ号が別海農協酪農祭で幸運にもグランドチャンピオンを受けた。この牛で3年連続全道共進会にも出場した。

1990年には，経産牛43頭，出荷乳量401 t，経産牛1頭当たり乳量は9325 kgとなり，乳検成績では初めて1万kgを超えた。哲夫は40歳を目前にして自分の経営にそれなりの自信が持て，規模拡大投資による新たな経営展開を模索していた。後に述べるが，当時，森高牧場の周辺には根釧パイロットファームや新酪農村で壮絶な失敗をした幾多の牧場が存在していた。その失敗を踏まえ，新たな技術の導入をもって規模拡大を模索する酪農家たちを見て，哲夫は自分も40歳になるまでに経産牛1頭当たり乳量1万kg，経産牛頭数80頭規模の経営体にならなければと，決意を固めた。その規模拡大に必須と思われたフリーストール(後述)のセミナーなどにも積極的に参加した。

「マイペース酪農」への転機

ところが1991年5月偶然に，「別海酪農の未来を考える学習会」で，三友盛行の「風土に生かされた私の農業」と題された講演を聞く機会があり，そこで「私たちの行っている酪農は，農業としてふさわしいものか」と問いかけられた。中標津町で自ら酪農を営んでいる三友盛行・由美子夫妻は，1980年代までに一帯の酪農業の苦境を乗り切る方向として，規模拡大とはまったく異なる発想に立った経営手法を定着しつつあった。その理念を一言でいえば，酪農経営の目的に経済性・収益性でなく「土－草－牛－人の生活の循環」を掲げて取り組むということである。そこから第1に，大規模化による効率化一途の追求

図5-1 森高牧場の看板

に代わって，その地域の風土と自分と家族らの労働条件や習熟度（学習効果）に見合った適性規模の経営を見つけ出そうとする。第2に，国の補助事業や融資制度の保護のもと官主導で牽引されてきた酪農経営に代わって自分で判断し選択する牧場経営を構築し，あるべき人間生活の実現にこだわる。第3に，牛という動物を飼う職業として，「牛の性格を生かし牛らしく飼う」牧場にしようとする。そのような取り組みを高度に実現すれば，経済性は必ず後からついてくるという確信がある。

森高哲夫はこの講演を聞いて，強烈な衝撃を受けるとともに，自分の農業に対する認識の甘さと農民としての未熟さを痛感した。同じ衝撃を受けた酪農家は哲夫にとどまらなかった。そうした酪農家たちがこの講演をきっかけに集まって，三友を含めて毎月開かれるマイペース酪農交流会が誕生したのである。そしてそれを契機に森高牧場も1993年から「マイペース酪農」に取り組むこととなる。

森高牧場の今日に至る経緯をごく大まかに素描したが，こうした過程の意義をさらに理解するには，どうしても背景として北海道の酪農業に特有の経営環境と酪農経営全般がたどってきた変化の叙述に，以下かなりのスペースを割かなければならない。

2. 根釧原野での大規模酪農経営の展開

パイロットファーム開拓事業

第2次世界大戦後，日本政府は海外植民地と戦地からの引揚者や本州の戦争被災者に仕事と食を提供すべく北海道に緊急開拓事業を展開した。俄然興った「北海道ホープ論」の雰囲気のなかで道内各地に20万戸に及ぶ入植者が流入し，

戦後の北海道酪農業もまさにこの新しい入植者たちによって担われることになる。根釧地区についていえば，1954年，政府は「酪農振興法」を制定し，根室管内全域を酪農地帯として開拓する方向で方針をまとめた。これを受けて56年，同地に着手された「パイロットファーム開拓事業」が，根釧草地酪農形成の画期となる。

　この事業は国の開拓事業として，機械で広大な未開の原野を開墾し草地を造成したうえで，1戸当たり約15haの草地，乳牛約10頭，それに住居や畜舎までセットにし貸付金をつけて分譲したのである。この政策を通じて，当時の日本の零細な酪農民イメージ（それまでは北海道でも酪農といえば成牛1～4頭を持って副業的に飼養する経営が標準的だった）から隔絶した規模と設備の牧場がここに出現した。この分譲牧場には1964年までに361戸が入植している。

　しかし，この事業を直接担当した開発局の計画が，実態にそぐわなかったため，次のような問題を引き起こした。

　第1に，1戸当たりの政府資金融資限度額を大蔵省が他業種の中小企業とのバランスから一方的に一律250万円に限定したため，機械化体系，農地規模，経営形態がその予算の制約を受けて矮小化された。機械化では，すでに周辺農家がトラクターを導入しつつあったにもかかわらず，それを構想から排除した。農地規模では，開発局以前に北海道が独自で調査した結果では適正農地面積25ha程度，並行して行われた農家調査では42haとされたのに比べて，ずっと小さく設定された。経営形態も畑作物がジリ（地域特有の濃霧）により単収も低く不安定なため，主畜酪農（酪農専業経営）が望まれたのに，開発局が策定した営農類型は混同経営（畑作と酪農）であった。実務に明るくない官僚が現地の実態を無視して大蔵省の予算制約に合わせた営農類型を策定し，そこに農家を入植させたのである。

　第2に，政府はこの事業の資金を世界銀行の借款に依存したため，農家が望む畜種であるホルスタイン種を導入できず，世界銀行が押しつけてきたジャージー種を導入した。ジャージー種の牛乳は，脂肪率は高いものの乳量が少なく，農家経済は逼迫した。農家としてはホルスタイン種に切り替えなければならなかったが，ジャージー種用のキング式畜舎は体格が雄大であるホルスタイン種には不向きだった。また，オーストラリアから導入したジャージー種のなかか

らブルセラ病が発生したことが，経営不振に追い打ちをかけた。

　さらに，全国から入植した農家も高度成長経済下の経営コストの高騰，持参した資金力の乏しさ，初経験の経営での対応力不足，それに雌の子牛に恵まれないなどといった要因から早々に挫折する者も多く離農者が続出する結果となって，この開拓事業自体が目標に達しないまま中止に追い込まれた。とはいえ，このパイロットファームを機に，根釧パイロットファーム農協の設立，集乳場や人工授精場などの共同利用施設および道路の整備等により，この地特有の「専業大規模草地酪農経営」の原型がかたちづくられたのである。

開拓パイロット事業

　根釧パイロットファーム事業での失敗を踏まえ新たな開拓事業を構築するため，国は標津町と中標津町にまたがった茶志骨地区で，春別地区（第 1 地区，第 2 地区）開拓パイロット事業を実施した。これは 1965 年から開始して 71 年に完了した。

　受益戸数は，第 1 地区が新規入植 22 戸，移転入植 10 戸の計 32 戸，第 2 地区は新規入植 19 戸，移転入植 13 戸の計 32 戸で，総計 64 戸であった。根釧パイロットファームで国の事業計画が規模と経営形態において実情にそぐわなかったことを配慮し，1 戸当たりの農用地面積を 40 ha とし，全面トラクター化の主畜酪農とした。国としては，営農類型は作成したものの，計画頭数に必要な営農用水の手当ができなかったので，入植農家の自由裁量に任せたところ，その後の離農も少なく，開拓に成功した農家が多かった。後に「マイペース酪農」経営の理論的指導者となる三友盛行もこの事業で新規入植した農家の一人である。彼は，「この事業により，僕は入植したが，良い事業だった。牧場の建て売りではなく，40 ha の土地を払い下げ，これをパイロット事業で開墾し，あとは自由。この自由な部分で僕の今日がある」と語っている。この事業で自信をつけた国は，巨大国家プロジェクトとなる「根室区域農用地開発公団事業（いわゆる「新酪農村建設事業」）」に取り組むこととなる。ただし，なぜか再び官僚が机上で営農類型を策定し，建売り牧場の分譲という愚を踏襲することとなった。

基本法農政のもとでの「新酪農村」建設

　1961年に農業基本法が制定されて，これがその後長く日本の農政の基本を律する。農地改革で出現した膨大な自営農家の多くが零細経営で，日本経済が高度成長の軌道に乗るにつれて農業の他産業との格差が顕在化してきたのに対して，農業の「近代化・効率化」を進めようというのが，この法律の狙いであった。その狙いは複合的な農業の発想には進まず各種農業分野で専業大規模化が行政によって後押しされるが，北海道における酪農経営はその影響を最も直接に受けて展開する。基本法の翌年に酪農振興法が改正され草地造成が公共事業に組み込まれ，各地で大規模な草地造成が推進された。根釧地帯にも，この草地造成とその整備を中心に，各種の畜産基地建設事業や融資(農地取得，機械・施設のための)とその利子補給など，膨大な「制度資金」が投入される。本章の舞台である別海町では1968〜79年に65億円と，全道一の政策投資が国主導の下で行われた。もともと農業の伝統も蓄積も乏しくかつまた交通・通信・用水などのインフラも未整備な地帯であり，そこにあまり豊かでない家族が入植してきたばかりという状況なのだから，政策投資に依存し左右される性格は，他のいかなる酪農地帯より強くならざるをえなかった。そうしたなかで，同地方(根室管内)酪農家の1戸当たり乳牛飼養頭数は，1960年の5頭平均から1980年の実に59頭にまで，他のいかなる酪農地帯よりも急速に増大した。それだけに，この地での酪農経営は基本法農政の酪農版というものの姿を，増幅して露呈したと言える。

　そこでの象徴的な存在が，1973年から建設された「新酪農村(新酪)」である。別海町の未開の原野に新酪を建設して，ここを国家の食糧基地のひとつにしようという国による第3期総合開発計画の目玉となる大計画だった。この事業では，総額935億円の事業費が投入され，1万5153 haの農地を造成し，94戸の移転入植農家を含む221戸の畜舎施設を建築し，延長905 kmに及ぶ農業用水施設(摩周湖水系)と375 kmの道路網を整備しただけでなく，区域内の488戸の2万8000 haに及ぶ農用地の交換調整によって，1団地当たりの圃場面積を8.3 haから34.0 haへ拡大した。

　ここにまず入植してきたのは，前述のパイロットファーム(PF)がある豊原・美原地区に入植した農家である。彼らの酪農経営の農地面積が，主畜酪農

に転換したため手狭になり，飛び地も多くなったことから間引きする必要性が生じたためである。したがって，新酪には PF から移転してきた酪農家が多く，初期入植94戸のうち62戸が PF からの移転組だった。移転に際しては，これまで経営してきた牧場跡地を誰かに分譲したうえで新しい土地を手に入れるということになる。そうした結果として，PF や新酪農村という範囲をはるかに越えて，別海町と一部中標津町の酪農家たちの間で前述したように大規模な所有農地の交換調整(交換分合という)が行われた。

この結果，新酪完成時には，この巨大な国家プロジェクトに対して，移転農家の跡地を周辺地域の農地の集団化(交換分合)とリンクさせたことによって，画期的で空前絶後のものとなり，他部門の農業経営からみれば隔絶した資本形成が行われ，生産力水準も際立って高い農家群が叢生し，近代化の極限と評価された。そして，その影響は近代化の流れとして北海道の稲作経営や畑作経営にとどまらず，全国にまで波及した。

しかし，この巨大な国家プロジェクトも，道路，水道，電気，土地改良と草地造成，農地の団地化などのインフラ整備は，入植農家だけでなく周辺農家も利するところが多かった反面で，PF と同様に国営事業なるがゆえの多くの問題を抱えていたのである。

その第1は，オイルショックの影響を受けて事業費がオーバーしたため，1戸当たりの移転入植に要する事業費が膨れあがり，その結果補助金を除外した本人の負担額は計画の2.4倍になってしまったことである。

第2に，入植者は工事の進捗状況に合わせて1975～80年の間に入植したが，入植者本人の負担額は，最初の年次入植者の受益者負担額が4382万円であったのに最後の年次の入植者の負担は5051万円と，同じ建売り農場であるにもかかわらず不公平が生じた。

第3に，受益者負担額は国の資金を借りたのであるが，償還時期と償還期間は施工時期や入植時期に関わりなく，最後の年次が終了した時点から一斉に償還開始がなされた。このため，最初に入植した農家は利子のみ支払えばよい据置き期間を確保できたが，最後に入植した農家はただちに元利償還となってしまった。

第4に，新酪入植農家が1979年の牛乳の生産調整(生乳出荷制限)に引っか

かり，出荷実績がない後期入植者がもろにそのしわ寄せを受けたことである。
　第5に，根釧PFから新酪に移転入植をした農家とその跡地を集積した整備新酪農家も，負債が整理できなくなったため，その償還は困難をきわめた。根釧PFの失敗は新酪で解消されず，新酪事業そのものにも大きな影響を与え続けたのである。
　このように新酪農村建設事業による入植者たちは，根釧PF出身者を始め以前からの借金を抱えて入植した酪農家が多く，そこに新しい牧場取得費，入植してすぐ必要になった追加投資などを含めて，膨大な負債を背負って経営を始めることになった。建設事業完了時点で入植農家1戸当たりの負債額は7391万円にのぼったと報告されている。後期入植者のなかには1億円を越えた農家も少なくない。他の酪農地帯に比べてもこの負債水準は突出していた。行政は返還猶予や借換融資等をもってこれに対処したが，それまでの負債利子を元金に繰り入れて融資したため負債が累積，それを最大要因として建設事業完了直後から離農が相次いで発生し，PFと新酪からの離農率はその後長く北海道農家全体の離農率を上回ることになる。離農せずにがんばる農家の経営状態にもなかなか好転の兆しが訪れなかった。「去るも地獄，残るも地獄」と評せられた時期がしばらく続いた。

大規模酪農経営の構造
　この地に踏みとどまって何とか経営を続けようとする酪農家がとった方針は，国の政策目標に示された乳牛のさらなる多頭飼養の追求であった。しかしその多頭飼養のために，家族以外の労働力を常用する力はなく，市街地から遠く隔たったこの地方では安いパート労働力も入手できない。休日なしに働きづめできた一家がさらに飼養頭数を増やすとすれば，省力型の機械や設備に頼るしかないと思われた。新酪農村の建設と併せて酪農業界には，従来の牧場イメージからかけ離れたアメリカ型大牧場経営の技術や経営管理の仕組みに関する情報が続々流入してきて，酪農家の心を揺さぶった。根室管内一帯には20社を超える農機具販売店が出現して，酪農家に機械を購入させるべく秘術を競った。だがそれを導入するにはまた借金を重ねなければならない。借金返済のための多頭追求とそのための借金という悪循環が生じ，それがまた離農を生むことに

「ゴールなき拡大」と呼ばれたその悪循環は，現在ではやや沈静化したように見える。いいかえれば1980年代，90年代の激動をしのいで定着した酪農家が，明確に地域の中核を形成するまでになってきている。PF・新酪地域の経営規模は乳牛1戸当たり110頭と他の地域を大きく上回っている。別海町全体で乳牛頭数は約10万頭，年間の出荷乳量は46万tで全道の12％強，全国の5％強を占める。日本の酪農の揺るがぬトップ地域である。だからといって各酪農家の経営が安定したとか将来が見えてきたとかの状態ではない。また離農問題と別に，一帯の酪農家の間に所得を始め様々な格差が拡大しつつある問題も，重要視されるようになってきている。

基本的に家族経営(これにしばしば研修生などが加わる)による経営の規模拡大は，次のようにして展開されてきた。牧草の刈取り(モアコン，自走ハーベスター，サイドダンプトレーラー，ダンプトラック)や調整(デスクモア，テッター，レーキ，ロールベーラー，ラッピングマシーン，バーチャルミキサー，スラリータンカー)の機械化，牧草を大量・高密度で貯蔵するスチールサイロさらに大型バンカーサイロの建設等が進んだ。これらはそれぞれに数百万円以上，とりわけ自走ハーベスターは3千数百万円もする出費を要し，トラクターも含めて全体の流れを機械化でまとめようとすれば1億円ではきかない。そこで各々の農家は様々に選択し工夫しなければならなかった。機械等を共同で購入し利用するのに補助金がついたので共同利用組織を結成した。あるいは地元の農協や建設業者などが機械を揃え労働者を使って委託作業(牧草の収穫，ふん尿の散布等々)を行う「コントラクタ」が進出し，酪農家は多頭化による収入増とコントラ委託によるコスト増との比較といった問題にも直面した。

1990年代に入ると，牛舎をフリーストールとミルキングパーラーで建設する方式が広がってくる。フリーストールというのは，牛を1頭ずつ固定した場所につなぎ，そこで餌を与え搾乳も行ってきたタイストールと異なり，全面に藁を敷いたストール(牛床)を設けた牛舎に多頭の乳牛を入れて自由にストールを占拠させ，飼槽に飼料をおいて自由採食，群管理する方式である。1日2度の搾乳の際にはそこからミルキングパーラーと呼ばれる搾乳室に誘導し，8頭，10頭といった単位で(直列または複列に)並べて搾乳する。1回の搾乳は長くて

も1時間半以内に済まさなくてはならないので，タイストールでは夫婦2人の労働力で経産牛40頭規模，実習生や家族が1～3名加わってもパイプライン・ミルカーの能力に制約されて60頭程度がほぼ限界であるのに対して，フリーストールをもってすれば夫婦2人で経産牛80頭とか100頭とかの搾乳が可能である。しかしフリーストールとミルキングパーラー（通常はそれに付随して混合飼料給与を可能にする牧草サイレージ）をセットで導入すれば，5000万円以上の支出（自己負担）を覚悟しなければならない。

多頭化を効率性に結びつけるには，設備などハードの面と別に飼料の質の側面がある。容れ物を大きくして牛を増やすだけの規模拡大は，ある規模を越えると管理が行き届かず生産性が下がるという現象が生ずる。この地方の実績では，1980年頃まで飼育頭数60頭くらいが1頭当たり乳量のピークで，それ以上の頭数になると個体乳量は低下する結果が出ていた。それが1990年代末までに100頭水準がピークということになり，とくにフリーストール牛舎では150頭程度まで個体乳量の増加趨勢が見られるようになった。原因はいろいろあるが，なかでも大きいのが，草地で刈り取った牧草（粗飼料）だけでなく外部から購入した配合飼料（濃厚飼料）を多く与えるようになったことである。輸入穀物にビタミン，ミネラルなども添加した栄養満点の配合飼料で育った乳牛は，乳量が多くなるだけでなく，その乳脂肪率や乳タンパクも高くなる。根釧酪農地帯の牛乳は加工用原料乳が主体であるが，支払われる乳価の算定には乳脂肪率や乳タンパクが基準になるので，多頭飼育とともに効率の高い多量販売を目指す酪農家は，必然的に配合飼料への依存を高めることになった。かくして，これら様々な内容（機械・設備，作業委託，飼料，飼養管理）を含みながら，1980年代，90年代と，この地方の酪農経営は大規模化の基調をたどったのである。

3. 森高牧場の経営転換

マイペース酪農での具体的な方策

根釧草地酪農は基本的に多頭化，機械化，大規模化の過程をたどり，それをやり遂げた酪農家が生き残るという印象を，行政にも地域の人々にも与えてき

た。大規模化には様々な困難や矛盾が伴うことは覆いがたく，最も直接的で大きな困難は何にせよカネがかかって借金が増えることであったが，それにとどまらない，日常的な牧場経営の全般に関する様々な問題が次第に頭をもたげてきた。

　代表的な例を上げると，まず乳量を増やすための配合（濃厚）飼料の多投が，牛の肥満，軟便（これは糞尿処理の困難や堆肥の質の劣化につながる），乳房炎などのいわゆる生産病を引き起こし，乳牛の不健康から平均産次（分娩出産）数の低下によって牛の耐用年数が短くなるとともに，医療費の増加という結果を招来した。同時に配合飼料の多投は，「粗飼料余り」といわれる状況を生んだ。各酪農家がその粗飼料を消費するためさらなる頭数規模拡大を目指し，そのためまだ乳を出さない育成牛を大量に抱えることになる，そこからそのための設備投資や労働が新たに必要になってくる，といった「悪循環」である。

　また，フリーストールでの多頭飼育はどうしても1頭ごとの観察や配慮がいき届かず，病気だけでなく牛同士の接触による事故も多発する。さらに，フリーストール牛舎では通路は常に糞尿で湿っているので，蹄障害を起こしやすい。

　そして多頭飼養の最大問題のひとつとして糞尿処理が従来になく前面に出てきた。とくにフリーストール，ミルキングパーラーに付随して様々な糞尿処理施設が試されるようになったが，いずれも多額の設備投資と運転コストを必要とし，またそれを草地に散布する機械導入，堆肥づくりの困難なども難題として浮かび上がってきた。

図5-2　冬期間におけるパドックでのパックサイレージ給餌風景

言い換えれば，フリーストールやミルキングパーラーを導入し多頭化を進めてなお経営的に成果を上げている酪農家というのは，ただの規模拡大でなく，上述のような困難をそれぞれの工夫——自給飼料の活用，牛のストレス緩和や健康増進への配慮，糞尿利用の方途の考案，群管理に個体管理を混入等々——で乗り越えてきた酪農家なのである。

　「マイペース酪農」はこうした地域の実情を踏まえて発想を新たに誕生したものであり，1991年の「マイペース酪農交流会」から地域の酪農家が討論と実践を重ねながら練り上げてきているものである。牧場経営の内容に即してそれをもう少し具体的にいうと，例えば次のような特徴が見られる。①経産牛，育成牛，初生牛を別々の専用施設で飼育する大規模酪農と違って，できるだけ全ての牛を一つの牛舎で飼う。それによって乳牛以外の牛にも目がいき届く（多頭経営ではどうしても経産牛にしか目がいかない），親牛が子牛と同居する機会もでき，牛群は落ち着いてストレスも減り，世代交代がスムーズに進行する，糞尿集めや飼料の移動も一つの牛舎で効率的に行える。②夏場（5〜10月）は昼夜放牧を行って，経費を極端に減らすとともに牛を強健・健康体にする（産次数も増す）。冬場は舎飼い（日中は舎外で運動）になるが飼料は低水分サイレージを主体に配合飼料を最小限に抑え，与えられた餌で無理なく出る乳量を受け入れることによって，牛の負担を軽くする，③放牧場の草生を豊かにするため良質の堆肥づくりと散布に力を入れる，④経産牛の数を適正（40頭前後）に抑え，かつ育成牛は更新用後継牛として必要最小限まで減らす。そのため総収入は減るが，労働量が減って時間のゆとりが増し，経費を大幅に節減（飼料費，機械・設備購入やその償却費，牛の事故率，コントラ委託，労賃等の全てが少なくなる）することで経営も安定に向かう。

　「マイペース酪農交流会」は文字通り「交流」を主体にしたもので，講師から教えてもらうというスタイルではない。メンバーのそれぞれが「私の酪農」を語り，互いに話を聞くことを繰り返し，その体験を積み上げて自身の酪農スタイルを作り上げていこうという，その意味で「マイペース」なのである。そういう会が成り立つのは，やはり戦後の酪農行政に従ってきた自分たちの経営にしっくりしない思いが潜在していたからであろう。効率を上げることばかりに追いまくられ，がんばればがんばるほど労働過重，負債の累積，乳牛の生産

病，その帰結としての経営不振や家族の不和などに悩まされてきた酪農民のなかに，発想の転換の契機が与えられたのだった。

経営転換の経緯と成果

現在の森高牧場の乳牛管理方式はタイストール・パイプラインミルカーで，牛床数は44ストール（経産牛44頭分）である。経産牛44頭規模というと，センサスの2歳以上飼養頭数の30～49頭規模層にほぼ該当するが，2000年センサスによれば根室管内ではこの階層が約15.4％を占める。ちなみに50～99頭規模層は65.2％，100頭以上層は14.3％を占めており，今日では大部分の牧場が森高牧場の規模を上回っていることがわかる。10年前の1990年センサスでは森高牧場の規模階層はやはり30～49頭規模層に属していたが，その時のその規模層は全体の32.6％を占め，当地の牧場の最多層を構成していた。その後いわばいっせいに規模拡大が進んだことがわかる。

森高牧場がマイペース酪農に取り組む前後の年から今日に至るまでの経営概況を表5-1に示す。

マイペース酪農に取り組んだ1993年以降は，乳価と出荷乳量の低下で農業収入は減少したが，コストはそれほど低下せず，マイペース酪農に転換してから9年間にわたって所得は低迷した。乳量の低下は，濃厚飼料の給与量を少なくし，放牧を中心とした粗飼料主体の飼料構造に転換したので，供給TDN (Total Digestable Nutrients：可消化養分総量) が少なくなったためである。しかし，10年目以降は牛群がこのような飼養管理に順応してきたため，それ以降のコストは大幅に低下した。その理由として考えられることは，①飼料費（購入濃厚飼料）と肥料費（購入肥料）の低下，②無理して搾らなくなったので牛が健康になり，疾病が少なく平均産次数が向上して牛の耐用年数が延長しことである。転換前の平均産次数は2.8程度であったが，転換10年後には3.8産にまでなったのである。2007年8月現在でいえば，45頭の成牛中，6産以上の牛は12頭（26.7％）をも占めている。③この結果として，後継予定牛は少なくてすむので育成コストは低下するほかに，選りすぐりの牛を残せることと，余った牛を個体販売に回すことが可能になった。コスト低減要因は，実はこれだけではない。規模拡大をせずに経営トータルとしての適正規模に踏みとどま

表 5-1　森高牧場の経営概史

区分	1990年	91年	92年	93年	94年	95年	96年	97年	98年	99年	2000年	01年	02年	03年	04年
年出荷乳量(t)	401	400	412	370	354	322	328	315	300	293	288	299	289	298	320
平均乳価(円)	80.8	79.4	78.4	79.4	78.6	78.3	75.3	76.1	74.8	73.6	74.3	73.7	74.4	73.5	74.0
生乳販売代金(万円)	3,240	3,176	3,232	2,937	2,783	2,522	2,469	2,396	2,243	2,156	2,140	2,204	2,150	2,190	2,374
個体販売代金(万円)	554	591	463	350	302	284	406	325	291	481	562	528	438	592	660
その他収入(万円)	145	188	244	105	79	192	145	149	138	180	152	264	276	346	258
農業収入合計(万円)	3,939	3,955	3,939	3,392	3,164	2,998	3,020	2,870	2,672	2,817	2,854	2,996	2,864	3,128	3,292
肥料費(万円)	195	290	217	187	187	80	95	102	94	97	110	140	115	139	132
飼料費(万円)	861	868	753	622	540	364	482	474	378	317	283	289	300	333	329
支払い利息(万円)	10	8	56	65	60	44	32	30	28	25	8	11	9	7	8
その他経営費(万円)	986	1,028	1,053	997	879	926	873	907	859	877	952	895	931	1,013	1,079
農業支出合計(万円)	2,052	2,248	2,079	1,871	1,666	1,414	1,482	1,513	1,359	1,316	1,353	1,335	1,355	1,492	1,548
差引総所得(万円)	1,887	1,707	1,860	1,521	1,498	1,584	1,538	1,357	1,313	1,501	1,501	1,661	1,509	1,636	1,744
乳代所得率(%)	37	30	37	39	42	46	41	38	41	40	37	40	37	32	35
総所得率(%)	48	43	47	45	47	53	51	47	53	53	53	55	53	52	53
資金返済(万円)	59	50	93	98	82	368	41	43	49	49	69	57	58	60	134
草地面積(ha)	54	54	54	54	54	54	54	54	54	54	54	54	54	54	54
乳牛総頭数(頭)	87	87	88	80	75	75	76	72	75	74	73	73	75	72	72
うち経産牛(頭)	43	42	44	44	44	44	44	42	43	44	44	44	43	42	44
うち育成牛(頭)	44	45	44	36	31	31	32	30	32	30	29	29	32	30	28

注）農業支出合計のなかには、機械・施設や乳牛など固定資本の償却費は含まれない。

り，無理無駄を省く経験曲線効果が生じたものと考えられる。前述の三友盛行は，「大切なことは，このように土地・牛・人がバランスのとれた適正規模になったら，3年なり5年くらいは毎年同じことを繰り返し，その枠内でムリやムダを省き，内部の充実を図るべきです。私は，この内部充実の期間を『立ち止まり』あるいは『習熟』の期間と呼び，重要視しています」と述べている。三友がいうところの「習熟」こそが，経験曲線でいうところの「学習効果」であると考えられる。

森高牧場がマイペース型酪農に変わっていったのは1993年からであるが，その直前である92年と比較すると，98年では，乳量で110 t，農業収入で1300万円，農業支出で700万円，所得で500万円，いずれも減らしていることを認めたうえで，費用の低減効果に言及している。すなわち，肥料と飼料代に至っては半分以下の水準になっている。したがって，乳代に占める購入飼料費の割合（[飼料費/牛乳販売代金]×100）は，乳代が大幅に減少しているにもかかわらず，98年には育成分も含めて16.9%の水準にまで低下した。経営収支としては低下しても，投入エネルギーの収支としては，エネルギー効率をむしろ高めたと認識している。また，これら様々な投入資材の減少は，そのまま投下労働の減少につながっているので，家族労働力の生活時間に大きなゆとりをもたらしたと評価している。

したがって森高哲夫は，所得減の500万円はゆとりのために投資したと考えている。では，労働面でのゆとりに対する投資によって，どのような農村らしい豊かさを享受できたのであろうか。

森高は，「通常の牛舎作業だけだと1日4時間半から5時間なので，朝8時頃から夕方の4時頃までは自由時間が取れる」という。

開業人工授精師を頼むようになってから，朝夕の牛舎作業時間に往診に来てくれるし，獣医を頼むことも少なくなったので，日中に妻と二人で出かけられるようになった。したがって，さまざまな社会活動やボランティア，趣味の活動を存分に楽しんでいる。

妻はチーズ，バター，アイスクリーム等の乳製品，ベーコン，ソーセージ，魚の薫製，味噌，パンやお菓子，野菜づくりと，次々と手づくりのレパートリーを増やしている。今は多くが自家消費向けであるが，牧場内にチーズ工房

を建て，これから徐々に販売を増やす構想をも練っている。女性部・婦人部の活動や2級ホームヘルパー資格の取得，老健施設へのボランティアなど社会活動も元気にやっている。もっとも，あれこれ手を広げすぎて経営主にそのしわ寄せが来る場合もないわけではないが，経営主はそれを「積極的に受け止めるべきであろう」と述べている。マイペース酪農では，経営主は妻とのパートナーシップがより重視されるのである。

さらにストレスが少なくなった牛が飼育者の指示によく従うなど，牛とのコミュニケーションがスムーズになったことも指摘できる。

楽しんで農業ができるようになると，哲夫の息子が後継者として戻るとともに，地域社会に配慮するゆとりも生まれてきた。森高牧場が社会的責任を意識し積極的に関わるには，労働面でのゆとりから社会の動きを客観的に見ることができるようになったことが欠かせない。そこでまず気づいたのが，牧場経営におけるエネルギーの乱費と，その帰結としての環境負荷による環境破壊であった。そしてまず自分ができることとして手始めに実施したのが糞尿処理と土づくりであった。

4. 家畜糞尿処理への取組み

「社会問題」としての家畜糞尿問題

新酪農村事業(1973～83年)によって大規模酪農経営が出現した当初から，別海町では風蓮川水系の水質が家畜糞尿の垂れ流しによって汚染され始めたと見られる。その後，根釧草地酪農の多頭化の趨勢が続くなかで，風蓮川の河口に相当する風蓮湖は巨大なラグーン(肥溜め)化の様相を呈することになった。面積52 km^{2}の汽水湖である風蓮湖は，渡り鳥の飛来地・中継地としてラムサール条約湿地にも含まれる名所であるが，海流と砂州に隔てられて根室湾に接している。その根室湾はサケ・マス，サンマなどが回遊し，ホタテ，ウニなどが養殖されて，1年中，漁が行われる魚の宝庫である。この地の酪農業は漁業とそのような位置関係において併存している。両者が併存し続けるのに家畜糞尿の処理問題は，地域で避けることのできない難問となりつつある。

糞尿は糞(固体)と尿(液体)の両方を含むが，牛舎がスタンチョンストールの

場合，それを別々に回収し糞は堆肥盤に積み上げ尿は尿溜めに溜めた後，草地に散布するのが普通である。それがフリーストールになると，糞と尿が一緒に回収される（スラリーという）うえ，配合飼料の多投で育った牛の糞は総じて臭気の強い軟便になりやすく，放牧牛の糞尿と同様に堆肥に積み上げることが困難になった。そこでスラリーストアという鋼鉄製の貯蔵設備（タンク，レセプションピット，ポンプ）が推奨される。これ自体がかなりの出費を要するが，新酪事業の場合，スラリーストアを設置した所でも成牛50頭程度のキャパシティで設計したのが，その倍以上の牛を抱えて処理にお手上げという状況が生じた。むろんスラリーストアをもっと巨大化する方策はある。国の助成金も草地造成が一通り終わった段階で牛舎施設や糞尿処理施設に重点を移したところへ，1996年に北海道が独自の助成を上乗せした結果，酪農家は総経費の5％を自己負担するだけでそうした設備を建造することができるようになり，そこから一挙にスラリーストアの建造と拡張の気運が高まった。だがそれで問題は解決しない。国や道が補助する高額の施設は，単に糞尿を貯留するためのものであり，それを良質な堆肥や活性水として利用することは困難だからである。さらに，新酪農村はもはや草地に比して乳牛頭数が多くなりすぎ，また酪農専業地帯であるため糞尿を畑作用肥料にも用いることができず，糞尿そのものが各酪農家の必要量を超えて持て余されるようになった。糞尿問題がこの地域で特に深刻化した事情がそこにある。

マイペース酪農での糞尿処理

マイペース酪農にはその点で大きな優位性があった。配合飼料を抑え牧草に頼る度合が高く，草地に対応できるよう乳牛頭数を適正に保ち，また多くがタイストールでありかつまた敷藁を大量に用いるので，良質の堆肥づくりが相対的に容易である。それでもそこにまったく問題がないわけではない。とくに1999年に「家畜排泄物の管理の適正化及び利用の促進に関する法律」が施行されて以後，行政が求める糞尿処理の条件は厳しくなり，いくら施設に金はかけないといっても，単なる野積みのような堆肥づくりはできなくなったし，尿のほうもただ蓄えるのでなく液肥化するための装置（空気＝酸素に触れさせる「曝気」の装置）が求められるようになってきた。

これを森高牧場の実際の事例で追うと，マイペース酪農になって以来，濃厚飼料の給与を減らし，自給飼料基盤と家族労働力に見合った適正規模を模索するとともに，家畜糞尿も大切な生産物であると考えて良質な堆肥を造成し，循環農業を追求した。まず牛舎からでる糞を，バーンクリーナーで約 500 m² の堆肥盤に運ぶ。次に秋から春にかけて，5〜6 回にわたり黒ぼく土(火山灰や軽石を母材とした土壌)を踏み固めて造った水はけのよい切り返し用堆肥盤にダンプで運んで，そこで畦状の野積みにする。5 月から 9 月まで毎月 1 回切り返して，2 年間で完熟堆肥に仕上げ，それを草地に散布して農地に還元した。以前は，昼放牧だけだったため，夏期間の糞尿処理が大変だった。牛が放牧で青草を食べているため糞は非常に軟らかく，泥状のため積み上げることが困難で，それを解消するのに古い乾草や掃除刈りの乾草をたくさん混ぜ込む必要があり，かなりの労力を必要とした。しかし，昼夜放牧によって夜間に牛を牛舎に入れないようになると，その問題は一気に解決した。さらに，この黒ぼく土の堆肥盤を設置したことによって良質堆肥の生産が可能となり，糞尿の循環体制は一応確立したと考えていた。

　ところが，農協で開催された家畜排泄物法の説明会で，これまで森高牧場が採用してきた「野積み切り返し処理」は排汁の地下浸透により地下水汚染の恐れがあるので認められないとの指摘を受けた。そこで実際に堆肥盤の地下を調査してみると，1 m 下で一般草地と比較すると無有機態窒素 4〜6 倍，カリは 20〜30 倍に汚染されていたのである。

地域漁業者との交流——活性水(U水)に向けて

　そこで森高が糞尿処理方法として選んだのが，U水(活性水)システムであった。U水とは，それを開発した内水護(土壌生成理論を提唱した理学博士)のイニシャルを冠したものであるが，そのシステムの内容は，家畜の厩肥や尿から出る排汁を集めて曝気し，有効な土壌菌群によって処理された液体を製造する一連の施設を意味する。その処理液体である U水は，堆肥の発酵分解を促進し，臭いやハエの発生を抑え，液体肥料として，さらには汚染している川の浄化にも使えるもので，「活性水」という名にふさわしい。

　ところが森高牧場が施設を建設しようとした矢先に，従来まで認められてい

図 5-3　ハウス内での糞尿曝気処理　　　図 5-4　処理済みの U水(活性水)

た国の事業による補助が，認可基準の改正により事業費が安すぎるという理由で認められなくなった。農協からは補助金のつく屋根つき堆肥舎の建設を勧められたが，雨水にある程度さらさないと良質な堆肥と液肥は生産できないと，森高はその提案を断り，もう補助金は当てにしないで自力で排汁を処理する活性水施設を造ろうと決断して，農協に資金の借入を申し込んだ。

時あたかも，2004年11月から「家畜排せつ物法」の完全施行が始まるのを控えて，「マイペース酪農交流会」に結集する酪農家が中心になって「酪農・漁業と環境問題を考えるシンポジウム」の実行委員会を組織し，別海町の酪農家，農協，漁家，漁協，役場，支庁，一般町民に参加を働きかけた。森高がその実行委員長を務めた。3月28日に開催されたこのシンポジウムには，吹雪で大荒れの天気のなかで66名の参加があり，そのうちの実に3分の2が漁業関係者で，残る3分の1が農業関係者であった。このなかでレポーターを務めた漁協の大橋勝彦は，最初に「農業者自らが環境問題を前向きにとらえ，漁業者に働きかけのあったことは初めてのこと…」という感謝の言葉から始まり，「かつては「風蓮湖」の砂利と呼ばれるほどに沢山いたシジミは壊滅的な状態にある，大雨が降ると2～3時間で川が増水し，大雨後には定置網にサケがまったくかからなくなる」など，深刻な実情を報告した。最後を「法律云々ではなく，川上の人が川下を思いやること…そうした思いやりが一番大切ではないか」と締めくくった。このあと，野生鮭研究所所長の小宮山英重が「活性水の効用」についての話題提供をし，最後に環境問題に関する総合討論を行った。

このシンポジウムの準備過程での実行委員会の席上，森高が設置しようとし

ている「U水」施設設置の話をしたところ,漁協関係者から,沿岸漁業協同組合が組織している「サケマス増殖事業協会」で「U水」施設推奨のために基金を積んで酪農家を支援している浜中町の事例が紹介された。そしてシンポジウム終了後に,根室管内サケマス増殖事業協会から「サケマス増殖事業とホタテ養殖事業が実施されている西別川水系でU水施設を造った人はいない。農業と水産が共同で環境問題に取り組むモデル事業にしたいので,ぜひ協力させてほしい。ついては水産から出るホタテの貝殻と,酪農から出る糞尿を組み合わせて,ともに資源を有効利用できる施設(焼成貝殻を敷いた堆肥場)をU水施設と併せて造ってくれるのであれば,1000万円の事業費のうち50％を補助したい」との申し出があった。森高牧場としてはありがたくその申し出を受けて,U水システムの建設に取りかかった。こうして地域の農業と漁業が環境保全のためにタイアップしたのである。

このシステムに用いる堆肥盤は,従来までのようなコンクリートタタキや黒ぼく土の盤ではなく,土を1mくらい掘ってビニールシートを敷き,そこにホタテの焼成貝殻を敷いた。焼成貝殻は水はけがよいので固形分の糞と敷藁はすぐに発酵して良質の堆肥になる。そのまま浸透した液体部分の糞尿は,地下の原水貯留槽に導かれ,いったん貯蔵される。この堆肥場にはあえて屋根をつけず,雨水も混入する仕組みになっている。雨水が発酵を促進するからである。次に,この液体部分の糞尿を処理槽のあるビニールハウスにパイプで誘導する。ビニールハウスには第1次貯留槽と第2次貯留槽があり,そこでは液体糞尿を発酵させるための種菌として有効土壌菌を投入するとともに,好気性の土壌菌を活性化させるため処理水を曝気しており,発酵の度合いによって第1次貯留槽から第2次貯留槽に移す。発酵が完了すると原水貯留槽の隣に設置された処理水貯留槽にパイプで送られて,貯留される。最終的に処理が完了したU水は,直接手ですくってもまったく臭いがせず,糞尿の有機物は分解され,良質な液肥になっている。

5. おわりに——残された問題

森高哲夫がいま事務局を担っている「マイペース酪農交流会」に結集する酪

農家は，「高エネルギー消費・加工型酪農」と対置される「低投入持続型酪農」を目指している。とくに近年，穀物が食糧，飼料，燃料の間で争奪され価格が高騰する状況，あるいはBSE対策や地球環境にやさしい酪農畜産が求められるなかで，輸入飼料に頼らない放牧酪農のあり方の有力な一つとして，彼らの経営は全道・全国的にも注目され，しばしば各地のシンポジウムなどにも招かれるようになってきている。

　森高牧場に例示を見てきた酪農の仕方が，環境に負荷を与えない農業として自ら永続するとともに，より広く地域社会にも貢献できる展望が得られるならば，それにこしたことはない。だが一方，乳価が市場経済に規定されつつある現在，乳価の長期低落傾向がこのままに推移するならば，マイペース酪農のコスト低減効果は乳価下落効果に吸収され，経営を全体として持続することが困難になることも予想されるのである。EUで採用しつつある人に即した中山間や環境保全に対する直接支払いなどの政策が日本でも採用される必要がある。

　こうした面での意義と同時に，筆者は，ここで初めて東畑精一が指摘してきた「単なる業種」から脱皮し自分で考え自分で意思決定する農業者が出現してきているという，その主体性に注目したい。関係指導機関の指導を仰ぐこれまでの姿勢から，このように自ら考えて自らの経営資源に適した農業経営を確立しようとする酪農家の動きのなかに，経営者としての成熟を感ずる。三友が述べる「習熟」概念からも，そのことを思うのである。

　誤解のないようにあえていっておくが，マイペース酪農は無理無駄を省くという守り一方の経営ではない。「習熟」とは力を溜めて次の発展の足場を築くことであり，実際にもマイペース酪農家は，それぞれ自分の牧場経営における技術発展に，いろいろな工夫や挑戦を繰り返している。例えばフリーストール方式にしても，マイペース酪農ではそれがタイストール方式より劣ると決めてかかっているのではない。批判されるべきフリーストール方式は，雇用労働を前提とした配合飼料を多給する周年舎飼いの高泌乳・多頭化であって，放牧と粗飼料を中心とした高泌乳に重きを置かないフリーストール方式（フリーバーンも含めた）であれば，経営条件によっては循環型の農業経営の一環として是認されるべきだという考えもある。森高も，フリーストール方式における牛の自由度と放牧との相性の良さを認めている。放牧地を歩かせる限り蹄の負担は

軽くなるからである。タイストール方式にも問題点があって，育成牛の段階でフリーストール方式を採用しているため，タイストール方式に切り替えたときに，経産牛が自分の乳房を踏みつける事故にしばしば遭遇する。したがって，森高も，農地面積の確保状況や，家族労働力の保有状況，あるいは建物施設などの減価償却の進みぐあいによっては，経営のトータルバランスで適正規模と判断される規模にまで現状よりも経産牛規模を拡大して，あくまでも循環農業の枠内ではあるがフリーストール方式に移行する可能性は否定していないのである。重要なのは，そうした革新への歩みを自分の頭で考え，「習熟」を通して実践に結びつけるということなのである。

［長尾正克］

第6章

日農機製工

北海道の大規模農業を支える農業機械メーカー

北海道は，全国の4分の1の耕地面積を持ち，稲作，畑作，酪農などの大規模な土地を利用した農業を展開している。この広大な農地を利用した農業になくてはならないのが農業機械である。農業機械は乗用トラクターを代表とする農用原動機と，農用原動機に牽引または駆動されて耕うん・整地から収穫に至るまでの各種農作業を行う農用作業機に区分される。道内の農業に利用されている農業機械は，農用原動機の方では井関，クボタ，ヤンマーといった全国的に知られている大手メーカー品が多く，一方，農用作業機については現在北海道に33社(北海道農業機械工業会会員数)ある道内農業機械メーカーが生産・販売しているものが多く使われている。とくに後者の農用作業機は農業の種類，農作業，土質や地域の環境条件，農業経営の規模，栽培方法などの違いによって要求される仕様が異なり，また機種による販売時期が異なることから，それを扱う農業機械メーカーは多品種少量生産を強いられ，売上げの季節変動が大きい。そのため資金難などから厳しい経営に陥り，企業の統合などによって経営危機を乗り越えてきた歴史がある。

　そのような道内農業機械メーカーのなかで，十勝管内足寄町に立地する日農機製工は，1947(昭和22)年3月現会長の安久津義人氏が前身の安久津農機具製作所を創業し，以来60年，義人氏と子息の現社長安久津昌義氏の両氏が中心となって農業機械の開発を進め，自社ブランド，自社設計の完成品メーカー

表6-1　企業概要

1947年3月	安久津農機具製作所創業(安久津義人氏)
1969年	販売会社日農機を設立(営業機能を分離)，ニチノーグループ形成
1975年	日農機製工㈱に社名変更
1981年	安久津昌義氏入社，技術設計開発の機能強化
1983年	オリジナル製品〈410TURBO〉(ビートハーベスター)発売。その後，改良を重ね知事賞，発明表彰等
1992年	〈草刈るチ〉(カルチベーター)特許出願，販売開始。その後，改良を重ね科学技術庁等より数々の表彰
本社・工場所在地	足寄町(販売会社日農機は道内に6支店・営業所)
資本金	4,500万円
年商	12億4,100万円(2006年度実績)
従業員数	53名
主要製品	ビートハーベスター，カルチベーター(ニチノーグループとしてはほかに播種機械，施肥機械，収穫機，管理用機械等も製造)

として独自経営を続けてきた。現在の主力製品は，ビートハーベスター(てん菜収穫機)とカルチベーター(中耕除草機)であり，ビートハーベスターは70％，カルチベーターは80％のシェアを占めるまでに成長している。

　日農機製工が安定的な成長を成し遂げてきた過程には，3つの大きな経営改善の実施があった。第1はユーザーである農家のニーズを把握しての「売れる製品開発の深耕」，第2は生産基盤を強化するための「ものづくりの体質改善」，第3は確かな品質保証を実現するための「人づくり」である。

1.　農業機械産業の動向

農業機械産業を特徴づけることがら

　わが国の農業機械産業は，1953年の「農業機械化促進法」の制定を契機に発展の途についた。そして1961年の「農業基本法」制定，さらに「農業近代化資金助成法」が制定され，農業機械購入時の長期・低金利の資金導入の道が開かれて，農業機械の需要が拡大した。農業機械の開発は，わが国の農業の根幹をなしている稲作の機械化を中心に進められ，1960年代前半の稲作はそれまでの牛馬による農作業から機械化へ急速に転換，60年代後半には，機械化が遅れていた田植機も実用化され，耕うん，田植え，管理，収穫，乾燥，調製の稲作の機械化体系が完成した。さらに乗用トラクターが普及し，この結果，生産性の高い稲作経営が可能となり，農業機械は驚異的なスピードで普及した。1970年代のとくに後半以降，本格的な乗用化の時代を迎えた農業機械は，畑作など稲作以外の農業へ広がり，高性能化・耐久性向上やメカトロニクスを応用した操作性の向上，安全対策など，めざましい技術発展を遂げる。だがその普及がユーザーである農家に一巡したことによって，その後，更新需要に期待する以外にない時代に入った。

　農業機械産業には，今日にいたるまで次のような特性が認められる。
① 生産，販売の季節変動が大きい

　農業機械は，トラクター，耕うん機などの通年使用するものと，播種，育苗用機械などの春用機械，除草機，防除機などの夏用機械，収穫機を中心とした秋用機械などのある季節だけ使用する季節性の強い商品がある。季節性の強い

商品を生産している企業では，生産・販売の季節変動が大きく，農業政策，天候などによって需要が大きく変化することから，需要予測が大変難しく，部品，商品の在庫リスクをいつも抱えている。

② 多品種少量生産を強いられる

農業には稲作，畑作，果樹園芸，酪農など，さまざまな種類の農業がある。また，それぞれの農業では整地から収穫までの各作業がある。農業機械は農業の種類と農作業それぞれに対応しており，多岐にわたっている。さらに，同一機種であっても，農業の規模，栽培方法などの違いによって要求される仕様が異なる。トラクターなど全国的に販売可能なものは量産が可能であるが，小型農用作業機の多くは多品種少量生産を強いられることになる。

③ 生産工程を多く必要とする

更新需要期にあって，競合する製品に勝つためには，製品の差別化が必要不可欠な条件となる。そこで各農業機械製造業では製品開発力の強化を推進することとなるが，製品開発部門を持ち自社ブランド製品を生産している企業の多くでは，加工部品の数が多くなり，完成品までに素材成形，部品加工，塗装，組立などの多くの生産工程を要する。したがって，鋳造設備，機械加工設備，プレス設備，溶接設備，組立設備など多くの生産設備を必要とし，自社単独で生産設備を揃えない場合は，外注加工品のウェイトが高くなる。しかし農業機械産業の大多数を占める地方の中小農業機械メーカーは，その工場周辺に工業集積がない場合が多く，コストの上昇がわかりながらやむを得ず稼動率の低い生産設備を保有している例が多い。

今日用いられている農業機械には，農産物の生産から流通への出荷までの過程で使用されるきわめて多種多様な機械が含まれるが，それを大きく「農用原動機」と「農用作業機」に2分しているのが普通である。「農用原動機」とは，電動機(モーター)，エンジン(ガソリン・ディーゼル)，農用トラクター(乗用トラクター・歩行トラクター)等であり，農用作業機を牽引または駆動させることによって農作業を行う。「農用作業機」は，耕うん・整地作業から収穫・調製作業に至るまでの各種作業を，「農用原動機」により牽引または駆動されて行うものであるが，その範囲はきわめて広く，通常表6-2のように分類される。

表6-2　農用作業機の種類

分 類	作 業	作業機械	代表的な機械
耕うん，整地用機械	耕うん	耕うん機械	耕うん機，すき，プラウ
	整地	整地機械	砕土機，均平機，鎮圧機，畦立て機
	耕土改良	耕土改良	心土破砕機，溝切り機
育成・管理用機械	施肥	施肥機械	堆肥散布機，粒状肥料散布機，液状肥料散布機
	播種	播種機械	すじまき機，点まき機，ばらまき機
	移植	移植機械	田植機，野菜移植機
	防除	防除機械	噴霧機，散粉布機
	中耕・除草	中耕・除草機械	水田中耕除草機，カルチベーター，刈払機
	灌漑	灌漑機械	ポンプ，スプリンクラー
収穫・調製作業用機械	収穫	収穫機械	バインダ，コンバイン，野菜収穫機，ハーベスター，牧草収穫機
	調製	調製機械	脱穀機，籾すり機，選別機，乾燥機
運搬作業用機械	運搬	運搬機	トレーラー，フロントローダー，モノレール

出所）㈳日本農業機械工業会HPより作成

農業機械産業を企業規模の面から見ると，『工業統計表（産業編）』2004年で，従業者4人以上の事業所数は837社で，従業者規模が小さいほど事業所数は多く，300人以下の中小企業が821社98％を占める。従業者規模100〜199人，ついで50〜99人の事業所に従事する従業者が多い（表6-3参照）。しかしながらこの産業の特徴として，大企業と中小企業とが必ずしも同じ土俵で農業機械の製造・販売を競っていないということがある。上に述べた「農用原動機」と「農用作業機」の区分に対応させていうなら，農用原動機（それに稲作用の主要農業機械）の方を大手メーカーが全国的な市場を対象に製造・販売し，農用作業機の方とくに管理用機械などの小

表6-3　農業機械製造業従業者規模別統計表
　　　　（従業者4人以上の事業所）

従業者規模（人）	事業所数	従業者数（人）
4〜9人	362	2,160
10〜19人	190	2,595
20〜29人	101	2,536
30〜49人	61	2,434
50〜99人	63	4,253
100〜199人	31	4,365
200〜299人	13	3,266
300〜499人	9	3,427
500〜999人	5	2,910
1,000人以上	2	3,038
計	837	30,984

出所）経済産業省『工業統計表（産業編）』2004年

型農用作業機については専門の中小農業機械メーカーが土壌，農法の異なる地方，地域に分散して製造・販売しているという，棲み分けがかなりの程度までなされているからである．

北海道の農業機械産業

農業機械産業にとって北海道は突出した最大の市場である．全国に占める北海道農業のシェア(2005年統計による)は，耕地面積が116万6000haで全国の25%，農業産出額が1兆663億円で全国の12.6%を占める．また，総農家戸数は5万9137戸で全国の2.1%，農業就業人口は13万1491人で全国の3.9%となっているが，1戸当たり耕地面積は北海道を除く都府県平均では1.3haであるのに対して，北海道では19.8haと，15.2倍の規模である．規模の増大は農家戸数の減少によって今日も進行している(1965年に19万8969戸あった農家戸数が2005年に5万9137戸，だが総耕地面積は近年110万ha台で推移している)．農業には，農地を利用して耕作を行う土地利用型農業と施設などを利用した施設利用型農業とがあるが，北海道は，全国の4分の1の耕地面積を生かし，稲作，畑作，酪農などの大規模な土地を利用した農業を展開しているのである．農作物では，本章の主題になるてん菜の100%を筆頭に，小麦，小豆，いんげん，馬鈴しょ，たまねぎの生産が全国の50%を超えるなど，多くの農作物で全国一の生産量となっている(表6-4参照)．農家戸数の減少と並び，農業従業者を年齢階層別に見ると65歳以上の比率が年々増加して2005年までに34.1%になっており，高齢化がいちじるしい．こうしたことが，北海道の農業機械産業の経営環境となっているわけである．

北海道内の農業機械産業は，北海道特有の農作業，地域に

表6-4 生産量全国一の北海道農作物

農作物	生産量(万t)	全国に占める生産量割(%)	作付面積(万ha)
米	68.3	7.5	11.9
小麦	54.0	61.6	11.6
大豆	5.2	23.1	2.1
小豆	7.0	88.2	2.8
いんげん	2.5	95.7	1.0
馬鈴しょ	215.1	79.3	5.6
てん菜	420.1	100.0	6.8
たまねぎ	58.7	54.2	1.1
にんじん	17.8	29.2	0.5
かぼちゃ	10.9	46.3	0.8
スイートコーン	10.4	41.6	0.9
だいこん	18.2	13.2	0.4

出所）農林水産省『作物統計』

第 6 章　日農機製工　129

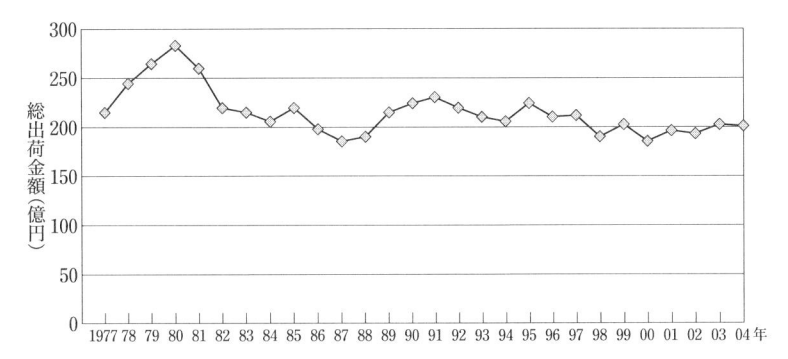

図 6-1　北海道農業機械工業会会員の生産出荷実績の年次推移
出所)「北海道農業機械工業会正会員の生産・出荷実績」各年

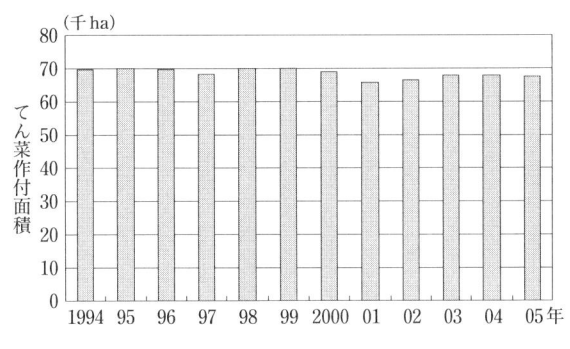

図 6-2　北海道内てん菜作付面積の推移
出所)　北海道『農業基本調査』

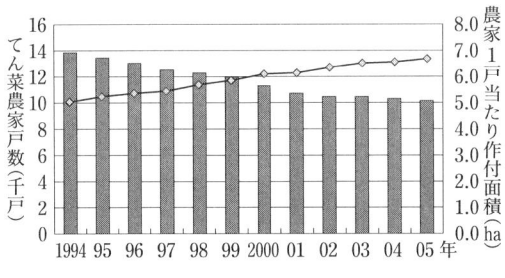

図 6-3　北海道内てん菜農家戸数・1戸当たり作付面積推移
出所)　農林水産省『耕地面積調査』『農業センサス』, 北海道『農業基本調査』

よる土壌の違いに対応しながら，農用作業機を中心に開発，生産，販売，そしてメンテナンスまでをも担って発展してきた。しかしながら，北海道農業機械工業会会員33社の出荷実績を見ると，出荷額のピークは早くも1980年(283億円)に訪れて，その後は漸減に向かった。近年は約200億円前後で安定化し，更新需要期にある(図6-1)。需要の減少に伴って，農業機械製造業の企業数，従事する従業者数も減少してきている。

　上表に見たように，日農機製工の主力製品ビートハーベスターの対象作物であるてん菜は100％北海道で収穫される作物であり，市場も北海道に限られている。農家戸数の減少による作付面積の大規模化の傾向はてん菜農家でも同様で，1994年に1万3887戸あったてん菜農家戸数は年々減少し2005年では1万120戸までになった一方，作付面積は近年約6万8000 haで推移していることから，大規模化の進行が顕著である(図6-2および6-3参照)。この動きのなかでてん菜関連の機械を扱う企業の側の変化として，例えば日農機製工の主要製品のひとつであるビートハーベスターは，1983年当時，道内で12社が生産・販売を行っていたが，他企業との統合，ビートハーベスターからの撤退などが進み，現在は4社のみとなっている。

2.　売れる製品開発の深耕

ニチノーグループの形成

　日農機製工は，1947年創業以来現会長安久津義人氏が中心となって，自社ブランド，自社設計の完成品メーカーとして，畑作用農業機械の開発・改良を推進してきた。先に見たように，北海道農業は農家1戸当たりの耕地面積が大規模化し，農業就業者の高齢化が進む一方，農業機械の新規需要が見込めない市場環境にあり，農業機械メーカーとして日農機製工では，競合他メーカーとの製品の差別化を実現し，更新需要を取り込むことが不可欠であった。そこで1969年，販売会社日農機㈱を設立し営業機能を分離，日農機製工では製品の設計開発・生産に集中できる体制をつくった。また，帯広市に本社を置く田端農機，十勝管内芽室町に本社を置く十勝農機，十勝管内音更町に本社を置くハト農機の農業機械メーカー3社も加えてニチノーグループを形成し，それぞれ

の企業が得意な農業機械を開発・生産することによってグループとして品揃えし、さらに多品種少量生産になりやすい農業機械産業のなかで量産化によるメリットを追求している。ニチノーグループ生産各企業の主要製品は、日農機製工がカルチベーター、ビートハーベスターを、田端農機がプランター、ドリル(播種機械)、施肥機(施肥機械)を、十勝農機がポテトプランター(播種機械)、ビートタッパー(収穫機)を、ハト農機はマルチャー(管理用機械)を、それぞれ専門メーカーとして生産し、ニチノーグループとして、施肥(肥料を施す)、播種(種をまく)、除草、管理、収穫と畑作業に関連する一連の作業機械の生産が分業され、品揃えが行われている。さらに十勝管内音更町に本社を置く日農運輸が製品契約後の製品の物流を担当している(図6-4参照)。

　ニチノーグループの営業機能を担う日農機は、本社・十勝支店(音更町)を始めとして美幌営業所(美幌町)、小清水営業所(小清水町)、美瑛営業所(美瑛町)、三川営業所(由仁町)、倶知安営業所(倶知安町)の北海道内6支店・営業所を有し、支店・営業所でニチノーグループの農業機械展の開催、ユーザーである農家のニーズを調査し日農機製工を始めとするニチノーグループ生産企業に情報提供する機能、納品後の製品のアフターフォローも担当するなどグループの中心的役割を担っている。

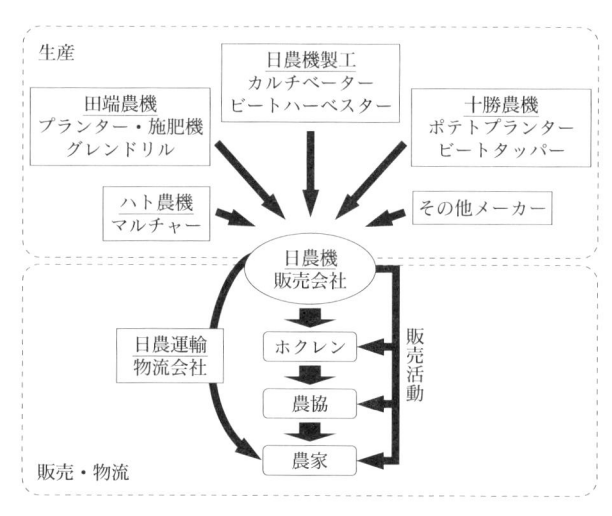

図6-4　ニチノーグループの形態

製品設計の充実と製品開発

　販売会社日農機を設立して営業機能を分離し，日農機製工の方は製品の設計開発と改良に主力を注ぐという，この体制の構築は安久津義人社長（現会長）の指揮によるものであったが，1981年，現社長の安久津昌義氏の入社を契機に「売れる製品開発」が加速することになる。

　農業の難しさは土地によって違う自然条件に応じて作業方法が違うことである。したがって，農業用機械の開発には，機械工学的な知識ばかりでなく，作物，農法，土壌など，農業に関する広範囲な知識が必要となる。安久津昌義氏は，北海道大学工学部で機械工学を専攻した後，農学部で研修生として農業工学を学び，さらに北海道立十勝農業試験場で研究生として農業と農業機械の基礎を学んで日農機製工に入社している。つまり青年期に，北海道という地域の農用作業機の作り手に真に求められる資質を，意識的な準備と修行によって身につけたうえで，経営陣に加わったのである。これは，子が親の事業を継ぐ同族企業の経営が持つ優位の，最も積極的な側面だといってよいであろう。昌義氏の入社直後から，製品開発を担当する技術部設計開発には，技術，情報を持った適切な人材が配置されて昌義氏自らがこれを直轄管理し，特にクレーム対策上の原因分析を徹底して行い，社内技術データとして蓄積し，それをもとに設計変更を繰り返す高い質の体制が追求されることになった。

　製品の改良と開発への体制づくりには，農家のニーズを的確かつきめ細かに把握してそれを製品に生かすために，販売会社日農機の営業担当者との連携が重視された。日農機の営業社員は，毎日農家に出向き，ユーザーの声を直接聞き，自分の目で農業機械の調子を確かめる。農家での情報は，年間600件以上にも及ぶ「製品改良提案書」に記載されて，メーカーである日農機製工の開発担当者に集められるのである。また販売会社日農機には，農家というユーザーの意見やニーズばかりでなく，それを上回る商品情報も各所から集められて，それらから選択された製品開発や改良につながる情報が，日農機製工始めニチノーグループ企業に提案される仕組みになっている。「農家が農機具を選定する場合，使いやすさ，または収穫をアップさせるかが最も求められ，メーカーの好き嫌いや価格が選定理由になることは少ない」（昌義社長）ことから，日農機でのきめ細かなニーズ調査と情報収集が日農機製工の製品差別化を実現する

ための礎となっているのである。

　日農機製工は今日まで，実用新案，商標登録を含め工業所有権約60件を取得しているが，それらの多くは上のようなニーズ情報を収集する日常的な取組みと高い技術開発力との一体化から実現されたものである。そのことが単なる製品の改良・開発という次元を越えて，ユーザーからの絶大な信用のもとにもなっていると考えられる。

　日農機製工の高い製品開発能力を探るために，現在の主力製品であるビートハーベスターとカルチベーターの製品開発および改良経緯を見ていくことにする。

　ビートハーベスター日農機製工オリジナル製品の第1号〈410TURBO〉は，てん菜栽培農業経営の大規模化に対応する収穫作業スピードの高速化，および過酷な条件での収穫作業に耐える機体の強度，この二つの開発コンセプトを持って開発された。〈410TURBO〉は，従来のビートハーベスターの2倍の最高作業速度15 km/hを実現，石れき地帯を想定した過酷な実験にも耐え抜き，故障知らずの頑丈なボディに仕上がった。1983年(販売台数30台)発売以来，てん菜栽培農家より高い評価を受けて，シェアを拡大した。しかし，〈410TURBO〉は，コーナーでの小回りや旋回時の安定性に問題が残っていた。そこでセンサー機構によるタイヤの自動制御システムASCS(Automatic Steering Control System)を開発，このASCSを搭載した〈410TURBOくるピタくん〉を1986年に発売した。ASCSは，旋回時にトラクターとハーベスターとの牽引角度を感知して自動的に後部車輪の角度を変えることができ，小回りが利き，高速旋回時の走行安定性を高めるようにできており，土手の際などに生じる掘残しなどを解決した。しかし，〈410TURBOくるピタくん〉に満足せず，さらに開発を進めた。〈410TURBOくるピタくん〉までの旧モデルは，トラクターのオペレーターが畦に合わせてトラクターを微調整する必要があった。そこで，トラクターの運転技術に関係なく，誰でも高精度，高速で収穫できるよう，自動列追随装置センサーが畦の中央を感知し，掘取り部を自動調整する機構を開発，2002年この機構を搭載した新モデル〈510TURBOピタROWくん〉を発売した(ROWは，英語で列，畦の意味)。〈510TURBOピタROWくん〉の発売によって，トラクターの運転ができれば，誰でも収穫作業が可能となったば

図 6-5　ビートハーベスター
〈510TURBO
ピタ ROW くん〉

かりでなく，最高収穫速度 19 km/h という高速化も実現し，日農機製工のビートハーベスターのシェアは 70%に達した。

　次にカルチベーターは，除草の方法には手作業，農薬，機械の 3 方法があるが，安心・安全な農作物の育成問題や人手不足の問題があり，機械除草が注目を浴びるだろうという思いで 1986 年から開発に着手，除草装置の先端部についた針金状のもので畑の表土をかき起こし，作物をいためずに，まだ根が弱々しい発芽前の雑草だけを掘り起こす技術を開発し，1992 年に特許出願と同時に商品名〈草刈るチ〉として販売を開始した。この〈草刈るチ〉は，中耕作業と一緒に株間輪の絶妙な動きで株間除草を可能にし，手作業除草が 1 日 15 a 程度の作業スピードであるのに対し 250 a と，大幅な作業時間の短縮を可能にし，かつ（いわゆる「出面(でめん)」の）女性労働に依存し，炎天下の過酷な農作業であった

図 6-6　カルチベーター〈草刈るチ〉

表6-5　研究開発の成果に関する主な受賞歴

1987年5月	ビートハーベスター〈410TURBO くるピタくん〉　北海道知事賞受賞
1995年4月	多機能中耕除草機〈草刈るチ〉　たくぎんフロンティア奨励賞受賞
1996年3月	中小企業診断制度優良企業　中小企業庁長官賞受賞
1999年10月	多機能中耕除草機〈みらくる草刈るチ〉　科学技術庁長官発明奨励賞受賞
2001年4月	経済産業省特許庁工業所有権制度活用優良企業表彰特許庁長官賞受賞
2002年11月	多機能中耕除草機〈草刈るチ〉 農林省などが主催する民間部門農林水産研究開発功績者表彰 生物系特定産業技術研究推進機構理事長賞受賞
2003年5月	ビートハーベスター〈510TURBO ピタROWくん〉　北海道知事賞受賞
2004年11月	ビートハーベスター〈ピタROWくん〉　北海道地方発明表彰北海道知事賞受賞

　手作業除草の労力を劇的に軽減することができた。これはビートにとどまらずジャガイモ，豆類などの農産物に応用可能で小型農用作業機としては比較的市場が広く，量産が期待できる製品であった。〈草刈るチ〉の発売当初は，年間販売台数を300台程度に抑え，農家に対する利用法などの指導の徹底と，出荷製品の作業時の安全性の検証を行いながら，さらなる改良に努めた。そしてその後，日農機製工では，〈草刈るチ〉の除草能力をパワーアップさせるため，電気も油圧も使用せずに，畦を追従しながら除草作業ができる自動畦追従型強力除草アタッチメントを開発，商品名〈m・AROTリーナ(mechanical Automatic Row Tracer)〉として2005年に発売，曲がった畦に追従し，傾斜地でも横流れしない除草をも可能とするに至った。

　日農機製工は，こうした製品開発の成果に対して数々の評価を受けている（表6-5参照）。なかでも，2001年4月に受賞した「経済産業省特許庁工業所有権制度活用優良企業表彰特許庁長官賞」は，農業開発の成果を工業所有権取得につなげ，売上げに反映させるとともに，地元の農業発展に寄与したことが認められたものである。また，2002年11月〈草刈るチ〉開発に対する「生物系特定産業技術研究推進機構理事長賞」は，株間除草機能を中心とする畑作物用の機械除草技術を開発・完成し，①大規模畑作地における除草作業の労働を大幅に軽減し，軽労化・省力化に貢献，②除草剤の使用を最小限に抑え安心・安全な農作物を求める消費者の要望に応え，環境調和型，持続的農業技術の発展に貢献したことが高く評価されたものであり，北海道内の農業機械製造業と

して初の受賞となった。この二つは、ビートハーベスター、カルチベーターの製品開発に際して立てた目的にまさに合致する評価を受けて受賞したという点でも、特筆に価する。

3. ものづくりの体質改善

生産工程管理システムの構築

　自社ブランド自社設計の完成品メーカーである日農機製工の製品の特徴は、使用部品点数1500種類/台（7400点/台），加工部品の種類1800種類/年と使用部品点数，加工部品の種類がきわめて多いことである。そのため使用する治工具類の種類も多く，プレス金型類480種類，機械加工治具290種類，溶接治具520種類の合計1290種類にも及ぶ。さらに，日農機製工の生産形態は4月から6月に出荷されるカルチベーター，9月から10月に出荷のピークがあるビートハーベスターの主力製品がそれぞれ年1度の販売時期を納期に，販売予測を計画して100％繰返し見込生産である。したがって売上げの季節変動は大きいが，生産は平準化されている。

　1991年にスタートしたものづくりの体質改善活動の発端は，1800種類の部品を加工，組み立てるために必要となる多くの工具類を熟練労働者だけでなく，新入社員も簡単に使えるようにすることだった。工程ごとの作業標準化，もの探しのゼロ化，定型業務の標準化・年間スケジュール化などを目的に，生産管理のデータベース化を基礎とする約4000工程のパソコン管理システムの構築を実施，これによって，前述の1290種類の治工具類のデータベースが構築された。しかし，この工程のパソコン管理システムを生産現場で効率よく運用させるには，原材料，機械設備，治工具・金型類などの置き場の定位置化を図り，誰でも簡単に使えるようにする必要があった。工場床面積は約2200 m^2，工場周辺に機械加工企業の集積がないことから工作機械が多く，またこれも地理的問題でロット買いされている原材料が所狭しと置かれていた。倉庫床面積は約400 m^2，見込み生産される部品の在庫が置かれていた。原材料，機械設備，治工具・金型類などの置き場の定位置化を図ろうにもスペース確保の問題が生じた。そこで目をつけたのが，3万9000 m^{2}の敷地面積である。足寄町は寒冷地

ゆえ冬期間の気温は厳しく下がるが，雪が少ないことに目をつけた，屋外の利用である。季節的に使用する工作機械のうち，運搬可能な約15台の工場外保管の仕組みづくり，年に一度使用する治工具・金型類約270個の工場内外保管の仕組みづくり，パイプ関係96種類，鉄板関係100種類などの大型原材料の工場外保管の仕組みづくりなど，敷地内屋外の利用を確立した。

5S活動の実施

　生産工程管理システム構築の最終目的である「千数百種類以上の部品を加工，組立てるために必要となる多くの工具類を熟練労働者だけでなく，新入社員も簡単に使えるようにする」ためには，仕事の仕組みやコンピュータのシステム開発ばかりではなく，熟練労働者から新入社員に至るまで，意識の変革を必要とした。「物の在りかを知っている社員は貴重な社員であり，熟練作業員にしかわからない」という今までの常識を変えなければならなかった。

　この従業員の意識の変革をするために実施したのが5S活動であった。5Sとは，日本語の整理，整頓，清掃，清潔，躾をローマ字で表示したときの頭文字"S"をとって5つの"S"から5Sと名づけられている職場環境改善または職場のムダをなくす活動である。日農機製工では，5Sを次のような内容の課題として設定している。

　　整理：層別管理と不用品除去
　　整頓：機能的保管と「探す」の排除
　　清掃：発生源対策と清掃点検
　　清潔：目で見る管理と5S標準化
　　躾　：全員で決めたルールや基準を自然と守る，規律ある職場作り

　日農機製工の全社的5S活動は，1994年「きれいで清潔な工場づくり」を目指し，床・壁の塗装からスタートした。5S活動を行う前は，油でどろどろであったり汚れていた床や壁を社員自らの手で塗装するなど，96年の完成までリニューアルを実施したものであるが，この床・壁の塗装は「工場内が劇的に明るくなり，5S活動のスタートとして刺激になった」(安久津昌義社長)。

　日農機製工の全社的5S活動は，94年の開始に際して，以下7項目をその骨組みとしている。

① 全員参加を前提とした組編成と分担区域の設定

　5S活動チームとして5つの組を編成(1997年からは6組)，組別に工場および敷地内の5S活動分担区域を設定している。

② 5Sタイムの設定

　年間行事として合計56時間の5Sタイムを，また毎日5分間の5Sタイムを，それぞれ所定労働時間内に設定し，推進する。

③ 明確な評価の基準づくりと目標値の設定

　評価の基準を明確にするために達成度チェックリストを整備し，年2回の評価を行う。合格基準については，組別の作業環境などの差異による達成度の難易度を加味した修正値を目標値として設定する。

④ 微欠陥を発見したときのエフ(札)付けと，修正を終えたあとのエフ(札)取りの仕組みづくり

　毎日の5分間5Sタイム時の清掃などによって発見された工作機械などの微欠陥は，「微欠陥エフ」に内容を記入し，問題個所に対して目に見えるかたちで貼りつける。「微欠陥エフ」に記入された問題点は，改善されるまでその問題個所に貼りつけられるため，現場の管理者が微欠陥に対して目で見る管理が可能となる。

⑤ 改善記録シートによる成果の記録方法の統一

　改善記録シートには，改善前の状況およびその問題点と改善後の状況およびその効果が上下で対比できるようになっている(図6-7参照)。

⑥ 定点撮影チャートによる問題個所の抽出と，その改善および記録(1998年度より)

　各組で現場の5S的問題個所を撮影し，「定点撮影問題点チャート」に改善前の状態を貼りつける。各組は，「定点撮影問題点チャート」に貼りつけられた5S的問題点から，改善個所をピックアップし，「定点撮影チャート」に貼りつけることで，改善の宣言を行う。各組は，「定点撮影チャート」に個別改善の経過を記録する。

⑦ 発表会と表彰の実施

　年1回，全社員参加で5S発表会を開催し，組ごとの発表を行い，役員の審査により評価，各賞賞金の授与を行う。

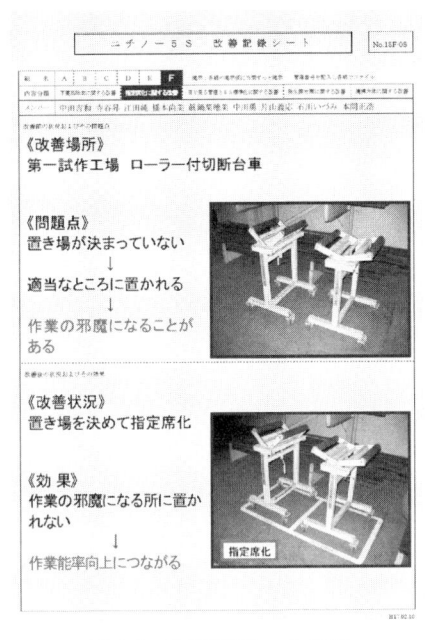

図 6-7 改善記録シートの例

　日農機製工の5S活動は，1994年のスタートから十余年が経過し，日常の生産活動のなかで確実に定着し，活動スタート以前とは見違えるようになっている。例えば，以前の工場内は使われていない機械までもが置かれて余剰スペースがなかったが，現在工場内はゆったりときれいに片づいており，工場内の機械はいつでもすぐに使用できるようメンテナンスされている。また，金型・治具類は，工場外の倉庫に整理整頓され保管されて取り出すときにどこに何があるかわかるようになっており，新入社員でもすぐに取り出せる。さらに以前工場内に所狭しと置かれていた資材は，工場外の倉庫に入れられ，出し入れはフォークリフトで行い，一度もフォークリフトから降りずに資材の運搬ができるように工夫されている。

　日農機製工の5S活動は確実に全社員の意識を変えた。「当社の5S活動が確実に推進され，成功した要因は，第1に5Sの理論を自社流にアレンジしたこと，第2に会社内のある職場をモデルケースとして改善レベルを明確にしたこと」(安久津昌義社長)と分析しているが，経営者自らが先頭に立ち，大きく活動に関わってきたことがその最大の成功要因といえる。

人に優しい職場づくり

　5S活動と同時進行的に工場内の労働安全衛生対策にも力を入れている。作業中に体や手が入ると瞬時に停止するように機械の安全装置の完備，溶接の防塵マスクはルーパーの中が常にきれいな空気に満たされるグレードの高いものを使用，寒さのなかでも快適に仕事ができるように輻射式暖房設備の採用などを始めとして作業環境の改善例は多い。とくに，輻射式暖房設備については，

作業スペースを広く取るために天井に設置でき，かつ熱効率がよいドイツ製遠赤外線暖房機を選定，それまで灯油ヒーターや足元を暖める電気マットなど，いろいろなものを使っていたが，暖房効率は充分でなかった作業環境は格段によくなった。また鉄の組立て部品を暖める効果もあり，冷えている状態で生じる塗装むらやはがれなどの塗装品質問題や扱いやすさも改善された。労働安全衛生に関する活動は，1月と8月の年2回，労働安全衛生月間を定め，「安全を無視して企業の発展はない」という意識で，職場ごとに安全についての勉強や改善の取組みが実施されている。

　また，2002年に手狭となっていた本社社屋を敷地内に新築した際には，作業者の働きやすさを追求した環境づくりに力を入れている。この新社屋建設は，工場見学に来社する年間約600人のユーザーや取引先などの工場見学者を接客するため同社製品の実演シーンを視聴できるようプロジェクター，電動スクリーンを設置した会議室などのスペースを確保すること，業務効率の向上を図るために事務所と設計室をワンフロアーに配置すること，そして社員のための福利厚生施設を充実することをねらいに行われた。一番日当たりがよい位置に配置され社員全員が一度に食事が可能な食堂，全自動洗濯機や乾燥機が完備されたランドリールーム，清潔なタオルが常備されている洗面所など，社員が快適に仕事に取り組めるよう配慮されている。その他，照明設備を自動点滅照明にするなど省エネ対策も講じられている。このような社内の取組みの成果として，2004年7月，「地域で安全衛生の水準が高く，他の模範になる」と評価され，北海道労働局長表彰，労働安全衛生優良賞を受賞している。

4. 確かな品質保証を実現するための「人づくり」

社内資格制度

　日農機製工は，社員の多能工化や安全作業を推し進めるために1992年より社内資格制度を実施している。当初は，品質を確保するためには重要度の高いアーク溶接作業の社内資格制度から導入，現在はアーク溶接6段階(下向，立向，斜め横向，横向，斜め上向，上向)，ガス切断，トラッククレーン，フォークリフト，パソコンワード(初級，中級)，ビジネス実務(初級，中級)，

表6-6 社内資格制度 合格者数と合格率(1992～2006年度累計)

資格名	開始年度	挑戦者数	合格者数	合格率
アーク溶接　下向	1992年度	83	46	55
アーク溶接　立向	1993	93	27	29
ガス切断	1994	63	43	68
トラッククレーン	〃	65	34	52
フォークリフト	1995	92	45	49
パソコンワード　初級	1996	77	44	57
ビジネス実務　初級	〃	98	42	43
パソコンワード　中級	1997	75	39	52
ビジネス実務　中級	〃	89	28	31
秘書技能　初級	〃	82	32	39
秘書技能　中級	〃	52	23	44
アーク溶接　斜め横向	1998	53	33	62
アーク溶接　横向	1999	43	18	42
アーク溶接　斜め上向	2000	44	15	34
アーク溶接　上向	2002	26	6	23
合　計		1,035	475	46

秘書技能(初級，中級)の15種類の資格を用意している。各資格の合格基準は，公的資格の合格基準などを参考にし，それに日農機製工独自の内容を加えて全ての資格の合格基準が作られており，挑戦者は各資格の合格基準到達を目標に訓練することになる。合格基準の難易度は，2006年度までの各資格の累計合格率，最高がガス切断の68％，最低がアーク溶接上向の23％に見られるように，むしろ公的資格基準より厳しい基準となっていることがわかる(表6-6参照)。そのため資格挑戦者は，十分な準備を必要とし，就業時間中に設定されている訓練時間(2～14時間設定)や，就業時間外，休日などを利用して訓練している。また，事前訓練のためにアーク溶接，ガス切断の訓練ができる技能訓練室が用意され，いつでも開放しているし，トラッククレーン，フォークリフト，パソコンもいつでも自由に使える。社員数約50名の企業で，社内資格制度挑戦者が15年間の累計とはいえ1035名というデータからも，この資格制度に対する社員の意識の高さが察せられる。新社屋2階の会議室には，合格者延べ475名の写真入りの合格証が掲示されている。

業務の標準化と目標管理

 1998年，それまで加工技術を持った一部のベテラン社員が中心となり，個別の要望に対して行ってきた製品納入後のアフターサービスを，工場要員全体による組織立ったアフターサービス体制として確立し，実施している。このアフターサービスでは，製品の納品先である農家の農作業現場で，使用年数，使用条件などが異なる自社製品に対して点検・修理作業を行うため，あらゆる製品機構知識，加工技術を必要とし，社内資格制度としての，アーク溶接，ガス切断，トラッククレーンの各技術が活かされた。また，製品や機種，作業者による加工・組立て方法の違いがあっては，アフターサービスとしての品質が保証できないことから，製品機構，加工・組立て方法，修理方法など，関連する全ての事項について徹底した標準化を推進した。さらにこの標準化は，日常のあらゆる定型業務に対して水平展開された。日常の各定型業務の目的と具体的プロセスを明確にし，人による判断の違いやミスをなくすようにしている。問題が生じた場合には，その業務の標準化が充分でないためとして見直しを行っている。

 こうして，日農機製工の標準化が深められたが，一方で計画性，創造性を持つ人づくりの必要性が生じた。そこで，2002年「仕事のやり方の変更」(安久津昌義社長)を図っている。それまで，生産設備の更新や導入計画，工場改修計画など，大きな資金を必要とする計画案件については役員で計画し実施の指示を出していた。日農機製工では標準化されている日常業務とは違い，このような調査・検討などを必要とする業務を「考える仕事」または「非定型業務」と呼んでいるが，この「非定型業務」を関連する職場に委譲し，調査・計画能力，目標管理能力を高めようとするものである。社内で必要となった案件のテーマ・目的を明確にして関連職場に調査・計画書作成の指示をし，作成された計画書を役員会で説明・承認し，実施に移るプロセスである。2002年以降日農機製工で実施された生産設備更新・新規導入，工場改修，その他の改善活動などは，全て関連職場による計画によるものである。日農機製工では，「経営者が動機付けと筋道を掲示すれば，あとは自然に社員が身に着けていく。そして社員一人一人の意識を変えていけば，強い体質になっていく」(安久津昌義社長)という理念で人づくりが行われている。

5. 今後の課題と戦略

　日農機製工は，生産・販売の季節変動が大きく，多品種少量生産を強いられる農業機械業界にあって，安定的な成長を成し遂げてきた。その過程には，ニーズを把握する仕組みづくりと「売れる製品開発の深耕」，生産基盤を強化するための「ものづくりの体質改善」，確かな品質保証を実現するための「人づくり」など，日農機製工が必要とした社内改善活動を，日農機製工としてアレンジして，一つ一つ実施し，社内に定着させた努力があった。農業機械が更新需要期に入り，市場の拡大が望めない外部環境にあって，主力製品のビートハーベスターが70％以上，カルチベーターが80％以上のそれぞれシェアを持っている日農機製工としては，今後大変難しい選択を迫られることになる。

　同社が創業以来推進してきた製品の差別化を一層進めるためには，「お客様が望んでいることは何か，どう見つけるか，さぐるかが課題」であり，その具体的方法として「直接営業マンの情報をどう集めるかを考え，しくみ化する」（いずれも安久津昌義社長）ことなど，社内ですでに検討されている。

　北海道の大規模農業を支えてきた農業機械メーカー日農機製工は，「今後も道内農業を機軸として，拡大より安定」（安久津昌義社長）を目指す新たな段階を迎えている。

　　　　　　　　　　　　　　　　　　　　　　　　　　　　　　　　［本田康夫］

第 7 章

ソメスサドル

革を極めたもの造り

著名なブランドを確立する北海道企業は少ないと言われるものの，今日では全国に知られる企業が登場してきている。ソメスサドル㈱も本来の馬具製品だけでなく皮革製品のカバンやバッグの分野で，今，全国的な知名度を獲得しつつある企業である。カバンやバッグという洋品雑貨製品は機能性を追求するだけではなく，ファッション製品としての顔をもち，女性用を中心に海外の著名なラグジュアリー・ブランド製品が闊歩する世界でもある。

　そのなかにあって，かつて消滅する石炭地域の期待を担って馬具製品製造で創業した同社は，正社員76名という規模ではあるが，わが国を代表するバッグメーカーに飛翔しようとしている。そこには，社会や経済環境に翻弄されながらも，新しい経営に果敢に挑戦してきた企業の姿がある。その経営は，今日，経済のグローバル化のなかで，新しい経営を求められているわが国製造業の活路の一つを示すものである。

1. 馬具メーカーからの変遷

　ソメスサドルはわが国で唯一の馬具製品メーカーという特異な存在である。そして，鞍やアブミなどの乗馬製品の革加工技術を活かして，1975年以降カバンやバッグ，ステーショナリーなどの分野に進出し，著名なデパートや文具店の店頭を飾るようになってきている。輸出向けの馬具メーカーが円高のなかで海外市場を失い，国内馬具市場を開拓して経営危機を乗り切り，今日では洋品雑貨市場で新しいブランドを確立しようとしている。

産炭地の地域再興のための創業

　戦後の北海道産業は石炭を中心に繁栄した。当時，エネルギーの中心は石炭であり，わが国の戦後復興は石炭産業の隆盛なしには不可能であった。このとき，北海道は九州と並んでわが国の石炭の供給地であり，まさに当時のリーディング産業が北海道に存在したのである。このため，北海道の所得は全国の上位に位置し，北海道経済は輝いていた。しかし，石炭産業の繁栄も束の間，石油の時代がやってくると，基幹産業として国策的に振興されてきた石炭産業はきわめて短期間に消滅していく。

北海道歌志内市はそうした石炭産業の盛衰に翻弄された町である。1963年に地域経済を支えてきた北炭神威鉱が閉山され，人口約5万人の石炭に支えられた町は石炭なき後のまちづくりを迫られる。産炭地振興条例によって，64年そこに登場したのがソメスサドルの前身となるオリエントレザー㈱である。北海道の開拓を支えてきた種々の馬具造りの技術を活かし，海外に馬具を輸出する企業として，歌志内市神威に資本金1000万円で設立された。炭鉱離職者の雇用の場の確保を目的に，歌志内市も出資する第3セクターの企業として創業したのである。

　海外から馬具のサンプルを取り寄せて，海外製品の見様見真似で乗馬用の馬具を生産する。このとき，北海道の馬具技術では競走用やレジャー用(乗馬)製品は単純には生産できなかった。農耕作業用とでは，それらの機能や製品がまったく異なったからである。しかし，ていねいな製品造りによる品質と価格の安さで海外市場を次第に獲得していく。競技用やレジャー用の馬具をアメリカやカナダ，ニュージーランドなどに販売する。そして，歌志内本社工場のほかに第2工場，芦別，上砂川にも工場を設けるなど，「輸出貢献企業」になっていく。

　戦後の荒廃のなかで立ち上がったわが国産業，とくに軽工業は需要の見込まれる輸出に活路を見出して発展するが，ここにもその姿を見ることができる。ただ，一般には産地ぐるみ，業界ぐるみで多数の企業が一体となって海外市場を開拓したのに対し，同社は流通面を商社に依存したとはいえ単独でそれを行っている。その果敢なチャレンジ精神は高く評価される。

輸出企業からの転換

　しかし，経営が軌道に乗って創業10年を迎えようとする時期，その経営を根底から覆す環境変化が起きていた。円高である。固定相場であった360円の為替レートは，わが国経済の発展や一方でアメリカ経済の不振のなかで，変動相場制に移行し，円高を招くようになる。1972年には為替レートが1ドル300円になり，73年には265円に，そして79年には固定相場制時代の2倍である176円と短期間に高騰していく。

　わが国企業の輸出価格はドル建て決済であるため，円高になると円での売上

額は低下してしまう。反対に，そのまま円ベースで価格を改定すれば，輸出価格が高騰して輸出が困難になる。コスト削減努力で輸出価格を抑えようにも，コスト削減の努力を超えた水準に為替レートが高騰してしまう。また，輸出の場合には長期で契約を結んでいるため，製品を出荷しても売上額の減少によって赤字になってしまう。軌道に乗っていたオリエントレザー社の経営は，その後不振をきわめることになる。

　当時の日本製品は「安かろう悪かろう」を打破して，「安くて品質のよい製品」で海外市場を開拓していたが，その低価格の実現には，低賃金や生産性だけでなく，為替レートも大きな力になっていたのである。今日の中国製品の状況と同じである。この時期，わが国の多くの輸出製品が急騰する為替レートによって壊滅的打撃を受けるが，オリエントレザー社も例外ではなかった。それどころか，ようやく経営が軌道に乗ってきた企業にとって，また輸出専門の経営にとってその打撃はきわめて深刻であったといえる。

　ただ，同社はこのような経済環境に手をこまねいていたわけではない。すでに71年には国内市場の開拓を目指し，国内販売を担う販売会社オリエント商事有限会社を設立している。このとき，現社長染谷純一は販売会社の社長の任についた父親から命じられて，建築設備メーカー勤務から転じて営業担当として入社している。

　そして懸命の営業努力が始まる。競走馬の生産が北海道日高地域に集中しているため，競走馬関連との接触をもつこともできた。それを活かして千葉県船橋市の中山競馬場という，わが国競馬場を代表する地に出張所を設けて営業活動を展開する。

　ただ，当時は競走馬業界と密接な関連をもつ日本馬具という企業がすでに存在したため，鞍は生産せず，その他の馬具製品を販売して経営を維持する状況が続く。供給者とユーザーとが密接な関連をもつ市場で，既存企業との軋轢を避けて営業したのである。75年にはその日本馬具が廃業したため競走用の鞍にも参入して，事実上国内唯一の馬具メーカーになる。国内の競馬場関連約15社の馬具販売店経由で販売し，競走馬用馬具市場で評価を高めていく。

　77年には東京乃木坂に東京出張所を開設，さらに82年には浅草橋に移転して東京営業所を開設し，馬具のほかバッグ，ポシェット，ベルト，サイフ，ナ

イフ，警察官用の拳銃ケース，自衛隊のスキー道具とあらゆる製品を手がける。

企業再建

しかし，この間輸出不振のなかでオリエントレザーの経営は次第に悪化していく。1974年には芦別工場，歌志内第2工場，上砂川工場の閉鎖に追い込まれている。そして3億円の債務超過を抱える状況のなかで抜本的な経営の再建に迫られる。そこで，76年に歌志内市議会議長でもあった染谷の父が，㈱メイクラフトオリエント社を設立して事業を継承して再建にあたることになる。しかし，就任3カ月で病に倒れたため，専務であった現社長の染谷が実質的な再建の舵取りを行うことになる。

着手したのは事業規模の縮小である。オリエントレザー社での150人ほどの従業員は，引き受け時にはすでに80人ほどに縮小していたが，さらに人員は大きく減少して25人程度の規模にまでなる。債務超過のなかで，退職金をどうにか払えたような状況であったため，給与の引き下げを続けざるをえなくなり，結果的に多くの従業員が去って行った。

そして再建にあたった染谷は，過去の経営や従業員の意識を全て否定することから新しい経営を始めている。過去を否定しなければ，未来が存在しない状況であり，何よりも従業員の意識改革がなければ再建は困難であったのである。ただ，小さな企業であっても萎縮せずに，夢を持つことのできる企業を創造することを社員に誓って再出発を図る。

そして，企画から製造，販売までを自社で行う企業になることに向けての努力が始まる。かつて，材料の輸入から輸出販売業務までを大阪の商社に依存していた。そのため，自由な販売業務を行えず，市場の変化にも対応が遅れたのである。しかし，それはオリエントレザー社だけに限定されることではなく，輸出業務を専門商社に依存するのは中小企業にとって一般的である。国内販売でも専門問屋を通じて小売店に販売することは，雑貨製品の場合一般的な販売体制である。しかし，染谷は企画や販売も自社で行う経営を志向する。

国内市場向けに事業を転換したものの，競走馬用の馬具製品だけで経営を維持することはできなかった。その市場は小さいのである。そのため，警察官用，自衛隊用，電工ベルトなど革を使用する市場，そして宮内庁や乗馬倶楽部など

の馬具とあらゆる皮革製品の受注を求めていく。それぞれが小さな市場であるために，あらゆる分野に手を広げなければ売上げを獲得できない。また，馬具製品に関連して，バッグなど馬に乗る人の関連製品を造ることで取扱製品を広げていく。それが今日のカバンなど洋品雑貨分野の参入にも広がっていく要因となっている。

社名の変更から新しい経営へ

　1977年には東京新宿の小田急ハルクに乗馬コーナーを開設して，東京における有力な販売拠点にする。当時，一気に売場を増床してテナントを探していた小田急ハルクには，高級家具のカンディハウス社や匠工芸社など，東京での販売拠点を求めた道内企業にも機会が与えられ，これら企業のその後の飛躍に大きな力を与えたことになる。その後，81年には池袋西武デパートに乗馬コーナーを，91年には銀座松坂屋にカバンやバッグを含めたソメス・コーナーを開設するなど，革製品企業としての地歩を固めていく。

　このように，少しずつ売上げを拡大する営業努力も次第に実を結ぶようになる。そして，85年にはメイクラフトオリエントの社名を，ソメスサドル(Somès Saddle)株式会社に変更した。その社名のsomèsには染谷の姓と，フランス語sommetの頂点という意味を持たせている。この社名には，北海道の小さな町の企業では終わらないという気概が込められていると言えよう。この社名変更は，会社再建が軌道に乗り，新しい経営に向けて舵を切ったことを示すと見ることができる。

　さらに，1995年には今日の事実上の本社所在地(登記上の本社は歌志内市)であり，ショールームも備えた工場である砂川ファクトリーを開設している。この建物はヨーロッパ風で，北海道赤レンガ建築奨励賞も受賞した瀟洒な，工場らしくないもの造りの拠点である。当時は売上高6億円，従業員50名弱という規模ではあったが，企業経営が緒についたことになる。社名変更から10年を経て経営再建が一段落し，新しい社屋を拠点に攻めの経営に転じるようになったと見ることができる。その後，97年には資本金を2500万円に増資し，2006年にはさらに2500万円増資して，今日では資本金6750万円，2008年3月期の売上高13億5000万円の企業になる。

この間，2001年には『日経ビジネス』の掲載記事「小さなトップ企業」が目に留まり，大阪三越のリニューアル時に売場開設を行っている。また，2003年には新宿伊勢丹本店の洋品雑貨売場リニューアルに際してカバン・バッグ売場を開設した。以前の馬具中心の経営に加えて，カバンやバッグなど洋品雑貨という2つの事業分野を持つ経営が始まったのである。老舗デパートの三越，そして優れた商品やファッション性の高い商品展示で定評のある伊勢丹で展示されたことが，ソメスサドルの知名度向上に大きく貢献し，洋品雑貨のソメスサドルとして一般消費者にも知られるようになる。

　同社は2005年には，優れたもの造り人材に対して与えられる「第1回日本ものづくり大賞優秀賞」を経済産業省から受賞した。また，2007年には経営者自身の哲学に基づき，デザインを総合的に活用することによって，社会的信頼性を高め業績を伸ばしつつある企業として，「デザイン・エクセレント・カンパニー賞」を㈶日本産業デザイン振興会から受賞している。同社の製品や経営が公的にも認められてきたと言える。

2. 国内企業の衰退が著しい事業環境

　ここで簡単にソメスサドルが属する業界の環境について触れたい。ただ，馬具製品企業に関する統計は見当たらない。ここではカバンやハンドバッグなどの洋品雑貨類について見ていこう。海外からの高級品の流入だけでなく，低価格製品の輸入や海外生産によって国内企業は衰退し，出荷額も大きく減少している。

業界規模の縮小
　ソメスサドルのような馬具製品，そしてカバンやバッグ類を生産する企業についての統計データは少ない。『工業統計表』2004年によるとカバン製造業が995事業所，ハンドバック製造業が1009事業所，両社合わせて2004事業所，そして，前者の出荷額が約666億円，後者が507億円，両者合わせて1173億円という事業規模である。こうした出荷額規模は必ずしも小さいとはいえないものの，われわれが日常的に使用している製品であり，それも通常複数の製品

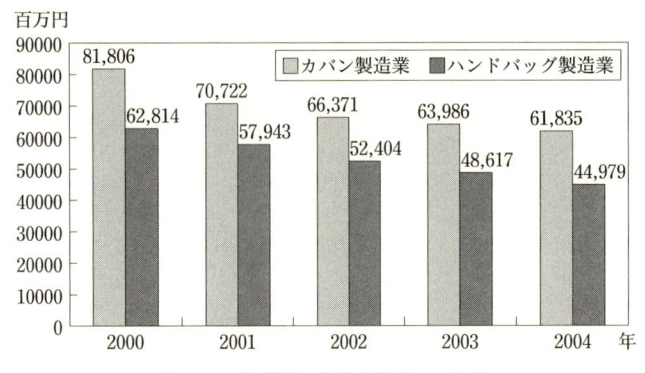

図 7-1　出荷額の推移(従業員4人以上)
出所)『工業統計表』

を所持している現実から想像すると，小さな市場と言える。

　ただ，これには理由がある。ここにあげた2つの事業分類はその素材がなめし革を使用したものであり，これ以外に布製の製品やプラスチックなど他の素材を使用した事業所が含まれないからである。さらに，これらは国内製造業の事業所であり，この他に海外からの輸入製品が加わる。高価なラグジュアリー・ブランド製品と安価な輸入品が加わって，比較的大きな市場を形成していると想像できる。

　ところで，皮革製カバンやハンドバック市場の課題は図7-1を見ると深刻である。このデータは従業員規模4人以上の事業所に関するものであるが，2000年以降の出荷額が2つの業界とも年々低下している。それも短期間に大きく低下している。われわれは複数のカバンやバッグを所持している。それも通常数個を所持し使用している。ファッション化された女性のそれはかなりの保有数であり，なおかつ頻繁に購入している。にもかかわらず産出額が大きく減少している。

　これは，前述したように海外の高級ブランド品の躍進と反対に低価格な製品の流入，そして素材の多様化の影響であろう。この3つに業界の課題がある。顧客の好みに対応できない製品は購買されないのであり，顧客にアピールできる独自の製品を保持しないと企業として生き残れない。単なる下請形態では国内の皮革製カバン・ハンドバッグ企業は壊滅してしまうだろう。

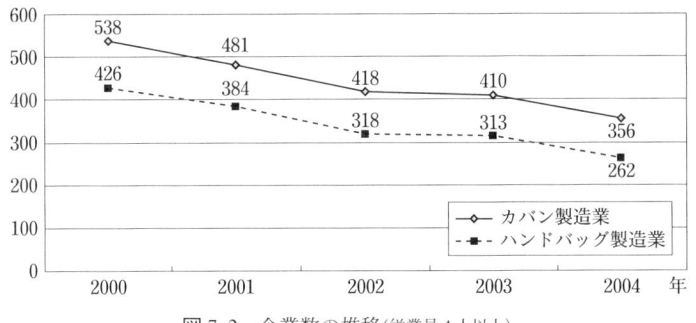

図 7-2　企業数の推移(従業員4人以上)
出所) 図 7-1 に同じ

零細規模が中心

　国内のこれら事業者の経営規模は小さい。カバン製造業ではその63%が，そしてハンドバッグ製造業では74%が従業員3人以下の零細企業である。反対に規模の大きな企業に目を向けると，カバン製造業では従業員50人以上の事業所は14，ハンドバッグ製造業では4事業所にしか過ぎない。この業界は小規模な製造業者によって生産され，その多くは自らは企画力のない製造業者，現実には問屋に企画や販売機能を依存する下請形態の企業がそのほとんどを占めているのである。

　そして，図7-2に見るように，従業員数4人以上の企業数は2000年以降の4年間をみても，急速にその数を減らしている。売上げが減少し，海外製品に圧迫されて経営が成り立たずに退場していく企業が多いのである。製品に対する顧客のニーズはある。そして，そのニーズは多様化している。この点に着目して顧客の求める製品を提供していかないと，この業界では生き残れない。

　なお，『工業統計表』で北海道の企業数を見てみるとハンドバックで4事業所が把握されている。この分野では北海道の企業はきわめて少なく，ソメスサドルは珍しい企業と言えるだろう。

3. 馬具技術を活かしたもの造り

　ソメスサドルの製品は皮革中心の素材を用い，堅牢性の高い製品造りに特色がある。それを支えるのは馬具製品造りによって培われた職人的な技術であり，

北の大地でのていねいな手づくり形態のもの造りである。

製品のコンセプト

　同社のバッグ類の特徴は皮革中心であることが挙げられる。近年はバッグ類でも布製やプラスチック製が増大している。それは，皮革に比べて軽く，さらに形状やデザインの自由度が高いからでもあろう。そして，価格が安いということも選好の大きな理由になる。

　今日，われわれが使用するカバンの重量はいつの間にか増加している。それは，書類や本だけでなく，モバイル型のパソコンや携帯電話などの電子機器を持ち歩く機会も増えているからである。携帯品が多くなると，それだけでも重量のある皮革のカバンはさらに重くなってしまう。皮革製のカバンはあまり多くの持ち物を携行できず，またパソコンのような重くて破損しやすい携行品の携帯にも不向きである。これに対して，布製やプラスチック製カバンは軽いだけでなく，クッション材を入れて壊れやすい機器を保護するための形状も容易である。

　しかし，皮革製カバンには革特有の優雅さがあり，気品がある。そして手にもなじみやすい。素材だけで十分な存在感をかもし出す。確かに，重量物や嵩張る携帯品には向いていないかもしれない。しかし，使い込むと擦り傷や変色がまた新しい風合いや味をもたらしてくれる。それは，使用者に愛着をもたらす。そして，皮革カバンは堅牢であるため長期の使用にも耐えるのである。

図 7-3　皮革製カバン

馬具用品製造を基盤とするソメスサドルの製品は，当然こうした皮革製が中心になる。いや皮革製が大半なのは当然と言えよう。皮革製であることによって馬具メーカーとしての特色が出せるのである。そして，柔らかい革よりも堅牢な革，薄い革よりも分厚い革を縫製することにソメスサドルは長けている。
　ソメスサドルの製品には，そうした他社とは異なった堅牢な皮革製品が多く見られる。このため，その製品は高額な高級品になる。そこで，購入した顧客は大事にしかも長期間愛着を持って使用することになる。

素材にこだわる
　主な素材である牛を始めとする動物の皮素材は，生のままでは腐敗してしまい，乾くと硬化してしまう。そこで，樹液や薬品を使用して皮の腐敗を防ぐとともに，しなやかで長持ちする革にするが，それを「なめし」という。そのなめしには，草や木の液を使用する渋なめしとも呼ばれるタンニンなめしと，塩素性硫酸クロム塩を使用するクロムなめしとがある。なめしていない皮のことを「皮」と呼び，なめしたものを「革」と呼ぶ。
　近年は加工時間が少なくてすむクロムなめしが主流だが，ソメスサドルの洋品雑貨製品では主にタンニンなめし革を使用する。それはタンニンなめしのほうが革のもつ天然の風合いを醸し出すからである。また，革が傷つかないように施されるパラフィン加工のろう引きも行わない。それも天然の革の味を維持するためである。
　同社は素材の質をとりわけ重視する。洋品雑貨類で使用する素材は基本的に牛皮であり，その素材の60％はドイツやフランス，イギリスからの輸入で，残りの40％が国内産になる。一方の馬具用の素材はイギリスやドイツからその70％を輸入し，残りの30％が国内産である。このように製品分野ごとに輸入国が異なるのは，それぞれの国によって革の性質が微妙に異なってくるからであり，用途特性に応じて購入するためである。
　素材はすべてなめし済みのものを，なめし企業であるタンナー（tanner：皮なめし業者）から直接購入する。一般に洋品雑貨などの製造企業は問屋から調達しており，ソメスサドルのような調達形態は珍しい。これは，タンナーから直接仕入れることによって，素材の性質をより把握できるからである。こうし

た特殊とも言える仕入れ方法が可能なのは馬具メーカーだからである。長く使用しても味のある風合いを高める革を求めると，原皮の状態やなめし工程から把握することが重要になる。素材調達では，そうした視点に立ってタンナーに出向き，工程を観察して調達する。

ソメスサドルのもの造りには，皮革製品の良し悪しはまずその素材で決まるという基本姿勢がある。馬具製造で培った丈夫な耐久性のある革の使い方，そしてカバンやバッグでは味や風合いのある革の使い方をする。素材にこだわり，その素材の良さを前面に出す製品造りである。

そして，1頭の牛の皮革は部位によって微妙に性質が異なっている。肩や腰部の堅牢な皮革の使用はもちろん，腹部の伸びのある革をいかに製品のパーツとして，それぞれの持ち味を発揮できる部分に使用するかが重要である。それだけではなく，「革読み10年」と言われている。革の繊維方向によって革の伸び縮みが異なる。皮革の裁断の際には，その繊維の方向を読むことが求められる。それは熟練の技能である。

クラフトの技が活きる生産工程

生産工程は図7-4に示すような流れで，素材裁断，小造り，組立て，仕上げを経て製品が完成される。

革は部位によってまた1枚ごとに性質が異なっている。そこから製品に必要な性質を持った革を切り抜く。そのとき，廃棄する余り革をできるだけ少なくするように裁断しなくてはならない。このように，裁断という一見単純そうにも見える工程には，実は熟練の技が隠れている。

裁断は染色済みの牛一頭や，片半分，そして肩の部分など大小の革素材を刃物で矩形にカットする作業から始まる。このとき革には

素材
↓
| 裁断 | キズ，シワ，シミを省いて刃物で裁断。抜き型でプレスして所定の形状に裁断。 |
↓
| 小造り | 革挽き機で革を薄くする。コバを挽く，糊をつけて革を貼り合わせるなどの作業で，部品を造る。 |
↓
| 組立て | 部品を組み合わせて縫製し，形状を造る。 |
↓
| 仕上げ | コバの処理，塗装，磨きにより手作業で仕上げる。 |
↓
製品

図7-4 主な生産工程

キズやシミ，シワがあるのでこれを除いて裁断する。それに，素材の項で述べたように，革には繊維があるのでこの繊維方向にカットしていく。四十歳代の熟練技能者6人が裁断作業を行う。

　矩形に裁断された素材を複雑な曲線形状に裁断する場合には，その所定の形状をした抜き型をクリッカーと呼ばれる油圧プレスに取り付け，革に押しつけて形状に裁断する。この刃型は首都圏の企業に依頼して外製している。また，革挽き機で厚さ約2.5mmの革を2mmに薄くそぎ落として厚さを揃える。この作業は一般の洋品雑貨企業では自社で行うことは少なく，外注されることが多い。裁断工程の作業ロットサイズは1個から数百個まであるが，一般には20〜40個程度が多い。ソメスサドルの製品造りはまさに多品種少量生産である。

　次の生産工程の小造りは，製品を構成するパーツの製作を意味する。大きなパーツから小さなパーツまで，多種多様なパーツが主に手作業で造られる。2枚の革を糊付して貼り合わせたり，革の端の部分を薄くして折り返してくるみ込んで張り合わせるといった作業がある。また，革の切断面であるコバをサンドペーパーで磨き，塗装をしてまた磨く作業を繰り返してコバ処理をする。

　この小造り工程はまさに手作業の世界で，作業者は作業台の上にパーツを並べながら細かな作業に没頭している。多品種少量生産であるため，毎日多様な作業を行う。それは面倒ながらも楽しげな作業風景でもある。

　組立工程は，パーツを組み合わせて縫製する作業である。小造り工程で造られた大小のパーツを組みつけて縫製加工していく。縫製に使用する主なミシンは大別すると5種類で，フラットと呼ばれる平面的な縫製を行うミシン，袋状になっている製品を横方向と縦方向に縫製するウデとポストと呼ばれるミシン，360度アームが移動してカバンなどの内側を縫製することのできるスイングミシン，そして分厚い革を容易に縫製することができるアドラーと社名で呼ばれ，国内には数台しかないと言われるミシンなどが使用される。

　これらのミシンはわれわれの衣服などの縫製で使用されるミシンとは異なったもので，工業ミシン分野でも皮革用の特殊ミシンと呼ばれるものである。そして，ソメスサドルの場合，特に分厚くて硬い革を縫製できるミシンが揃えられている。厚さ5mm以上の革を縫製できるのである。同社の保有しているド

図7-5 乗馬鞍の生産

イツのアドラー社製は特に厚もの用ミシンで定評がある。また，マチ面を縫製する縦スイングミシンと表面を縫製する横スイングミシンは，イタリア製ですでにメーカーは消滅し存在しないという貴重なミシンでもある。スイングミシンを活用すると，袋状になった形状を裏返しせずに縫製できる便利なもので，特色のある組立縫製ができる。

それに，縫製工程ではミシンを活用した縫製だけではなく，2本針を活用して1針ずつ縫製する手縫い技術がある。ミシンで縫製すると上糸と下糸が交差しないために，一個所が切れると連鎖的に糸がほつれてしまう。これに対して，手縫い2本針の場合は，糸を上下に交差させて縫うことによってそれを防ぐことができる。馬具を始めとする堅牢さが求められる部分にはまさに手縫いによって丹念に人手で縫製されるのである。このように，一般的な革の縫製技術だけでなく，馬具縫製という堅牢な製品の縫製技術を持っていることがソメスサドルの特色となっている。

生産計画ともの造り体制

製品生産の生産計画は毎月末に配布される。馬具の生産計画は工場長が策定し，洋品雑貨類は常務および次長が作成する。馬具の生産計画では納期の長い製品でも，完成度が半分位までの半製品で生産計画に組み込んでいる。競走馬用の鞍は注文順に生産していくのが実態である。

生産計画策定のデータは「発注書」で，発注書は本社営業部と，東京営業所

で作成されている．それぞれの営業部門では顧客からの引合いと販売見込み数を合わせ，そこから在庫引当を行って不足数が「発注書」として生産計画担当に伝えられる．このとき，製品在庫はコンピュータで全社的に把握できるが，営業が保有して管理する．ただ，納期が確定して生産期間に余裕がないものについては「生産計画」より前に，「発注書」が生産現場に配布されて生産が着手されている．

現在，製品の種類は約 2000 種類であるが，一つの製品について 3〜5 色あるため，コンピュータの商品マスターには約 5000 種類の製品がある．洋品雑貨類は月に 120 種類が繰り返し生産され，このほかに新製品のサンプルが 25 種，特注品が 50 種類程度生産されるのが一般的である．新しくプレス裁断用の抜き型を製作するのは月に数種類で，次々と新しい製品が生まれるものの，抜き型まで製作するものは必ずしも多くはない．生産数量が少ないうちは手作業で裁断されるからである．

生産計画の際のリードタイムの基準は，材料手配に 1 カ月，生産に 1.5〜2 カ月で，全体で 2.5〜3 カ月という生産期間である．素材は発注から納品までに 1 カ月，海外だと 3 カ月かかる．このため，一般的に使用される素材については先行して手配される．製造部門の勤務時間は朝 8 時から夕方 5 時までであり，残業はほとんどなく年に数回という状況である．かつては，残業が多かったが残業の減少に努めている．

革から発想する製品企画

製品の企画は主に東京営業所で行う．3 人の社内担当者のほか外部委託が 2 名おり，5 名で企画やデザインが行われている．企画デザインされたものは砂川工場に送られて，専門のサンプル作成担当の 2 人の作業者によって製品サンプルとして生産される．企画されて実際の販売用にまで生産されるのは，ソメスブランドの製品が月に 3〜5 点，このほかに OEM などの製品が数点である．

製品の企画デザインでは革から発想する場合と，デザインから発想する場合とがある．前者は調達した革を最大限に活かすためのデザインを探る場合である．後者は，初めにデザインを行ってこれにふさわしい革を調達する場合である．これが一般的な企画デザインの方法であろう．しかし，同社の場合は，前

者の調達した革からデザインを検討する場合が多く，それはひとつの特徴になっている。

　ときに，顧客から修理が持ち込まれる。長く使用できる高級な製品を標榜する企業にとってアフターサービスや修理は重要である。修理可能なものはどんな修理でも行う。砂川工場にはこのような修理部門があり，先のサンプル担当者は同時に修理も行う。この修理は同時に製品造りや企画デザインのアイディアにもつながっていく。長い使用に耐える形状や縫製，そして必要な機能などが製品の企画開発に活かされる。

　また，製品企画には販売情報が重要である。どのような製品が好まれるのか，顧客が注目するのは何かといった情報は販売現場に存在する。このため，小売店頭に出向き，その情報を企業として積極的に把握する。その情報に基づいて売場を構成し，好まれるデザインの傾向で製品のシリーズ化を進める。デザイナーはいろんなデザインを企画しがちで，いつのまにか製品が増大していく。そして，販売効率が低下してしまう。このため，特定のデザイン領域に的を絞りながら，そして顧客の感性に沿いながら，できるだけ製品を絞り込んでいくことが課題になる。

　また，同社の得意とする硬い革だけでなく，ソフトな革との組み合わせや，樹脂やファブリック（布）のような異質な素材と革とを組み合わせた製品など，硬い革の製品にこだわるものの，今日の顧客の動向に合わせた製品づくりにも努めている。近年はソフトな革の製品分野でも同社が評価されている。そうした分野に進出してもソメスサドルらしさを維持していくように配慮している。

コア・コンピタンス

　このように見ていくと，ソメスのコア・コンピタンス（core competence：他社が真似のできない中核的な能力）とも言うべき特徴は，まさに馬具加工技術を応用した皮革製品造りにあると言ってよいだろう。馬具という耐久性が求められる縫製技術を基盤にしてカバンやバッグを造る。そして，このとき，タンナーの協力を得て皮革製品を製造してきた経験から，革のもつ本質を見きわめる能力が高いため，革の味を生かした製品造りに長けていると言えよう。同業企業に比べても，革の味，革を極めるもの造りに，ソメスサドルの特色が現れ

ることになる。

　馬具加工技術から出発し展開した皮革加工技術であるといっても，現在もその馬具製品を同じ工場のなかで並行して生産している。堅牢性と機能性重視の馬具加工技術と，堅牢性とデザイン性重視の洋品雑貨の加工技術が相互に刺激し合いながら技術を磨いている。社内では職人技術という言葉をあえて使用しないものの，同社の製品造りはまさに職人的である。全ての作業者が裁断以外の仕事を担当できるように班単位の作業方法を採用して，作業者一人ひとりを育成している。

　職人による皮革製品造りでは，一人の職人が一つの製品を完成させる。分業ではなく，職人が製品の主要工程を全て担当して製品を造る。そして，一つのデザインごとに専任者が決まっている。このような職人型のもの造りではないものの，一つの班のグループ作業でロット作業を行い，製品を完成させる。このとき，班員の全てが小造りから組立て，仕上げまでを行い，技能を向上させながら製品を完成させていく。このほか，近隣の家庭内職として80名ほどを活用している。家庭内職はコスト削減にも大きく貢献する。

　作業は班単位で進められ，流れ作業的な分業ではなく，5人から3人程度で編成されるグループで加工する。馬具生産の場合は5人と3人編成との2班があり，洋品雑貨類では平均4人編成の班が7つある。この班のなかでさまざまな仕事を一緒に行い，その仕事のなかで技術を磨いていく。時間をかけてスキルを磨き，その素朴とも言えるもの造りがソメスのコア・コンピタンスになっている。

　このような，もの造り方法，人の技能にこだわった製品造りを前面に出して訴え，それがデパートや専門店から評価されるようになった。大量生産ではなく，多品種少量生産にこだわり，同社の特質を出すことにこだわってきた。それが近年成功してきた要因の一つである。

4. 地道な営業で市場を開拓

　ソメスサドルが企業再建を果たしたのも，また今日，洋品雑貨市場で全国的に認知されつつあるのも，さらに今後ブランド価値を向上させて躍進する経営

にも，鍵を握っているのはマーケティングである。そこには，どのような市場獲得行動があるのだろうか。

売上構成

製品別に売上げを見ると，古くからの事業分野である馬具製品が30％，そしてカバンなど洋品雑貨製品が70％というのが今日の事業構成である。ソメスサドルの場合，馬具製品とカバン・バッグ類というその性格も市場も異なる2つの事業分野で経営していることが，わが国のバッグメーカーとして最大の特徴となっている。それは，後述するようにエルメスのような海外著名ラグジュアリー・ブランド企業の出自と重ねることができるからである。

まず，馬具製品と一口に言っても，その内容は多彩である。鞍だけでも，馬場馬術や障害飛越用に活用される鞍，そしてソメスサドルが開発し世界初と自負する女性用乗馬鞍，初心者用の総合鞍，調教に使用する調教鞍，さらに競馬でおなじみのレース用鞍などがある。これらの用途のなかにもそれぞれ多様な種類がある。このほかに，帽子やコート，キュロット，乗馬靴などの馬装品，アブミ，ハミのような金属性製品などの乗馬用馬具，そして厩舎や馬の輸送用道具，さらに馬車まで加わる。蹄鉄以外の馬に関するあらゆる製品を取り扱う。

同社はわが国で唯一の馬具製品メーカーであり，競争相手は海外メーカーである。通常，企業は多数の競争企業のなかで存在しているが，ソメスサドルは中小企業でありながら，国内には競争企業が存在しないいわば独占的なきわめて珍しい企業である。しかし，その市場規模は限られており，革製品以外のものを含めても20億円程度と推定される。ただ，この馬具製品市場には競争企業が国内には存在しないために，乗馬用や競走用にかかわらず，乗馬用具のほとんどを扱うことになる。

このとき，市場規模が小さいなかで多様な製品を扱うことは範囲の経済性の発揮はともかく，規模の経済性を発揮しにくくなり，独占的状況にあるとは言っても高い利益を獲得できるわけではない。反対に，多様な製品を取り扱うことで生産性を低下させ，在庫費用を増大させるなど収益性の低下要因になる。

一方の洋品雑貨類である。このなかには，カバンのほか，ボストンバッグ，ショルダーバッグ，ポーチ，ハンドバッグ，それに手帳やペンケース，デスク

マットなどのステーショナリー(文具類)，といった製品から構成されている。男性用バッグ類が35%，女性用バッグ類35%，そして最後のステーショナリーが30%という売上構成である。これらの製品は今後ますます増える傾向にある。

これら洋品類に特徴的なのは，女性用と男性用とがそれぞれ半分という売上構成である。海外ラグジュアリー・ブランドに顕著なように，一般には女性用の比重が圧倒的に高いブランド企業が多い。もちろん，バーバリーやダンヒルのように男性用から出発した企業では男性用の売上比重が高いが，そうした企業は少ないのが実態である。また，一方で男性用中心のバッグメーカーが存在する。

しかし，ソメスサドルは男性用と女性用が半々であり，その一方の需要に偏らないことを特徴として意識している。ただ，主力製品と言えば男性用カバンであり，少なくとも今日までは男性用カバンに強い企業として存在し顧客にアピールしてきた。ソメスサドルは今後も皮革を中心とした天然素材で，強度のある素材を活用してカバン，バッグ類の製品中心の製品展開を行うだろう。

販売チャネル

製品の性格や用途が異なるため，当然，販売チャネルも馬具と洋品雑貨類では異なる。図7-6で示すように，馬具は専門店と乗馬クラブを通じて顧客に販売される。馬具店の売上高割合が52%であり，現在20店に販売している。この馬具店のなかには競走用馬具としての競馬用が含まれる。競馬という競走用の馬具製品の販売では，騎手や調教師などとの信頼関係が最重要視され，新規参入が困難な世界である。このため，性能の向上とともに日常的なつき合いをも含めた活動が展開される。

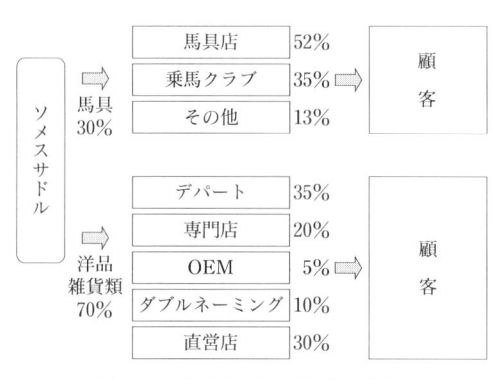

ソメスサドル	馬具 30%	馬具店	52%	→	顧客
		乗馬クラブ	35%		
		その他	13%		
	洋品雑貨類 70%	デパート	35%	→	顧客
		専門店	20%		
		OEM	5%		
		ダブルネーミング	10%		
		直営店	30%		

図7-6　販売チャネル別売上構成

馬具売上げの残りの35%は

乗馬クラブ経由で，ライディングショップなど100前後の乗馬クラブに販売している。1977年には東京営業所を港区乃木坂に開設した。この営業所開設が国内での馬具販売の大きな力となって，輸出市場喪失のあとの国内事業転換を可能にしたのである。そのほか，JRAや宮内庁などへの販売が13％ある。

　乗馬クラブでの販売は馬具事業だけでなく，今日のソメスサドルの事業に大きな影響を与えている。それは乗馬クラブで馬具用品を販売するなかで取り扱い製品が拡大したことである。鞍のような馬具そのものだけでなく，靴や衣服，その持ち運び用のバッグなど，乗馬には多様な関連製品が必要になる。それを扱うなかで，今日のバッグ類のような洋品雑貨事業への展開が可能になったのである。

　洋品雑貨類はデパートや専門店という小売店を通じて顧客に提供する。このとき，問屋を通さず直接小売店に販売することは，洋品雑貨類の流通の世界ではひとつの特色となる。一般には問屋を通して販売されたり，製品の企画そのものを問屋が行い，問屋からの注文に応じて生産するような形態が多いからである。ソメスサドルの場合，自ら企画して生産販売することが企業再出発のときからの理念である。

　このような問屋や商社を経由しない小売店への直販では，それらを経由する場合よりも，販売店の情報を直接入手できるため顧客側に立った企画が可能になる。また，流通マージンも削減することができる。反対に，自ら販売店を開拓しなければならず，販路構築と維持のコストがかかる。それに，物流コストも必要になり，結果的に製品価格が上昇してしまうことさえ珍しくない。そして，自ら小売店を開拓するため取扱店の開拓が遅れて販売店を拡大しにくくなる，より広域的な流通が難しい，といった課題も生じやすい。このため，小規模な企業ほど問屋や商社を経由して小売店に販売することが多くなる。

　一方，海外有名ブランドになると，ソメスサドルのように小売店に直接販売するだけでなく，自ら直営の販売店を運営して直接顧客に販売する形態も増える。エルメスやルイ・ヴィトンはデパートなど代理店契約を締結した店舗で販売するだけでなく，世界各地で直営店舗を開設して自ら直接顧客に販売している。ソメスサドルの場合，砂川ショールームや2001年開設の札幌グランドホテル店，そして2006年開設のソメス青山店という直営3点の売上げは全体の

30％である。

　フランスやイタリアの高級ブランドは本来，特定の顧客から依頼を受けて，顧客仕様で職人が手づくり生産することで発達してきた。エルメスやルイ・ヴィトンなどは王侯貴族の好みに合わせた受注生産のなかで，その信頼と伝統を掲げることによってブランドを形成してきた。今もその幻想ともいうべきイメージで訴求している。その後，顧客の増大と知名度の向上を獲得した彼らは，注文仕様製品から既製仕様製品が中心の形態に転換する。そこでは，自己の店舗で接待しながら顧客に製品を選択してもらうようになる。このように，高級ブランド製品は本来的に自己の店舗で販売するものなのである。

　このような視点から見ると，ソメスサドルの場合，本社ショールーム，札幌グランドホテルについで，2006年に東京青山に初めての直営店舗を開設したものの，まだまだブランド経営が緒に付いた段階だと言えよう。

本州進出

　北海道の企業の多くが北海道という限られた市場のなかで経営している。このため，北海道では著名であっても，全国的には無名の企業が多いのが実態である。そのなかにあって，ソメスサドルは全国市場を対象に事業を展開しており，今，その社名でありブランドである「ソメスサドル」が全国的知名度を獲得しようとしている。なぜ同社は本州に進出できたのだろうか。

　すでに述べたように，同社の本州進出のきっかけは馬具製品の海外輸出が困難になり，国内に活路を見出さなければならなくなったときからである。北海道の馬具製品需要は少ないため，勢い，本州市場を開拓しなくてはならない。さらに，このときわが国では欧米と異なって，乗馬愛好者の市場も小さい。そこで，輸出を断念して国内に活路を求めたとき，馬具市場だけでは必要な売上げを獲得できず，皮革製品に関するあらゆる需要を求めて売上確保に奔走せざるをえなかった。

　皮革製品なら何でも受注する。そうした必死の営業活動のなかで競走馬用だけでなく，当時少なかったとはいえ一般の乗馬愛好者向けに乗馬クラブ需要を獲得し，それが1977年の東京新宿の小田急百貨店，81年の池袋西武百貨店，その後松坂屋銀座店と信用あるデパート販売につながっていく。

ひたすら地道な営業を展開

　ただ，それら本州での需要開拓，販売チャネルの開拓は一挙に進展したのではない。経営者染谷の言葉で言えば，馬具にこだわる道産子企業として，地道に営業活動を牛歩のごとく少しずつ行った結果ということになる。このとき，業界の慣習などを知らないために，愚直にひたすら営業活動を継続する。そこでは，馬具だけでなく，その関連のカバンやバックなど丈夫な革製品を作る企業であり，製造販売を全て自前で行う企業であることを訴える。そしてタンナーと直接取引できる世界でも珍しい企業であることを認めてもらう。その結果，馬具から派生したカバンやバッグ類の洋品雑貨需要を次第に獲得していく。

　この過程で，日本で唯一といってよい馬具製品メーカーであることが大きなセールスポイントになったことは間違いない。それは，歴史こそ違え同じような出自を持つエルメスのような，海外ラグジュアリー・ブランドを想起させるからである。そのイメージはマスコミにこそ受ける。前述したように，2001年1月29日号の『日経ビジネス』連載シリーズ「小さなトップ企業」に，「革にこだわり，目指すは日本のエルメス」として紹介される。この記事を読んで興味をもった大阪三越の担当者は，ソメスに自ら連絡を取ってくれている。それは，店舗リニューアルに際して，売場展示の費用を負担して店舗を開設してくれるという方向に発展している。

　とにかく売上げを確保しなくてはならないという瀬戸際に追い込まれた経営のなかで，どんな受注でも獲得しなければならない苦境に陥る。そのとき，それを解決するのは，東京という大都市のなかに存在するすき間の市場しかなかった。そのすき間の市場を開拓しなければ企業の再建ができなかった。本州市場での懸命の努力が，少しずつ花開いていくのである。こうした行動が同社の本州市場進出を実現したのである。

5. ブランド企業への道

　洋品雑貨市場はブランドが闊歩する世界である。最後にソメスサドルのブランド形成について検討してみよう。革を極めたもの造りを推進するだけでなく，それが神秘化され一人歩きすることによってブランドはさらに高まる。

ブランドとは

　ソメスサドルの特徴を検討するために，エルメスやルイ・ヴィトンのような日本人に人気のある海外ラグジュアリー・ブランドとの違いを比較してみよう。まず，そうした海外ブランドはどのようにして形成されてきたのだろうか。それは，王侯貴族への出入り業者として，彼らの注文する衣服や洋品雑貨などを高度な職人技能で生産し，その御用達としての名声がブランドを形成してきたと言える。ただ，それだけでなくその御用達としての地位が継続されて，それは伝統となることが必要である。顧客の質の高さと伝統的な取引実績が信用を高めてブランドが形成される。

　さらに，ブランドが確立したとき，顧客の命じる仕様で生産して提供するのではなく，いつしか生産者として主体的に製作した製品をあらかじめ用意して，顧客から選択してもらう時代を迎える。そこには優れたデザインと品質があり，その製品のなかから顧客は好みに合うものを選択して購入するという購買行動に転換する。ここでは，製品のデザインや生産方法の主導権が購入者側でなく，生産者側へと移行する。王侯貴族に命じられて生産するのではなく，自ら企画した優れた製品を顧客に選択してもらうのである。顧客にとっては，選択に足るほかとは異なった優れたデザインと品質の製品を提供してくれる企業として映る。その信頼がブランドになり，それを保有することに満足し，ほかの同様な製品とは差別化する。

　このように見たとき，ソメスサドルに不足するものは何だろうか。それは一つには歴史であり伝統である。そして，二つにはデザインである。ソメスはオリエントレザー社時代から見ても，その社歴は40数年であり，再建後の今日の社名になってからは20数年に過ぎない。圧倒的に歴史が短い。それはまだ伝統と呼ぶには短すぎる。

　デザインで言えば，確かにその製品は洗練されたデザインになってきた。しかし，一目でソメスサドルとわかるデザインが存在するかと言えば，必ずしも該当しない。そして，ルイ・ヴィトンのモノグラム，エルメスのバーキンやケリーバッグのような，ある特定の製品にソメスサドルのブランドを連想させるものが存在するかと言うと，それもまだ形成できていない。

　ただ，優れた品質がソメスサドルにはある。厳選された皮革素材とそれを縫

製加工する技術がある。その品質が顧客に認知され伝統化し，さらに神話化したときに強いブランドとしての座を手に入れることができる。

ブランドの役割

ブランドには三つの機能がある。第一は保証機能で，優れた品質や属性の製品・サービスを提供し続けることを保証するものであり，顧客には信頼と安心を与える。第二は識別機能で，他の製品・サービスと識別するための印であり，同じような製品であっても顧客から見ると異なった製品やサービスになる。顧客はその特定の製品やサービスを優先して選択する。第三はある種の知識や感情，イメージを想起させる想起機能である。これには，ブランドの名前やマークを既知のものと認め，商品カテゴリーが提示されると，連動してブランドが想起されたりするブランド認知機能がある。また，提示されると知識や感情イメージが想起されるブランド連想も行われることを内容とする。カバンやバッグと言われると，ソメスサドルが連想されるか，反対にソメスサドルと言うとそうした製品が連想されると，ブランドが大きな力を持ったことになる。

このように，ブランドが確立すると，顧客は製品やサービスに対して信頼し，満足するようになる。すると，それは企業にとって，ブランドの名前やシンボルと結びついた集合体としてのブランド資産になる。そして，顧客に提供される価値を増大させるのである。ブランドや評判は一度，顧客や社会のなかに形成されると，安定的に製品やサービスの質に対する評価を，また企業の価値を維持していく。そして，たとえ同じような製品やサービスであっても，顧客は評判の良い，またブランドのある製品を優先的に選好するようになる。フランスやイタリアのファッションブランドに対する信仰的とも言えるわが国消費者の信頼は，同じような製品に対して何倍かの高価格設定さえ可能にしている。評判やブランドは企業にとって最終的な無形の資源であり，競合製品との差別化と優位性をもたらしてくれる。

ブランド構築

ソメスサドルにはこのようなブランドが構築途上にあると言えるだろう。ただ，ソメスサドルという知名度が広く一般化するまでには至っていない。これ

は，前述したように同社の歴史が短いだけではない。その製品販売額はまだ少なく，そして販売する場所も少ないためもあるだろう。これを打破するためには，販売額を増大させるよりも，まずマスコミへの露出や口コミによる伝播が必要である。

　実は，歴史が短いからブランドが成立しないわけではない。アメリカで生まれたラグジュアリー・ブランドにシャネルがある。シャネルはヨーロッパのように王侯貴族も存在しないアメリカの地で，女性，それも働く女性のブランドとしてマスコミを活用して生まれ，そして世界的なブランドになった。それは，ココ・シャネルという女性が既成の価値観に挑戦することで生まれた。挑戦がマスコミの注目を引き，その斬新な価値観に裏づけられた製品がファッション誌によって伝えられることでブランドが形成された。

　近年，わが国でもサマンサタバサ(Samantha Thavasa)やガルシアマルケス(GARCIA MARQUEZ)など，海外ブランドとまがようような聞きなれないブランドの製品が注目を浴びている。サマンサタバサジャパンは寺田和正によって1994年に創業し，2005年で売上高112億円，従業員数490名の企業に育っている。若い女性用のバッグや装飾品を扱うものの，短期間で特定顧客層にブランドを確立し，海外展開まで行っている。

　石丸アキヒコ社長のヒューマン・デベロップメント・レポート社のブランドがガルシアマルケスである。それはジェーン・バーキンのクロゼットをブランド・コンセプトに洋服，雑貨，革製品を取り扱っている。とりわけ持ち手にレースを使用したリバーシブル・トートバッグのような低価格のファッション性の高いバッグで人気を集めている。生産個数の少ないものはプレミアム価格がつく人気である。

　これらは，若い女性の間で口コミ的に広がり，そして短期間にブランドを確立している。このように，伝統がなくても今日ではブランドが形成されるといっても良いだろう。

ブランド確立に向けて

　ただ，これらはいずれも女性をターゲットにしたブランドである。そして，前述した短期間に躍進したわが国2社のブランドは，一時期のブームに終わる

のかもしれない。ただ，海外ラグジュアリー・ブランドではなく，若い女性があこがれのタレントたちの持つブランドに殺到するのは新しい時代が始まったのかもしれない。欧米で長い歴史で神話化したものと異なって，顧客が自分たちでブランドを短期間で構築したからである。また，中高年の女性たちに支持される吉田茂の率いるイビザ社のIBIZAブランドも，個性的な製品で特定顧客からは圧倒的な人気を持っている。

　ここにあげたブランドに共通するのは神話性である。ココ・シャネルは自分の生い立ちを隠し，既成の価値観に挑戦し続けることで，自身の神秘性を維持した。サマンサタバサやガルシアマルケスは人気タレントのデザインを採用したり，人気モデルに着用させて露出することでマスコミの注目を引く。そこにひとつの神話が生まれる。また，その社名にもエピソードを盛り込む。一方で，企業そのものの露出を抑え，情報を公開しない。それが，ブランドの神話性となる。

　単純に品質の良い優れたものを生産するだけではブランドに結びつかないのである。社会にさまざまな方法でその訴求を意識的に伝えていく。そのとき，一方では神秘性をまとい，顧客に興味を持たせる。そこにマスコミやインターネットが登場して，社会がその話題に注目し，それが一人歩きして神話が作られることでブランドが高まっていく。

　このような視点から言えば，繰り返すことになるがソメスサドルには馬具製品造りで培われた革を極めるもの造り技術がある。そして，女性用に比べると流行り廃りが相対的に少ない男性向け，つまりブームには縁遠い男性用製品という，女性向けブランドとは異なった状況がある。そこでは，ブームではなく製品の良し悪しこそが信頼の条件になる。

　革にこだわり革を活かすもの造りの姿勢，日本で唯一の馬具製品加工技術を持つ洋品雑貨メーカーという要素は，信頼のあるブランド構築を可能にするものである。ただ，それを誠実に顧客に訴求し浸透させなくてはならない。その信頼が顧客やマスコミから興味を持つ存在にまでなることによって，ブランドの価値を高め，ブランド力を活用した経営が展開できることになる。

[小川正博]

第8章

キ メ ラ

北海道へ進出して大きく飛躍した金型部品加工メーカー

株式会社キメラは金型部品加工メーカーとして日本屈指の技術を誇る企業である。しかし，キメラはもともと横浜市内の賃貸工場でスタートした株式会社協和精工の子会社として室蘭で設立されている。協和精工の従業員が4名のとき，北海道進出を決断し，その後，製造の主体を室蘭へ全面的に移転し，著しい成長を遂げている。

　首都圏を離れ，精密機械加工業の不毛の地とも言われる"北海道"で成功を納めた道を探っていく。

表8-1　会社の沿革

1982年7月	㈱協和精工(資本金1,000万円)を横浜市港北区日吉に設立，金型部品および切削一般を主体に創業
1984年11月	室蘭市の企業誘致により室蘭市への進出表明
1988年3月	室蘭市寿町に㈱キメラ(資本金500万円)を設立，精密金型部品の加工を開始。同年10月　増資して資本金2,000万円とする
10月	室蘭市に超硬加工専門の㈱ジャパン・プレシジョン・エンジニアリング(略称：㈱JPE，資本金200万円)を設立
1990年4月	室蘭市香川町工業団地に新社屋(本社工場)を建設・移転 NC放電・ワイヤーカット・マシニングセンター等の最新機の配置により精密金型部品の加工の一貫生産体制確立
1991年3月	㈱協和精工は製造部門を㈱キメラへ吸収させ工場を閉鎖
1993年7月	㈱キメラの工場を第2期増築，㈱JPEをキメラ工場に合体させ，合わせてNC放電・研削工程の充実を図り，生産性の向上，生産量の拡大を進める
9月	㈱協和精工は㈱スタジオフィルへ社名変更し，製造業からサービス業(インテリアコーディネイト)へ転換し，宮崎社長夫人が経営の中心となる
1995年	㈱JPEの資本金を1,000万円に増資
1996年	第3期増設，NC放電，マシニングセンター，ワイヤーカット，検査測定器の拡充を進める
1999年11月	第4期増設，最新NC機の導入，CAD/CAMシステム等の増強
2000年	工程管理システムの運用開始。一貫した管理・生産システムを構築。室蘭市石川町に第2工場用土地・建物を取得し，事業の拡充準備を進める
2001年10月	㈱JPEをキメラに吸収合併。資本金を2,800万円に増資
2002年11月	ISO9001：2000認証取得
2003年7月	ISO14001認証取得
2004年9月	第2工場の改修完了。三次元データの一気通貫をコンセプトとして操業
2006年10月	第2工場の第2期工事完了。金型・試作工場として操業

1. 金型業界の動向

わが国の金型業界

金型は，自動車等の輸送用機器，家庭用・産業用の電気機器，事務用機器，光学機器等の機械器具製品，ガラス用器，住宅用機材，玩具・プラスチック用器等の雑貨製品など各種工業品から家庭用品まで，きわめて広範囲の製品の生産に使用されている。

わが国の金型産業は，主要な需要先である自動車産業，電気機器産業に代表される成型産業の発展とともに成長を遂げてきた。とくに，機械産業が今日ほどの発展を遂げたのは，ニーズを的確に把握し，品質的・価格的にこれに適合した製品を大量に生産することを実現したからである。そしてこの機械産業を支えてきたのが，品質，価格，納期等の面で優れた素形材を安定的かつ大量に供給することのできる素形材産業の存在であったと言える。

素形材産業は，鋳鍛造，射出成形，粉末冶金およびプレス加工といった非切削加工等によって，製品(部品)を生産する産業であり，これらの産業では主に金型が使用されている。素形材加工のノウ・ハウの大部分が，この金型に集約されるといっても過言でなく，わが国の機械産業の発展を支えてきたのは，この金型であったとも言える。すなわち，金型産業は大量生産を軸として発展してきた機械産業の基盤を形成し，その成長とともに拡大を遂げてきた産業である。

わが国の金型生産額は『工業統計表(産業編)』で見ると，1981年に約7859億円であったものが順調に伸び続け，ピーク時の1998年には約1兆7865億円と16年間で約2.3倍となっている。99年は約1兆5446億円と落ち込み，その後，1兆3000億円から1兆5000億円台を推移している。

品目別に見ると(2004年工業統計より)，プラスチック型が37.6%，プレス型が35.0%とこの2種類で全体の72.6%を占め，以下，鋳造型・ダイカスト型(6.5%)，鍛造型(3.2%)，ゴム型・ガラス型(3.0%)，その他の金型・同部分品・付属品(14.7%)となっている。

金型の生産は，その製品特性からして受注生産であり，しかも多品種少量

表 8-2　金型業界の状況

従業者規模別	事業所数 実数	事業所数 全体比	生産額(単位：百万円) 実数	生産額(単位：百万円) 全体比
9人以下	8,109	77.4%	289,397	17.8%
10〜19人	1,241	11.8%	244,397	15.1%
20〜29人	540	5.2%	210,134	12.9%
30〜49人	286	2.7%	197,614	12.2%
50〜99人	217	2.1%	275,925	17.0%
100〜199人	67	0.6%	204,664	12.6%
200〜299人	11	0.1%	57,264	3.5%
300人以上	12	0.1%	144,628	8.9%
合　計	10,483	100.0%	1,624,023	100.0%

出所）『工業統計表(産業編)』2004年より作成

(一品)生産であることから，金型の需要は他の量産工業品と異なり景気の好不況に左右されにくく，むしろ不況時には，不況克服のため量産工業でモデルチェンジや新製品の開発が行われることから，金型産業は他の産業と比べると，特異な需要パターンを持っていた。しかし，近年，製造業の海外進出が盛んになるにつれ国内の産業空洞化が問題になり，金型も現地調達が進んできている。その結果，生産額が1998年をピークにそれ以降落ち込み横ばい状態にある。

　金型業界の状況を，従業者規模別に事業所数と生産額で表8-2に示した。10人未満の事業所が全体の77.4%，10〜19人の事業所が11.8%と，20人未満のいわゆる小規模事業所が89.2%と約9割を占めている。一方，100人以上の事業所は0.8%と1%にも満たず，企業規模の小さな業界であると言える。これは，金型産業が典型的な受注産業であり，一品生産が主体であることから，非常にスケール・メリットの出にくい産業であることによる。

　一方，生産額は従業者20人未満の事業所で約33%を占め，100人以上の事業所で25%となっている。2004年の生産総額は約1兆6000億円であるが，1998年が約1兆9000億円であったことを考えると近年落ち込んでいる。

　金型の製作には熟練が必要であり，技能集約的産業だと言われてきた。現に金型の設計は長年の経験がないと困難であり，仕上工程など，まだ人手に頼っているところもある。だが金型産業の大部分は中小企業であり，人材を集めに

くい現実がある。他方，主要需要業界である機械産業の技術開発競争の激化によって，製品の品質，性能の一層の向上が要求されているうえ，新製品の登場など多品種少量生産への対応から納期の短縮化，高精度・高品質化等が求められている。したがって，加工面では汎用工作機械中心の加工から高精度・省力化機械であるMC，NC工作機，放電加工機，ワイヤーカット放電加工機などを使用した形状加工，研削盤による精密仕上げ加工へと著しい進歩を遂げている。

このように，これまでの設計・製作に関わる経験(ノウ・ハウ)を科学化することによってCAD(コンピュータ支援による設計)-CAM(コンピュータ支援による製造)などを導入して，従来の人手に頼る技能集約型から情報集約型，設備集約型へと移行している。

道内業界の現状

2005年における本道の金型製造業は『工業統計表(産業編)』で見ると，事業所19ヵ所，従業者382人，生産額約57億1000万円となっている。最近5カ年(2001～05年)は，事業所数ならびに従業者数が2004年をピークに05年は減少しているが，生産額はこれらの変化に関係なく上昇している。

本道の金型産業は，高度な設計・製作技術を要するプレス用順送型やプラスチック用金型を製作することができる企業もあるが，総じて技術水準が低く，付加価値の低い製品の製作にとどまっている企業が多いため，従業者1人当たりの生産性は，全国の89.5％の水準となっている(2005年統計比較)。しかし，2001年の道内は，全国の81.2％であったことを考えると水準は上昇してきている。その要因としては道外からの進出企業の売上げの伸び等が挙げられる。

本州の金型製造業は，専門化が進んでいるが，本道の金型製造業は，専門化が遅れている。そのため高付加価値のプラスチック用金型や精密部品用金型などを中心に大半が本州へ流出しており，依然として多種類の金型を生産する形態にとどまっている。このことが，技術水準の向上を妨げている。また，金型の製作には，切削，研削，放電加工など多くの工作機械を必要とするが，本道の金型製造業は，零細で，しかも経営基盤が脆弱な企業が多く，機械設備は小型で老朽化したものが多い実情にある。さらに，金型は単品生産で仕上げには

依然として技能者の手づくりに頼らざるをえない部分があり，技能者の加工技術が金型の品質，性能の良し悪しを決めると言われているが，本道の場合，熟練技能者が不足している。

2. 株式会社キメラの設立

室蘭進出の経緯

　キメラ創業者の宮崎秀樹氏は，1968年神奈川県立多摩高校を卒業後，大学受験浪人をしながら，父親の板金プレス業の手伝いをしていた。その後，大学進学を断念し，川崎の町工場で研磨加工を修行する。しかし，73年，父親が病に倒れたため，修行半ばで実家に戻らざるをえなくなった。実家では，板金加工と研磨加工の両方を行うことになるが，82年7月株式会社協和精工を33歳で設立し，従業員4名で金型部品製作と切削の専属工場を始めている。この工場は横浜市港北区日吉にあり，17坪程の賃貸工場であったが，人とスペースの点から将来展開に限界を感じていた。

　このような時，大手企業傘下の協力会の会社が室蘭へ進出して事業を展開していることを知り，「一度連れて行ってください」と懇願し，1984年8月に室蘭を訪れることになる。当時，「鉄の街」室蘭は1970年代から始まった鉄鋼構造不況の波に洗われ，新日本製鐵と日本製鋼所の2大企業がリストラを進めていた。この結果，室蘭は人口の減少がはなはだしく，街を挙げて企業誘致に取り組んでいた。室蘭市は宮崎氏に対しても熱心な誘致を進めてきた。宮崎氏には求人難の首都圏に比べ，職を求めている工場経験者が大量にいる室蘭が魅力的な地に見えた。1984年11月，一大決心をして，室蘭進出を表明した。将来の工場進出を条件に年末から85年にかけて15名の社員を室蘭から採用し，横浜で技術研修を行っている。

　しかしながら，従業員5名程度の会社が新たに工場と社員寮を賃借りして，15名の研修生を受け入れることは並大抵のことではなかった。当然，室蘭採用者は未熟練者であり，良品は最初から望めず不良品の山を築いていくことになる。1986年3月には，主要得意先T社(東証1部上場会社)が倒産し，同社も貸倒損失を抱えることとなる。従業員のなかには，連鎖倒産を懸念し，「室

蘭進出など無理」と判断して会社を辞める者も出ている。

　宮崎氏はこの窮地を親族からの借金で乗り切り，従業員には「わが社は大丈夫だ，室蘭進出はする」と説得に努めた。しかしながら，時の円高突入やT社の倒産等により，室蘭進出企業4社が倒産しており，宮崎氏自身は「内心本当に不安だった。しかし，室蘭に戻すと約束したことは何としても守らないと必死だった。」と当時を述懐している。このような危機を乗り切り，1988年3月，室蘭市寿町に株式会社キメラを設立し，室蘭出身の研修生6名を核として精密金型部品加工を行う貸工場からスタートしたのであった。

社名の由来

図8-1　キメラのロゴマーク

　キメラとは，ギリシャ神話に登場する伝説の動物の名前である。頭がライオン，胴体がヒツジ，尻尾がヘビからなっており，独立しているとそれぞれ単独の働きしかしないが，合体することで，いろいろな機能を発揮する。キメラという言葉自体に「複合的」「複合体」という意味がある。同社ではそれぞれの機能を持った各種の設備を通して一つの製品を完成させる。でき上がった製品にはさまざまな技術が複合されている。また社長自身，将来は複合的な企業を目指したいという思いをもっていたので，キメラという社名を選んだ。

室蘭進出に当たっての公的支援

　キメラは1988年3月に資本金500万円で設立されたが，同年10月に増資して2000万円としている。その際，北海道の地場工業等振興条例の「新株等引受事業」により，750万円の公的投資を受けている。当時，北海道工業振興指針で振興業種として「金型製造業」が挙げられており，キメラは「金型部品製造業」であり対象企業に該当したという幸運もあった。また，北海道企業立地促進条例により投資(建物や機械設備等)の8％相当額の補助金を受けている。国の支援としては，労働省の雇用給付金制度の賃金助成(支給賃金に対し，初年度2/3，2年度1/2，3年度1/3)を受けている。88年10月に資本金200万円

で超硬加工専門の子会社㈱ジャパン・プレシジョン・エンジニアリング(略称：JPE)を室蘭で設立しているが，このときも補助金・助成金を有効に活用している。

1990年4月，室蘭市香川町の工業団地に新社屋を建設・移転，93年7月，第2期増設で㈱JPEが，香川町に合体移転した際，いずれも制度資金の「北海道産業立地促進資金」を借入れしている。

宮崎社長は「北海道は行政が企業誘致に熱心で，進出には行政のバックアップがあり，厚い補助金・助成金制度や固定資産税の減免などがある。また，設備投資をする企業が首都圏と比べ北海道は少ないので，わが社のような企業に対し金融機関は大変協力的であった」と述べている。このように，北海道と国の支援制度を有効に活用し，道内金融機関の支援も仰いできた。

室蘭進出後，基盤づくりに貢献した2人

宮崎氏はキメラを設立したが，親会社協和精工の社長でもあり，横浜がメインで室蘭には月5日程度しか滞在できない状態であった。したがって，社長不在であっても責任を持って管理する人材が必要であった。キメラ設立時の管理者として，取締役工場長の宿村光昭氏(1955年生，現㈲リープ社長)と経営企画室長の堀内三男氏(1928年生)の2人が挙げられる。

宿村氏は1984年12月に室蘭で㈱協和精工に採用され，横浜で技術研修を受け，キメラ設立と同時に転籍している。工場管理責任者として，横浜からの転籍者や新規採用者への作業指導を行うとともに一作業者として製造に携わっている。堀内氏は㈱日本製鋼所・室蘭製作所を55歳定年で退職後，㈳北海道商工指導センター(下請企業振興部・指導員として室蘭駐在)に勤務し，60歳定年と同時に1988年4月にキメラに入社している。経営企画室長として，総務を担当している。とくに，キメラ設立時は地元からの採用や公的支援を受けるための役所回りとその申請書類作成等を精力的にこなしている。

キメラ創業半年後は，従業員27名(職員5名，工員22名)となっている。このうち，協和精工からの転籍者は宿村氏を含め6名であり，さらに6名のうち新規採用者を技術指導できるものはほんのわずかであった。このような状況のスタートであったが，OJT(職場内訓練)を中心とした研修教育体制を組み短期

間に技術者養成を行っている。

　宮崎社長は，キメラの立ち上げまでに宿村氏を技術者に育て，堀内氏を地元で採用して権限を与え，この2人を通じて従業員へ自分の考えの浸透を図ってきたのである。また，室蘭に滞在中は従業員と密に接し，明るい職場づくりを心がけ従業員の信頼を勝ち取っていくことになる。

3. 協和精工・キメラの技術等の変遷

　宮崎氏が独立してからの技術等の変遷を示すと図8-2のような流れになる。
　最初の「金属加工」はロータリ研磨機1台を購入し，研削加工技術を教わりながら，その技術を習得していった。「金型部品加工」は金型部品および切削を主体とする協和精工を設立した頃に始まり，1988年キメラを設立した時点で「精密金型部品加工」を開始している。1980年代後半，金型の世界に新潮流として「分割金型」が一気に広がりを見せていた。まさにこのとき，協和精工を設立し，事業コンセプトを「金型部品会社」としたのである。「金型部品」というジャンル自体が創生期であり，宮崎社長自体が新業界の先陣グループの一人とも言える。キメラの設立により，金型部品への事業集中と遠隔地での新たな創業という"2つの制約"が品質と納期を徹底的に追求する経営姿勢を研ぎすましていくことになった。

　その後，1990年4月，現在地の香川町工業団地に新社屋(本社工場)を建設，生産拠点を横浜から室蘭に完全に移転し，本社工場には，形彫放電加工機，ワイヤーカット，マシニングセンターなどの最新鋭機の導入を図り，「精密金型部品加工の一貫生産体制を確立」している。93年7月には，本社工場を増築し，子会社㈱JPEをキメラの工場へ合体させ，形彫放電加工機，研削工程等

金属加工 → 金型部品加工 → 精密金型部品加工 →

精密金型部品加工の一貫体制の確立 → 生産効率の向上と生産量の拡大 →

NC, AT／CAD・CAMシステムの増強 → 工程管理システムの運用 →

3次元データの一気通貫 → 金型設計・組立製作

図8-2　キメラの生産体制の変遷

の拡充を図り，「生産効率の向上と生産量の拡大」に対応してきた。その後も増築を重ね，形彫放電加工機，マシニングセンター，ワイヤーカット，検査測定器等を拡充し，99年に最新機種の「NC(数値制御)工作機を始めAT/CAM(自動のコンピュータ支援による製造)・システムを増強」した。2000年には「工程管理システムの運用」を開始し，一貫した管理生産システムを構築している。同年，室蘭市石川町に放置されていた空工場を取得した。2004年9月，これを全面改装して第2工場とし，3次元データの一気通貫をコンセプトとして操業を開始した。06年10月には第2工場の第2期工事が完了し金型試作工場として操業している。

キメラは研削を中心とした金属加工からスタートして，精密加工を追及し，その技術・技能を金型部品加工に特化し，この分野で日本有数の企業にまで上りつめたのであった。そして，これに満足せず，金型そのものの設計製作へと新たに挑戦している。

4. キメラの業績

キメラ製品の特徴

キメラはモールド金型，プレス金型および各種金型部品加工，精密金属機械加工を主体に行ってきた企業である。近年はキメラ自体が精密モールド金型設計製作および試作もあわせて顧客に提供している。

主要納品分野は光学・オプトデバイス，通信・エレクトロニクス，デジタル家電，パソコン，外装品等(モールド金型部品)，機械部品，自動車関連，半導

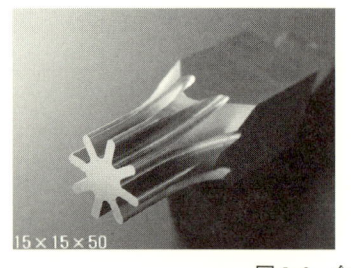

図8-3　金型部品の例

表 8-3 キメラの加工分類

大 分 類	小 分 類
モールド金型	部品加工，設計，製作，プレート加工，モールドベース加工，NC データ作成，3D モデリング，微細品(5 mm 以下)の射出成形型，インサート成形型，電極製造，カセット型，熱硬化性樹脂型，60 t 300 t 薄肉部品の射出成形型，射出成形型
プレス金型	部品加工，プレート加工，デアイセット加工，NC データ作成，3D モデリング
機 械 加 工	3 次元対応：微細穴加工，放電加工，マシニング加工(縦形)，NC フライス加工，汎用フライス加工，ジグボーラ加工，倣いフライス加工，マシニング加工(横形)，2.5 次元対応：NC 平面研削加工，NC 円筒研削加工，平面研削加工，成形研削加工，円筒研削加工，プロファイル加工，治具研削加工，内面研削加工，マシニング加工(樹脂)，ワイヤー加工，2.5 次元対応，3 次元対応：NC 旋盤加工，汎用旋盤加工，自動旋盤，鉄・ステンレス・超硬素材・アルミ合金・銅合金・マグネシウム合金・モリブデン合金・セラミック・焼結金属の機械加工／小ロット(1 個から)対応，微細品対応，フライス加工(樹脂)
金 型 設 計	射出成形金型，3D モデリング(プラスチック)
試作品加工	プラスチック試作加工
治 具 製 造	一般治具製造，量産用治具製造

出所）エミダス工場検索－会社情報(http://www.nc-net.or.jp/emidas/gaiyou.php?46129)

体，コネクター，ダイキャスト等(プレス金型部品)，多岐に渡っている。部品加工では月産 8000 点以上，1 日当たり 300 点，常時 80 社以上のオーダーに対応し，金型においても試作・量産合わせて 20 型の精密金型を毎月作り出している。さらに，精度では面粗度 0.2 Ra 以下，寸法精度±3 μm，形状部を含む研削面粗度 0.1 Ra 以下を実現している。キメラの加工を大分類と小分類に分け，加工分類としてまとめたものが表 8-3 である。

キメラの経営実績

2006 年のキメラは設立されてから 19 期の決算を終え，20 年目に入った。表 8-4 に第 1 期から第 19 期までの売上高と期末の従業員数を掲げた。図 8-4 はこれらの数値をプロットしたものである。これらのデータから，キメラは設立から順風満帆で今日を迎えたわけではなかったことが分かる。

キメラ設立の第 1 期，第 2 期は順調に伸びている。1990 年 4 月には現在地に本社工場を建設・移転しており，第 3 期は前年度の 2.8 倍の売上高となって

表 8-4　業績等の推移

期	年度	売上高(千円)	従業員数	備　考
1	1988	64,946	21	第1期は実質9カ月の売上高。JPE設立
2	1989	121,134	34	
3	1990	342,308	45	現在地に本社工場建設移転，最新機械導入
4	1991	635,092	45	協和精工の製造部門をキメラへ吸収
5	1992	575,501	45	
6	1993	557,386	52	第2期工場増築。JPEをキメラ工場に合体(JPE18名)
7	1994	707,229	32	
8	1995	899,535	41	
9	1996	939,233	45	第3期増設。NC，MC，ワイヤーカット，検査機器の拡充
10	1997	1,028,326	50	
11	1998	890,406	53	
12	1999	913,532	55	
13	2000	1,225,679	75	工程管理システム運用開始。一貫した管理・生産システム構築。第2工場用土地・建物取得。JPE16名
14	2001	995,921	93	JPEをキメラに吸収合併
15	2002	986,259	102	
16	2003	1,393,260	103	
17	2004	1,483,751	115	第2工場の改修完了
18	2005	1,718,522	148	
19	2006	1,930,196	160	第2工場の第2期工事完了。金型・試作工場として操業

いる。91年3月，協和精工の製造部門をキメラへ吸収したことと折からのバブル景気もあり，第4期は前年度対比1.8倍の売上高を確保している。しかし，92年5月以降，バブル景気崩壊の影響を受け，売上高が下がり始め，第5期，第6期は前年度実績を下回っている。

　1992年から93年の2年間，キメラは多くの得意先の獲得に努めている。この時代は金型業界では売上高3割から4割のダウンが当たり前であった。キメラは小さな仕事を拾い集めることにより，被害を最小限に食い止めたとも言える。また，キメラは金型部品メーカーであったことがそれを可能にしたとも考えられる。

　逆に，売上高9〜10億円台を1995年度から2002年度の8年間維持してきた

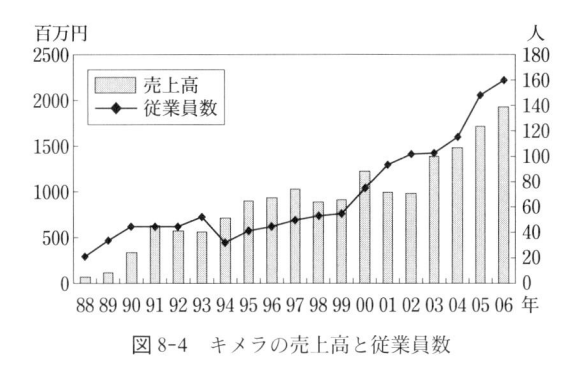

図8-4 キメラの売上高と従業員数

が03年から成長基調に入り，06年度(第19期)には約20億円となり，最近4年間で売上げが倍増したことになる。2000年に第2工場を取得し，管理・生産システムの構築が軌道に乗ったこと，また今まで行ってきた「ITと技の融合」などいろいろ努力してきたことが顧客に理解され信頼を勝ち取った結果とも言える。

キメラのISO認証取得

業績が伸び始め年商10億円企業になり，さらに上を目指す企業として国内はもとより世界へ羽ばたく企業に成長してきた。その結果，当然のこととしてISO(International Organization for Standardization：国際標準化機構)規格へ挑戦することになる。2002年11月には，ISOによって制定された品質管理に関する国際規格のひとつであるISO9001：2000(2000は2000年度版の規格という意味)を認証取得し，「品質とお客様満足の維持向上の指針」としている。また，2003年7月，キメラの事業活動を通して地球環境保全に貢献するために，ISO14001を認証取得している。2006年1月5日に定めた環境方針を表8-5に示す。

トップマネジメントの責任のもとでこのように環境方針を定め，計画を遂行するための目的・目標を達成する活動計画(Plan)を立て，その内容に基づいて手順や管理を確立したうえで実行および運用(Do)し，組織の活動を測定して監視と評価を行う。そして，要求事項を満たさない場合には是正処置や予防処置(Check)を行い，経営層は適切な間隔でシステムの適切性，有効性の継続を確実にするために，環境マネジメントシステム(EMS)の見直し(Action)を行うことになる。EMSの導入により，経営の改革，社会全体の顧客に安心感を与え，コストの削減，全社的に環境意識の向上などに寄与しているものと考え

表 8-5 環境方針

株式会社キメラは金型の設計・製作及び各種金型部品の精密加工，金属加工活動を通して地球環境保全に貢献する事を基本理念として当社の全ての業務活動に於いて率先して環境保全活動を推進します。
　この達成のために下記の方針を定め環境マネジメントを実践します。
1. 事業活動，製品及びサービスにおいて環境影響を明確にし，環境に配慮した活動を実践し汚染の予防を行うと共に，これらの活動を継続的に改善を進めていきます。
　(1) 電力使用量の削減を推進します。
　(2) 消耗品の使用量の削減を目指すと共に，消耗品のグリーン購入を推進します。
　(3) 廃棄物の分別を推進し，排出量の削減と再資源化を目指します。
　(4) 特別管理産業廃棄物の排出量削減を目指し，適正な管理を実施します。
　(5) 環境保全活動は環境目的及び目標を設定し，環境マネジメントプログラムにより活動を進めると共に，これらを見直すシステムを構築し，継続的に改善を行います。
2. 事業活動に関連する環境法規制及び当社が同意した要求事項を遵守致します。
3. この方針を徹底するために全社への環境教育を行い，全社一丸となって環境保全活動を推進します。
　　2006年1月5日
　　　株式会社キメラ　代表取締役　宮崎秀樹

出所）キメラHP(http://www.chimera.co.jp/k_houshin.html)より

られる。

5. キメラの強み(成長要因)

人材の確保と人材教育

　宮崎氏が1982年7月，横浜に協和精工を従業員4名，約56 m^{2}で創業したころは，好景気で業界全体が非常に優位な展開をしていた時代で，協和精工もその恩恵を受けて事業拡大のチャンスに遭遇した。しかし，京浜地区おいては景気が良くなればなるほど地価が高くなり，人手不足の状況が嵩じた。小規模企業の協和精工にとって，広いスペースを確保するには高い地代の所へ移転しなければならなく，また，人を確保し教育しても辞めて条件の良いところに行ってしまうということで，行きづまりを見せていた。このようなときに，室蘭を知ることとなったのであった。
　室蘭は北海道最大の工業都市で，新日本製鐵と日本製鋼所の企業城下町で知られていたが，当時，この二大企業が人員整理を進めており，機械金属加工に携わっていた人材が大量に求職活動を行っていた。また，室蘭には室蘭工業大

学や工業高校もある。求人難の首都圏の工場経営者にとって，室蘭は人材の宝庫に映った。宮崎社長は 1984 年 8 月に室蘭進出表明をし，同年 12 月 3 名を地元採用し横浜で研修を開始している。その後，85 年 10 名，86 年 7 名と毎年採用を重ね，横浜での研修は 4 年間続け，計 25 名が技術を身につけている。

室蘭は製造業向きの人材が潤沢で，人の確保は順調にいった。しかし，室蘭は大物で鍛造物の切削加工を得意としていた地域で，小型精密品の加工技術はなく，いわゆる偏在化した技術集積地であった。

小規模な協和精工が大量の人を受け入れることは，従業員の住まいの確保や研修体制の準備など想像を絶する状態であったと考えられる。最初から良品などできるわけもなく，不良品の山を築いていくことになった。宮崎社長は「当初，考えたより技術を伝えるということの難しさと技術の尊さを痛感する毎日が続き，あるときは同じ品物が何回も不良になってしまい最終的にできあがらず，高い外注費を払い社外で作ってもらったこともありました」と当時を語っている。このようなスタートから半年が経ち，1 年が経つうちに宮崎社長の姿勢が室蘭から来た人達に伝わり，少しずつ良品ができるようになっていった。

宮崎社長は「ものづくり」と「人を育てる」ことは密接に関連しており，この 2 つの環境づくりがきわめて重要であると説いている。素人集団を採用し，根気よく時間をかけて教育し，一人前の精密加工プロ集団へ育てあげてきた。現在では，キメラの精密加工技術が評判になり，人材の調達には事欠かなくなっている。地元の室蘭工業大学や北海道大学等，大卒の優秀な人材が集まってきている。

「数字」を通じての組織力強化

宮崎社長は「経営は組織力，財務力，営業力，技術力の充実とバランスが大事」とし，とくに中小企業は，まず組織力を強くすることが大切としている。組織力とは「企業としての考え方，社長としての考え方を社員に浸透させることだ」と言う。宮崎社長の考え方は「会社は『数字』を目的に人が集まっている。数字を通じて社員が豊かになり，社会に貢献する。良い数字を増やし，悪い数字を減らすのが企業」という表現に凝縮されている。

加工部門の工員に対しては「数字」を「時間」で示している。キメラのス

タート時から，受注した仕事を加工時間に換算し，一人ひとりに時間への認識を植えつけてきた。したがって，工場には保有機械と人員により月2万時間の仕事をこなす能力があるとすると，営業目標も2万時間以上の仕事を取ることになる。逆に，不良品を作った場合は，それに要した時間を基準に損失も明確となり，原価意識も高揚することになる。

　宮崎社長があえて「数字」の浸透を図るのは，ものづくりへの思いを込めているからである。「ものづくりにこだわるのは日本人としての生きざま。『負けたら悔しい』『絶対にできる』『もっといいモノを作る』という国民性がある。この精神を受け継ぎ，地球の回転軸にあったかたちで創造しなおし，高級なものづくりをやっていく国にしたい」と言う。製造業が海外に進出していくなかで，国内にこだわったものづくりを目指している。宮崎社長のものづくりへの思いはキメラの企業理念そのものである。「数字」を通して企業理念を浸透させてきたことが，強い組織力につながっている。

IT技術と匠の技術の融合——短納期の実現

　横浜から室蘭へものづくりをシフトしたとはいえ，顧客は本州が中心でほとんどが首都圏である。打合わせと納品の面を考えるならば，顧客が遠方にあることはマイナスと考えられがちである。室蘭へ進出当時は世の中に宅配システムが出回って，自社の輸送システムを持たなくても顧客へ納品が可能になった時代でもあった。キメラはそれ以来ずっと宅配便を有効に活用するとともに，緊急を要する場合は，航空便も利用している。当初，図面はファックスでのやりとりが多く，見えないところを電話で打ち合わせていたため，電話代がかかるうえに効率もきわめて悪かった。このように遠隔地立地のハンディを最初から背負っていたが，IT技術を導入することによって見事に克服してきた。

　もともとは紙ベースで管理してきたが部品点数6万点を超え，大手電機・自動車部品メーカーなど80社と取引があり，月間6000～7000点を納めるようになると，紙ベースでの管理が不可能になってきた。特定の人が管理すると工程管理が一方向になってしまい，データがクローズしてしまうことによるさまざまな弊害が発生した。例えば，「納期遅延の発生」「出図からの生産部門への情報伝達が遅い」「工程通りに現場が動いてくれない」等の問題である。また，

インプット情報として，「①何を作るのか，②何で作るのか，③いくつ作るのか，④いつまでに作るのか，⑤誰が作るのか，⑥工程順序は，⑦作業内容は」等が不透明で現場を混乱させることがあった。

2000年3月，「工程管理システム」を導入し，現場に作業確認・実績入力が行えるようにパソコンを10台，営業・管理者にも8台と計18台配置した。これらのパソコンを通して，日程計画や進捗状況は全社員が見たいときにいつでも見られるようになった。その後，このシステムは，顧客が進捗状況を確認できる仕組みに進化している。

このシステム導入後の効果として，つぎの3点が挙げられている。

効果1：現場管理者の間接時間が減少，加工進捗状況がわかることにより部品の追っかけ等の間接作業時間が減少し，加工に関わる時間が増えた。

効果2：管理者クラスが全社的に工程をつかめるようになった。システム導入前は現場に加工物が来てから作業の振分けを行っていたが，製造計画・進捗状況がオープンになったことにより，全社的な予定が把握できるようになり，事前に明確な加工予定を組めるようになった。

効果3：残業の目的がはっきりした。各工員の残業時間が会社としての計画残業時間とほぼ同じ時間ですむようになった。いつ，何の目的で残業するかが明確になったので，現場もやりやすくなったし，作業効率も上がった。

IT化の進展について，宮崎社長は「納期を守る体質を会社に染み込ませてきた。そのため全ての業務スピードを速める方向に会社が自然に動いていった結果だ」と言う。"ITは道具"と言われているが，キメラの情報システムはすでにスピード経営のツール化している。とは言え，キメラのスピード経営の本質は加工・生産現場にある。短納期を実現している理由のひとつとして「ITと匠の融合」がうまくいったことが挙げられる。キメラと同業他社との違いは，設計から部品加工に入るまでの時間が半分ですむことであり，「ITとNC工作機が結びつき，もともと速い部品加工の力を最大限活かしている」ことである。ポイントはデータ処理のノウハウとスピードである。

1999年11月，3次元CAD-CAMを導入して，2次元でもよい部分も3次

元CADで設計に挑戦し，2次元から3次元への移行する余分な時間を経ずに，優位な展開を図っている。CAMの活用を導入2年程度で軌道に乗せている。これらも「融合」による成果である。

3次元化の一方で，キメラには「匠」の再強化を目指す〝プロジェクト〟が進行している。そのために汎用加工機を新たに導入し，NC工作機に頼らず，人の手による加工の力を蓄積している。IT技術の進化により，NC工作機できわめて高精度の加工が可能になっているが，しかし匠のノウハウや力がないと，よい設計やNC工作機へ加工プログラムを組むことができない。NC工作機による加工のボリュームが増えてきた現在，匠の部分のブラッシュアップが必要になっているのである。

宮崎社長は機械工全員にゲージセット（計測器具）を当初から配布し，自分の作ったものを手元ですぐに何度でも計測できるようにしている。この体制は自分の作ったものへの責任，喜び，誇り等を与えることにつながっている。このような点から，キメラの匠のブラッシュアップは高いレベルで図られていくものと考えられる。

豊富な機械設備とその活用

金型企業は匠の技術集団の労働集約型とNC工作機等をたくさん揃えて加工を行っていく資本投下型の2つのタイプに分けられる。宮崎社長が協和精工を始めた頃は，機械工による匠の集団，すなわち労働集約型でものづくりを行っていた。しかし，労働集約型では生産性向上に限界があり，企業の拡大が望めないことをいち早く察知している。キメラを設立し精密金型部品加工を目指すようになってから，先に述べたようにIT技術と匠の技術の融合を図り，短納期・高品質・高生産性の実現を目指したのである。

キメラ設立時は，プロファイルグラインダー，成型研削盤，平面研削盤，フライス盤，ボール盤等の一般的な機械設備からスタートした。キメラ設立2年後の1990年4月，現在地に本社工場の建設を契機に，最新鋭機を導入している。その後，工場の増築や第2工場の取得のたびに高額な最新鋭機械設備（NC工作機，MC等）を追加導入している。また，先に述べたように，CAD-CAMの導入や工程管理システムの運用などに投資し，最新鋭機械と管理シス

表 8-6 主要な機械設備

設 備 名	台数	設 備 名	台数
NCフライス盤	6	ワイヤー加工機	13
フライス盤	8	自動プロ	3
旋盤	1	ワイヤー用3D CAM	4
バンドソー	1	放電加工機	20
コンターマシン	2	細穴加工機	3
電気炉	2	3Rロボットシステム	3
もどし炉	2	プロファイルグラインダー	9
硬度計	1	工具顕微鏡	10
万能ドリル研削盤	1	投影機	1
万能エンドミル研削盤	1	面粗度計	1
精密万能研削盤	1	形状測定器	1
平面研削盤	35	マイクロハイト	6
平面回転研削盤	1	デジタルマイクロメーター	50
クリープフィード	1	CNC三次元測定機	5
投影機	2	自動測定ソフト	3
成形機（30 t/50 t/100 t）	3	CNC画像測定システム	3
超硬切断機	1	ニューマブラスター	1
CNCジググラインダー	1	小型精密NC旋盤	1
3D CAD／CAM	15	ジググラインダー	2
3D CAD	18	マシニングセンター	10
3D CAM	5	ロボットシステム	1
2D CAD	4	切削シュミレーター	1
2D CAM	4	ラッピングマシン	1

出所）キメラの会社案内と『MECHATRONICS NEWS』を参考に作成

テムが有機的に結合して高い生産効率を上げている。

　現在は時間ロスを削減するために，顧客から製品や部品のCADデータを電子メールでもらい，すぐに図面化，NCデータ作成，電極設計，材料取り，製作とほとんどの工程を並列に流し短納期化を図っている。最速で，受注してから中1日で精密部品を納品できる会社となっている。顧客が距離的に離れていても，時間的にきわめて短く対応していることが広域に顧客を持つことを可能にしている。

発注先を虜(とりこ)にする「金型のデパート」

「どんな注文でも断らない」がモットーで1個だけの注文でも引き受ける。

金型にはプレス型やモールド金型等があり，さらにはプレス型には電子部品向けの精度を要求される順送金型や量産金型がある。モールド金型にも，いろいろな種類・形状のものがある。そして日本の場合は多くが分業化されている。このような金型業界にあって，キメラは「購入した機械のスペックに合う仕事は何でも受ける」という方針を貫いている。キメラは金属加工・部品加工からスタートし，金型そのものの完成品を製作するのではなく，金型の部品加工に特化してきた歴史がある。このことが金型の全てのジャンルに対してできないものはないようになっていった。キメラの機械設備は金型に対しオールマイティ対応となり，機械設備の稼働率もきわめて高くなっている。

キメラは，多品種少量生産やモデルチェンジなどに追われるユーザー企業の設計者や製造・購買部門の要求に応える，「高級品の品揃え」と「納期を守る安心」を与えている。これがキメラの競争優位性でもある。キメラは品質と納期が確実な外注先を求めているユーザーに，高いCS（顧客満足）を提供する「金型のデパート」としての存在と言える。

キメラはフライス，成型研磨，超硬研磨，プロファイル，ジググラインダー，放電，ワイヤーなど加工内容別に部門を編成し，膨大な機械設備を運用・稼働させている。そして，設計・加工データを作る技術とノウハウの蓄積が，設備を有効に活かす基盤となっている。顧客が持ち込むデータは多彩をきわめ，3次元データもあれば，2次元データもある。さらに，顧客によって，データにくせや特徴がある。それらを咀嚼し，部品加工データに展開する能力も，「金型デパート」に求められる隠れたノウハウとなっている。

現在，金型設計と組立製作にも挑戦しており，これらの技術が向上するにつれて，金型部品のオールマイティ企業から金型製作のオールマイティ企業に生まれ変わる日も近い。

社長の仕事は情報収集

室蘭は顧客と遠距離にあるというハンディを，顧客との仕事のやり取りはIT技術を駆使し，製品の配送は航空便を使用して克服していることは先に述

べた。

　しかし，宮崎社長は「時代に即した経営には情報こそが大切」との信念から，室蘭へ移転したのちも，神奈川県の自宅はそのままにし，ほぼ1週間おきに北海道との間を往復している。月の半分は首都圏の金型業界に限らず様々な経営者等と人的交流や情報交流に力をいれている。「たとえ雑談のなかでも，この発想をうちの会社に当てはめてみようというヒントがある」と，常に新しいものを取り込んでいく姿勢を貫いている。発想力を鈍化させないため，あえて「二重生活」を送り，自らに刺激を与えている。

　技術に精通しながらも，軽快なフットワークの営業センスを持つ宮崎社長のような経営者は，実は少ない。一般的に言って，技術に強い経営者は営業が苦手で，営業に強い経営者は，本質的なところで技術を理解してない傾向がある。このような宮崎社長の事業に対する真摯な姿勢と希有なバランス感覚が今日のキメラを生み出したと言える。

6. 新たな挑戦

金型部品から完成品へ

　2000年に廃業した企業の工場を買い取り，04年7月，重量設備にも耐えられるように床の補強，空調・水回りなど全面改修し，操業環境を万全に整えた。本社工場で培ってきた「匠の技術と最先端設備(IT技術)」を投入するためである。外観はもちろん，エントランスの内装，デザインにもこだわっている。インテリア・コーディネーターの宮崎社長夫人のアイディアが散りばめられている。雄大な大自然に囲まれたハイテク工場という演出である。こだわりの演出は，第2工場完成を機に本格的に金型完成品の工場として，次の飛躍への期待を込めたためである。3次元CAD−CAMによる高度な加工技術を発揮し，金型部品から金型完成品への事業拡大を軌道に乗せるという宮崎社長の決意の現れでもある。

　キメラは「金型のデパート」として，ほとんどの精密金型部品を製造できる技術や機械設備を備えてきた。大手ユーザーの多くは自社内や協力企業に金型部門を抱えており，完成品で営業を行うことは必ずしも有効ではない。しかし，

海外生産の拡大に加え，金型加工技術の変化はきわめて早い。宮崎社長は「地球の変化に合わせた経営」をコンセプトとしており，キメラが完成品に参入したのは自然な流れでもある。

「今どき金型に参入する企業なんてないでしょう。"最後の金型メーカー"だね」と宮崎社長は笑う。「ひらめいたら実行するのが信条。そして口に出して言う。日本のものづくりはこれからも必ず存在するし，高度なものに変化していくはずだ。キメラは成形やプレス加工に参入していくかもしれない」と述べている。

キメラの研究開発

2002年度にキメラは，経済産業省・中小企業庁の「地域新規産業創造技術開発費補助事業」に申請を行った「型彫り放電加工用電極の採用設計及び製作による次世代金型製作システム開発」が採択された。このときは全国で61件（その内，道内5件）という少ない採択のなか，高く評価された結果であった。2005年度には「自動変更機能付き日程計画管理システム」を地元の室蘭工業大学の協力を得て研究開発している。このシステムには，「新事業育成資金」による個人保証免除の融資2億円が中小企業金融公庫から北海道で初めて実行されている。このシステム開発はキメラが大きく飛躍する機会を与えている。2006年度，経済産業省の「日本の国際競争力を支える元気な中小企業300社」に選ばれている。精密加工技術と時間管理に基づく効率的な生産手法で短納期で仕事をこなし，ものづくりを行っていることが評価されたものである。2007年度，経済産業省・中小企業庁の「戦略的基盤技術高度化支援事業」に申請していた「加工条件の最適化による高機能かつ微細な多極を有する狭ピッチコネクター用成形金型の開発」が採択されている。この事業は「中小企業のものづくり基盤技術の高度化に関する法律」に基づく支援策の一環として行われているもので，2007年度は全国より218件の応募があり，89件が採択になったものである。

現在，情報家電の小型・高機能・大容量化に伴って，接続部品となる「狭ピッチコネクター」には，より高精度で微細な多極を有する「超薄型狭ピッチコネクター」が求められている。現状では40 mm幅に256本のくし歯状の端

子があるものが最高である。これを 256 本という本数は維持したまま，幅を半分の 20 mm にすることを目指している。この研究開発では，狭ピッチコネクター用成形金型部品の製造に向け，加工条件を最適化するソフトウェアの開発を通じ，工具選択・使用順・加工条件等の最適化を自動で行うシステムを構築し，電気・研削・切削加工技術の高精度・微細化を実現することで，新たな金型加工技術を確立することを目指している。研究開発期間は 3 カ年で，初年度 5200 万円，2 年度 4000 万円，3 年度 3000 万円の助成が予定されている。事業の管理法人は，㈶室蘭テクノセンター，キメラ社員 6 人と三菱電機名古屋製作所の社員 1 人で構成するプロジェクトチームで取り組むことになっている。

技術開発に深耕してきた結果，キメラはいつの間にかフロントランナーとなっており，自ら果敢に研究開発に取り組み，「室蘭から世界へ技術を発信」する道を歩んでいると言える。

〈参考文献〉
『日経情報ストラテジー』日経 BP 社，2004 年 4 月号，70-72 頁
『MECHATRONICS NEWS』2005 年，2-7 頁
『経営者会報』日本実業出版社，2005 年 1 月号，24-29 頁
関満博『ニッポンのモノづくり学』日経 BP 社，2005 年，206-213 頁
『日刊工業新聞』2005 年 1 月 7 日
『毎日新聞(胆振版)』2005 年 1 月 8 日
『北海道新聞』2005 年 2 月 1 日
『日刊工業新聞』2005 年 6 月 21 日〜24 日
『SAPIO』小学館，2007 年 2 月 14 日号，71-74 頁
『日経ものづくり』日本経済新聞社，2007 年 6 月号，74-76 頁
『室蘭民報』2007 年 8 月 4 日
キメラ HP (http://www.chimera.co.jp/)

[森永文彦]

第9章

カナモト

建設機械レンタル市場のパイオニア

カナモトは，創業者である金本一郎氏が，室蘭で木製の大八車を借りて古鉄の回収を始めたことによりスタートした。そして現在，主業を建設機械レンタル業に移行し，148の直営拠点および連結子会社6社，非連結子会社2社，他アライアンス企業1社の80拠点を合わせ，グループ全体で合計228拠点を北海道から沖縄に至るまで展開している。1998年には北海道内に本社を置く企業としては9社目，建設機械レンタル業として全国唯一の東証一部上場を果たしている。北海道の一同族企業であった金本商店を，売上高600億円超，従業員約1200名の東京証券取引所市場第一部上場会社に発展させ，今なお成長を続ける「カナモト」の軌跡を追う。

1. カナモトの沿革

創　業

カナモトの前身である金本商店を室蘭に起こしたのは金容旭(ヨング)・又壬(ウイン)夫妻である。二人は韓国最南部の長興郡の生まれ(1908年と1910年)，1925年に17歳の若さで結婚しすぐ一子をもうけた金容旭(日本名，金本一郎)氏は19歳のころ身体ひとつで日本に渡り，やがて妻と子を呼び寄せて生計のために苦闘した。

表9-1　カナモトの歩み

1935年頃	金本一郎氏が古鉄回収業の金本商店として創業
1960年頃	本業のかたわら中古機械の貸出しを始める
1963年	金本一郎氏が死去，長男の金本善中氏が店主となる
1964年	株式会社金本商店を資本金1,200万円で設立
	代表取締役社長に金本善中氏，専務取締役に弟の金本太中氏が就任
1971年	苫小牧出張所開設，多店舗展開を開始
1972年	社名を株式会社カナモトに変更
1980年	オリエントリース(現・オリックス)と北海道拓殖銀行が資本参加，同族会社からの脱皮を図る
1981年	代表取締役社長に金本太中氏が就任
1983年	鉄鋼，建設機械レンタルに次ぐ第3の営業部門・情報機器事業部を苫小牧市に設置
1991年	札幌証券取引所に上場
1996年	東京証券取引所市場第二部に上場
1998年	東京証券取引所市場第一部に昇格，代表取締役社長に金本寛中氏が就任
2006年	中国に現地企業の上海米源国際貿易，オリックスとの合弁会社「上海金和源設備租賃有限公司」を設立

1929年には次男(金太中)も誕生。おそらく30年か31年に一家4人は新天地を求めて北海道に渡り，偶然のきっかけから，身よりもなく知人もいない室蘭に住み着くことになった。したがって室蘭での一家の生活は貧乏のどん底からの始まりであり，かつ朝鮮人に可能な収入源はきわめて限られたきついものしかなかったが，金容旭氏はたぐいまれな努力と才覚で一家を養うためのハードルを克服していったのである。大八車を引いての古鉄回収が少しずつ成果を上げ，1935年頃には「金本商店」という看板を掲げるまでになった(このときに選んだ屋号と事業主の姓は金本だが40年の創氏改名で選んだ一家の姓は金山である)。室蘭の港機能が盛んになったのを背景に，金本商店の主要事業は，高級製紙原料となる(船舶)使用済みのマニラ麻ロープの集荷や，沖商の鑑札をとって港内に出入りする船舶の用済み物品を仕入れ，それぞれの用途に販売することだった。だが大戦後の復興需要に対応して1948年頃からは鉄スクラップを中心に商いをするようになり，そして50年に始まった朝鮮戦争を契機にその売上げが急拡大する。それはまた，やがて日本経済の高度成長の始まりとともに室蘭という都市が「港ムロラン」から「鉄の街ムロラン」に変貌していく移り変わりを，いち早くキャッチした意味をも持っていたろう。スクラップ回収だけでなく鉄鋼製品の販売にも力を注ぎ，60年頃には，現在の建設機械レンタル業務のきっかけとなった，中古機械の貸出しを他社に先駆けて始めている。

　1962年，金本商店の売上高は1億6400万円，従業員は30名という規模にまで達していた。それまでの事業の方向づけと選択はすべて金容旭氏の判断で行われてきた。経営が軌道に乗り，長男を始め複数の実子や義子が経営に参加するようになり，従業員が増えてきた過程においても，創業者の指揮は事業の隅々にいたるまで絶対的なものだった。ところがその創業者が，1963年2月，旅先で急死したのである。当然，金本商店の経営は大きな危機に立たされた。その危機の乗り切りだけでなく事業を今日のカナモトへの飛躍に結びつけるのに主役を演じることになるのが，そのころ東京に住み親の事業とは関係のない生活をしていた一家の次男，金太中氏であった。

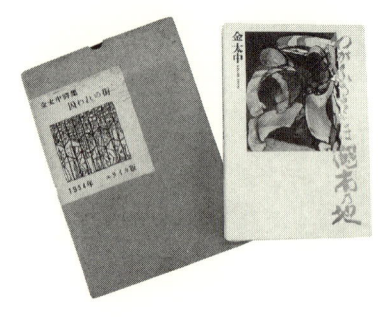

図9-1　金太中氏の詩集

金(金本)太中氏の経営への参画

　わたしは子供のころ
　　むらさき色の朝顔の花に惹かれていて
　　いまにも零れ落ちそうな露を
　　じっとみつめる少年だった

　金太中氏は2005年に出版した詩集『わがふるさとは湖南(ホナム)の地』(思潮社)によって平成17年度北海道新聞文学賞を受賞している。その詩集には17歳(1946年)の中学生が書いて『室蘭民報』に掲載された詩から始まって，経営の一線を退いたあと2004年の作品までが含まれる。金太中氏にはこれと別に『脱 私の経営 私の人生』(北海道新聞社，2002年)という著作を始め自分の生い立ちや経営哲学を語って印刷されたものもあるので，それらを読んで経歴を知るとともに氏の人柄にも想像をめぐらせることができるように思う。

　上の詩は，2004年に書かれた「生きていたい」という詩の断章である。この詩全体が深い絶望と寂寥のトーンに彩られている。往事を思うとき事業をここまで大きく成長させたという成功者としての自負や喜びや達成感は，後年のどの詩の行間にも感じられない。氏が東京に在住し文学の世界で生き様を模索していた25歳のとき刊行した最初の詩集『囚われの街』(書肆ユリイカ，1954年)では，

　　今こそ
　　とざされた街にわれらの太陽をひきずりおろし
　　人よ
　　たかだかとラッパを吹き鳴らせ！
　　群集のコーラスを　とどろかせ！

と，若々しい高揚した気持ちが謳われ，後記には《この詩集を，僕を敵としない人たち，とりわけまだみぬ祖国の幼い子供たちに捧げる》と，昂然たる思いを記していた。金太中氏の詩や文の移り行きを読んであらためて感ずるのは，氏の人柄を特徴づける剛毅と繊細の両面である。経営者としての金太中氏はおそらく，決断が早く負けん気が強く男らしく酒豪でもあるといった，剛健の気

質を他人に印象づけることが多かったと思われるが，その反面で少年時代からデリケートな感性にあふれロマンチックな夢想にふけり，他人の心情を思いやる性格の持主でもあった。経営を率いてまっしぐらに駆けているときには表にでなかったように見える後者の性格が，実は経営者としての金太中氏の魅力であり牽引力の源でもあったと言えないだろうか。

　金太中氏は中学生時代から秀才の誉れが高く，室蘭中学から第一高等学校に合格して上京，さらに東京大学文学部に進学した。北海道の室蘭からこのコースをたどった青年はきわめて少ない。金少年が室蘭時代にそれほど被差別の意識を強く持たずにすんだのは，学業に図抜けていた要因が小さくなかったであろう。しかし上京して多くの同胞と交わるうちに必然的に民族意識が育まれ，祖国への限りないいつくしみの感情が高じていった。大学卒業後には自ら望み数年にわたって朝鮮民族学校の教員をも務めている。と同時に金青年は東大仏文科の学生，卒業生として多くの文学仲間とともにあり，手当たり次第に読み，書き，議論する充実した日々を送っていた。出版社に職を得て，編集者としての仕事を体験したこともある。

　こうした生活がまったく突然に，父親の死によって終わりを告げさせられたのである。太中青年は金一家の期待と誇りと信頼を一身にあびて，それゆえ一族では特別に，東京での思うがままの生活を許されていたのであろう。父親の急死で一家が危機に瀕し，一族が太中青年に帰郷を懇願したとき，それを断ることはとうていできなかった。兄さんの商店主職の基礎が固まるまで1年だけ手伝う，1年たったらまた東京に戻る，そういう約束で金太中氏は室蘭の人になった。そして結局，永久に文学仲間，民族運動の仲間のなかに帰ることがなかったのである。実業家に変身し，実業家として大いなる成功を遂げながら，近年の詩に見られる暗い寂寥のトーンには，経営の第一線を離れて蘇ってきた青春時代に捨てた数々の事柄への思いがこもっている。さらにそこに，氏が実業家の道をまっしぐらに駆け上っていたまさにその時に遭遇した，最愛の子息の死という痛恨事が加わった。私人にかえった氏の脳裡に去来する苦悩が，読み手にある種の普遍的な感動を与えるものとなっている。

会社（法人）設立

　金本一郎氏亡き後の金本商店はすでに家業を手伝っていた長男の金本善中氏が店主となり，東京から戻った次男の太中氏を含めて家族が結束し共同で経営することを申し合わせた。後年の太中氏の回顧によれば，当時の多くの個人商店がそうであったように金本商店も家計と事業が分離できておらず，30人もの従業員を抱えながら就業規則も未作成の状態であった。太中氏は大いに期待され懇願されて家業に加わったわけであるが，と言いながらその立場は微妙なものがあったに違いない。すでに長男を始め事業に従事している家族が何人もいるところに，事業というものにまったく経験のない次男が，しかも一人だけ図抜けて高い教養の持主として加わったのである。いくら兄弟といっても，真に結束して家業を盛り立てるには，成員のそれぞれが彼に寛容を保ち口のきき方一つに至るまで配慮が必要であったろう。それをやり遂げたということが，創業者を失った金本商店が成長軌道を維持するのに計り知れない大きな意味を持ったと思われる。

　そのいわば象徴と考えられるのが，のちに金本家の三戒と呼ばれるようになる，太中氏による次の提言である。太中氏は，事業を継承し発展させるために共同経営者となる兄弟に次の3つのことを提案し，受け入れられた。

　　一，同族間で地位の争いをしてはいけない。
　　一，同族間で金銭を争ってはならない。
　　一，同族の各々の妻女が自らの立場で経営に容喙してはならない。

　太中氏自身が「ごく常識的で多少古めかしい」と回顧するこの提言が，この兄弟会社の「共同」性の核心に置かれて実質的に機能し，また言い換えれば，事業体験なしに組織に加わった太中氏が早くから発揮するリーダーシップの性格を特徴づけたのだった。

　翌1964年，室蘭市に払込資本金1200万円で株式会社金本商店が設立された。長男の金本善中氏が社長，次男の太中氏が専務取締役という肩書きであるが，上の三戒に基づく共同の理念が強調され維持された。

　株式会社設立当時の同社の事業内容は，鋼材のほか造船会社に納入するフランジ継手やボルト，配管に使われる銅パイプ，銅版などの二，三次製品および造船所で発生する鉄屑の取扱いが中心だった。この頃の日本経済は，池田内

閣の国民所得倍増計画に代表される，高度成長政策が進められている最中で，実質経済成長率が8％を超え，景気が活況を呈していた時代であった。また，1960年代に入った頃から，道路，港湾，鉄道，ダムなどの産業基盤の整備が，盛んに行われるようになった。この頃から金本商店はゼネコンに対し，建設工事に使用されるコンクリートミキサーやコンベヤーなどのレンタルを少しずつ始めている。現在カナモトのセグメント別売上高の約90％を占める建設機械関連事業も，第1期の売上高に占める割合は約1％程度であった。しかし，当時まだ補完的な事業であった建設機械レンタルが，いずれは建設業界全体の施行能力を高めるための主流になると経営陣は確信しており，積極的に建設機械レンタル事業に注力した。

建設機械レンタル業の創成期

　ここで，日本国内における建設機械レンタル業の歴史に触れてみる。明治維新以来，しばらく日本の建設事業は，富国強兵のスローガンのもと，国土保全，産業基盤の整備のための国直轄の工事が行われるようになるが，その多くは人力中心であり，建設機械を使用する場合も欧米から輸入していて，建設機械レンタル業が成立する余地はなかった。第2次大戦の敗戦後に，食料確保のための開墾工事，被災地処理等のために建設機械の需要は高まるが，ほとんどを輸入品や占領軍の払下げの中古機械に依存し，施工も国が直轄で行っていた。その後，国土開発のための治山・治水・ダム工事や，道路港湾などの産業基盤・社会資本充実のため，大企業による投資が活発化する。それに伴い，国内の建設機械メーカーも海外メーカーとの技術提携により，国産機械を供給するようになっていく。

　1950年代から60年代にかけて増大した公共事業による建設需要を賄うため，施工業者同士の遊休機械の相互融通や，建設機械の修理業者や販売業者などが保有する機械を貸し出したのが，建設機械レンタル業の始まりと言える。実際に，全国建設機械器具リース業協会の調査によると，建設機械レンタル業の41％が，1961年から75年にかけてレンタルビジネスに参入している。

建設機械レンタル業の特性

　建設機械レンタルは「必要なときに」,「必要な機械を」,「必要な台数」だけ借りることができる効率的で無駄のないサービスである。また,機械の自社保有と比べ,購入資金や保管場所,メンテナンス費用が不要となり,費用の変動費化と経理作業を軽減させるメリットを併せ持っている。似たようなサービスにリースがある。ここでは建設機械レンタル事業を含む"レンタル"と,一般に"リース"と呼ばれているファイナンスリースとの違いについて説明しておこう。

　まず,物件については,建設機械レンタルではレンタル会社が需要予測に基づき選定し在庫として保有,不特定のユーザーに繰り返し貸し出す。レンタル物件のメンテナンスは建設機械レンタル会社が行う。一方,ファイナンスリースでは特定のユーザーが指定した物件をリース会社が購入し,ユーザーに貸し出す。リース物件のメンテナンスはユーザーが行う。次に期間については,建設機械レンタルは一般的に短期間で途中での解約が自由である。一方,リースでは一般的に長期間の契約となり,期間中の解約は不可とされ,解約するには違約金を払う必要がある。リースは契約時にリース料総額が確定するため,リース料の算定は次の式によって算定する。

　　月額リース料＝(物件価格＋固定資産税＋動産総合保険料＋資金の調達
　　　金利＋利益＋ユーザーのリスクプレミアム)／リース期間(月数)

一方,レンタル料はリースに比べ,期間中の稼動予測や物件の中古市場への売却価格の予測などにより複雑さを増すため,カナモトでは次の式によって算定している。

　　1日当たりのレンタル単価＝〔基礎価格×(1－残存価格率＋標準メンテ
　　　ナンス費率＋割賦購入手数料率)〕／〔年間稼動日数×耐用年数×(1－
　　　販売管理費率－運転金利率－利益率)〕

　ただし,実際には年間稼動日数の予測は困難であり,需給バランスがレンタル単価に強く影響を与えている。つまり,不安定な貸出単価と予測困難な稼働日数の積が売上高となり,レンタル資産の生涯リターンは,資産の売却または廃棄に至るまで確定しないということになる。一方,原価はレンタル資産の取得価額そのものであり,税法上の法定耐用年数に基づく減価償却費が直接原価

表9-2 建設機械レンタルとファイナンスリースの比較

	建設機械レンタル	ファイナンスリース
契約期間	短期中心	中長期
レンタル・リース料	不確定	期間中一定
在庫	必要	不要(借主が指定)
解約	自由	不可
メンテナンス	貸主負担	原則借主負担
賃借人	不特定多数	特定

となる。

レンタルとファイナンスリースを比較すると表9-2の通りとなる。

急成長期

株式会社への改組後、金本商店は日本経済の発展とともに急成長を遂げる。1972年、同社は株式会社カナモトと社名を変更した。家名を踏襲はしているが、カナモトの名はホンダやトヨタと同様、いわば家名から離れたシンボルとして自立したのである。金本商店からカナモトにいたる沿革において同族の「共同」経営は乱れるところがなかったが、とくにその面における金本太中氏の存在と役割は大きかったと思われる。そして誰もが認めるその強力なリーダーシップのゆえに、81年、氏は2代目の代表取締役社長に就任した。

このとき、金本太中氏は、企業が成長を続けるには変革を是とする精神が重要だとし、次の行動指針を掲げた。

一、変革を求め会社の活性化に総力を結集せよ。

一、我が社は利益を追求する戦闘集団であることを自覚せよ。

一、自主、自立の心を持て。

同時に金本太中氏は、企業が存続していくには市場における企業間の競争に勝ち、利益を上げ続けることが重要としながらも、決して反社会的で、非道義な手段・方法を用いるべきではないとも訴えている。その後カナモトには様々な意味で画期をなす成長の局面がいくつかあるが、上の指針に立った金本太中氏のリーダーシップは、その都度いっそう確たる度を強めたといってよい。

同社の設立から第10期までの業績と、その業績の推移にとってのいわば経

表 9-3　設立当時の業績と社会の主な出来事

(単位：百万円)

年(期)	業　績	主な出来事
1964 年	株式会社金本商店設立	東京オリンピック開催
1965 年(第 1 期)	売上高　504　経常利益　2	戦後初の赤字国債発行
1966 年(第 2 期)	売上高　618　経常利益　8	人口 1 億人突破
1967 年(第 3 期)	売上高　858　経常利益　11	ASEAN 結成
1968 年(第 4 期)	売上高　1,060　経常利益　19	霞ヶ関ビル完成
1969 年(第 5 期)	売上高　1,553　経常利益　82	東名高速全面開通
1970 年(第 6 期)	売上高　2,419　経常利益　82	大阪万博開催
1971 年(第 7 期)	売上高　2,121　経常利益　73	ニクソンショック
1972 年(第 8 期)	株式会社カナモトに社名変更 売上高　2,706　経常利益　111	札幌オリンピック開催
1973 年(第 9 期)	売上高　5,883　経常利益　501	第 1 次オイルショック
1974 年(第 10 期)	売上高　7,021　経常利益　265	狂乱物価

営環境を象徴する年々の社会的な出来事は，表 9-3 の通りであった。

さらにその後 20 世紀末までの売上高と経常利益の推移は次のごとくであった。

　　1980 年(第 16 期)に 100 億円を超え，売上高 116 億円／経常利益　1.5 億円
　　1987 年(第 23 期)に 200 億円を超え，売上高 207 億円／経常利益　3.7 億円
　　1990 年(第 26 期)に 300 億円を超え，売上高 345 億円／経常利益 11.2 億円
　　1991 年(第 27 期)に 400 億円を超え，売上高 408 億円／経常利益 13.5 億円
　　1994 年(第 30 期)に 500 億円を超え，売上高 509 億円／経常利益 32.5 億円
　　1999 年(第 35 期)に 600 億円を超え，売上高 606 億円／経常利益 37.2 億円

後述するように 1990 年代にカナモトは公開会社への道に踏み出し，大小約 3000 社ある建設機械レンタル業者のなかで唯一，東京証券取引所市場第一部への上場を実現することになる。これほどのめざましい成長を果たし，さらに昨今の公共事業が縮小する環境にあっても堅固な経営を維持している競争力の源泉はどこにあるのか。以下そのことを，「多店舗展開・アライアンス(業務提携)によるスケールメリット」「多店舗展開を支えてきた資本戦略」「積極的な情報投資による業務の効率化とデータの活用による品揃え戦略」の 3 つの要因を中心に検証してみる。

2. 多店舗展開・アライアンスによる シナジー効果の最大化

多店舗戦略

　カナモトの成長戦略の主な柱の一つが多店舗戦略によるスケールメリットの享受である。多店舗展開の第一歩が，法人設立後7年目にして室蘭以外に開設した苫小牧出張所であった。それまで主力として取り扱っていた鉄鋼は，その流通の硬直性により拡大政策をとることは難しく，同社は建設機械レンタルに経営資源を積極投入していく。第1期の同社における建設機械のレンタル部門の売上構成比は1%に過ぎないが，この頃になると建設機械レンタル部門が急成長してきており，苫小牧出張所は建設機械レンタルを主，鉄鋼販売を従とする位置づけで開設されたのである。それ以降の多店舗化は全て建設機械レンタルのみとする集中戦略をとることとなる。進出にあたっては綿密な調査を行い，何よりもいずれ進出地域でのナンバーワンもしくはそれに準ずる店舗となりうることを条件として決した。そしてこれら主力店舗の周辺にサテライト店を設置するドミナント戦略(その地域に集中出店し，圧倒的優位性を築く戦略)をとり，資産投資シナジーの向上による優位性の発揮と高い収益率を実現していく。

東北・関東へ拠点を展開──北海道外への進出

　北海道内でトップの地位を築いたカナモトは，室蘭＝八戸間のフェリー就航を機に，さらなる成長を求めて本州へと進出する。公共事業の規模は大きいものの，1年のうち半年近く雪に閉ざされ工事がなくなる北海道に比べ，1年を通じて仕事がある本州は魅力であった。1979年には北海道外初の拠点となる八戸支店(現・百石出張所)を開設。82年には秋田営業所，盛岡営業所を設置し，翌83年には関東にも進出，千葉営業所を開設している。1980年代後半にはバブル景気と千葉・幕張地区の地盤改良，羽田空港の拡張，横浜みなとみらい21地区の地盤改良などの大型公共工事の追風を受けて順調に業績を拡大，着々と拠点数も増やしていく。

中部・関西への進出

1994年には，愛知県(三河営業所)，大阪府(大阪営業所)へ進出を果たす。翌95年1月，阪神淡路大震災が発生。カナモトは，奥尻沖地震や釧路沖地震での大型災害復旧の経験を活かすこととなる。同業他社が年度末の公共工事の繁忙期ということもあり，機材の調達に苦戦するなか，カナモトは北海道を始め全国の拠点から機材を集結，採算性を度外視し，ダンプ・トラックを500台，油圧ショベルとそのアタッチメントを各200台投入，復旧作業に大きく貢献したことにより，期せずして関西地区での信頼を得ることとなる。その後，関西地区への直接進出は最小限にとどめ，機材は地元の同業者を通じてレンタルする「卸レンタル」の手法を採用，"共生"による道を選択している。

アライアンス戦略

カナモトは，直接進出ばかりではなく，地場優良企業との協力関係をベースに，全国にネットワークを拡大している。2007年2月には，株式会社九州建産を連結子会社とし，グループ全体での拠点数を228にまで増やしている。

この多店舗戦略は，現在北海道から沖縄まで全国を網羅し，ユーザーのニーズに合わせ，「必要な時に」，「必要な機械を」，「必要な台数だけ」準備するこ

図9-2　建設機械の集合

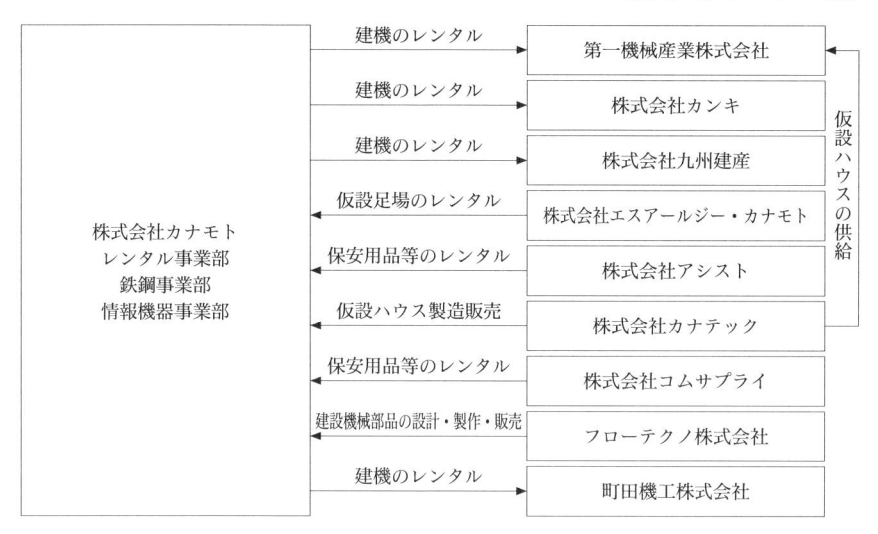

```
                        建機のレンタル
                    ┌─────────────────→ ┌──────────────────┐ ←──┐
                    │                    │ 第一機械産業株式会社 │   │
                    │   建機のレンタル    └──────────────────┘    │
                    ├─────────────────→ ┌──────────────────┐    │
                    │                    │    株式会社カンキ   │    │
                    │   建機のレンタル    └──────────────────┘    │仮
                    ├─────────────────→ ┌──────────────────┐    │設
                    │                    │  株式会社九州建産   │    │ハ
┌──────────────┐   │  仮設足場のレンタル  └──────────────────┘    │ウ
│              │   ├─────────────────→ ┌──────────────────┐    │ス
│ 株式会社カナモト │   │                    │株式会社エスアールジー・カナモト│ │の
│  レンタル事業部 ├──┤  保安用品等のレンタル └──────────────────┘    │供
│   鉄鋼事業部   │   ├─────────────────→ ┌──────────────────┐    │給
│  情報機器事業部 │   │                    │   株式会社アシスト  │    │
│              │   │  仮設ハウス製造販売   └──────────────────┘    │
└──────────────┘   ├─────────────────→ ┌──────────────────┐    │
                    │                    │  株式会社カナテック │────┘
                    │  保安用品等のレンタル └──────────────────┘
                    ├─────────────────→ ┌──────────────────┐
                    │                    │ 株式会社コムサプライ │
                    │建設機械部品の設計・製作・販売└──────────────────┘
                    ├─────────────────→ ┌──────────────────┐
                    │                    │  フローテクノ株式会社 │
                    │   建機のレンタル    └──────────────────┘
                    └─────────────────→ ┌──────────────────┐
                                         │   町田機工株式会社  │
                                         └──────────────────┘
```

(連結子会社)
・第一機械産業株式会社　　　　　　　　　　　　　　　　　　　　　　　　　　　（8拠点）
　鹿児島県に本拠を置き，建設機械器具等のレンタル・販売事業を行っている。
・株式会社カンキ　　　　　　　　　　　　　　　　　　　　　　　　　　　　　　（7拠点）
　兵庫県に本拠を置き，建設機械器具等のレンタル・販売事業を行っている。
・株式会社九州建産　　　　　　　　　　　　　　　　　　　　　　　　　　　　（18拠点）
　福岡県に本拠を置き，建設機械器具等のレンタル・販売事業を行っている。
・株式会社エスアールジー・カナモト　　　　　　　　　　　　　　　　　　　　　（3拠点）
　カナモトとエスアールジー・タカミヤの合弁会社で，北海道で仮設足場のレンタルを行っている。
・株式会社アシスト　　　　　　　　　　　　　　　　　　　　　　　　　　　　（10拠点）
　什器備品や仮設信号，標識など建設用保安用品のレンタル・販売を北海道で展開。
・株式会社カナテック　　　　　　　　　　　　　　　　　　　　　　　　　　　　（7拠点）
　仮設ユニットハウスの開発と製造・販売を行っている。
(非連結子会社)
・株式会社コムサプライ　　　　　　　　　　　　　　　　　　　　　　　　　　　（5拠点）
　北海道と埼玉県に拠点を置き，什器備品・建設用仮設資材のレンタル・販売事業を行っている。
・フローテクノ株式会社　　　　　　　　　　　　　　　　　　　　　　　　　　　（2拠点）
　福岡県に本拠を置き，地盤改良機械の設計・製造・販売事業を行っている。
(アライアンス提携会社)
・町田機工株式会社　　　　　　　　　　　　　　　　　　　　　　　　　　　　（15拠点）
　沖縄県に本拠を置き，建設機械器具等のレンタル・販売事業を行っている。

図9-3　カナモトアライアンスグループ

とを可能とし，カナモトの競争上の優位性を築いている。
　また，1999年「コマツ」とレンタルアライアンスを締結している。もともとレンタル会社はメーカーにとっては顧客であったが，公共事業の縮小による

表9-4 カナモトアライアンスグループ営業拠点エリア別内訳

	カナモト	連結対象会社	その他アライアンスグループ	計
北海道	57	17	4	78
東北	43	2	5	50
関東	27	1	1	29
中部	15	0	0	15
近畿	5	7	0	12
中国	0	0	0	0
四国	1	0	0	1
九州	0	23	5	28
沖縄	0	0	15	15
計	148	50	30	228

レンタル会社の設備投資の抑制が，メーカーをレンタル業界に進出させることとなる。このメーカーによるレンタル業界への進出は，既存のレンタル会社と競合することとなり，対立関係は今も続いている。しかし，カナモトは企業存続のため，苦渋の決断によりコマツと提携している。

2003年には，ホームセンター大手の「コメリ社」とも提携，工務店や農家を中心とする個人向けの小物機械レンタルを行うツールレンタルコーナーを新潟・和歌山・秋田・岩手県の「コメリ・パワー店」に展開している。

3. 多店舗展開を支えてきた資本戦略

「脱」同族会社

カナモトの成長戦略のもう一つの柱が資本政策である。建設機械レンタル業は典型的なストックビジネスであり，レンタル資産への多額の投資が必要である。しかし，レンタル資産は担保となりにくく，金融機関の融資も受けにくいため，資金調達力が企業の成長を大きく左右する。売上高が100億円に迫ろうかという第15期(1979年)，専務取締役であった金本太中氏は「売上高が100億円を超えて，限りなく成長することを願うならば，その資金，人材のゆえに，同族脱皮を図らねばならないだろう」と提案。当時経営に携わっていた兄弟全てが同族脱皮に賛成した。翌80年3月，オリエントリース(現・オリックス)がカナモトの10％の株主となり，同時に当時主力銀行であった北海道拓殖銀

行にも出資を仰ぎ，財務体質を改善，その後の会社の発展に大きく貢献した。

株式上場

　経営活動の範囲を確実に拡大し続けるためには，資金のほか優秀な人材の確保も重要な課題となる。カナモトが株式上場の方針を固め追求したのには，直接金融の道を拓くことと並んで，知名度を向上させ人材の確保を容易にしたい願いも大きかった。金本太中氏はつねづね経営は「一にヒト，二にヒト，三にヒト」だと強調してきた。当時は北海道に本社を置いている企業が株式を上場する場合，原則として札幌証券取引所を経由しなければならなかったため，1991年6月カナモトは札幌証券取引所に上場した。それから5年後の96年3月，建設機械レンタル業で初めて東京証券取引所市場第二部へ上場，2年後の98年4月には東京証券取引所市場第一部に昇格を果たすのである。

　同社が東証第一部に昇格するには，2つの試練を乗り越えなくてはならなかった。一つは同社の主幹事証券会社であった山一證券の廃業である。山一證券はカナモトが札幌証券取引所へ上場して以来，1993年のスイス・フラン建ワラント債（6000万スイスフラン）の発行，94年のスイス・フラン建転換社債（1億スイスフラン）の発行等，カナモトの資本政策に大きく関与してきた。カナモトは7割程度完成していた一部指定審査に関する回答書の最終チェック者を失うとともに，株主数を確保するため山一證券が策定していた株式売出し計画も白紙に戻さざるをえなくなったのである。二つ目の試練はカナモトのメーンバンクだった北海道拓殖銀行の破綻である。カナモトは一部指定昇格の審査対象となる97年10月期の決算で，早いほうがいいと，8億5000万円の北海道拓殖銀行株を特別損失として有税償却した。このときカナモトは「事情はどうであれ，会社に損失を与えたのは経営者の責任」と代表権者の社長，副社長の計3人は役員賞与を，そして社長と財務担当副社長については2カ月の報酬5割カットの社内処分を実施している。その後，第一部昇格の主幹事を筆頭副幹事だった野村證券に託した。野村證券は「株式立ち合い外分売」制度を使い，さらに株式発売日を複数に分ける方法で確実性を上げ，115万株を完売，株主数も約1000人増やすことに成功し形式基準をクリア，98年4月1日，カナモトは東京証券取引所市場第一部に昇格した。

カナモトは，オリエントリースからの出資を受けてから一貫して「株主を重視する経営」と，「企業経営の透明性」の観点からIR(investors relations：投資者への企業広報宣伝活動)に積極的に取り組み，2003年12月には個人投資家協会からIR優秀企業として表彰されている。

4. 情 報 戦 略

建設機械レンタル業には，レンタル資産の取得・貸出運用・保守・保管・輸送・売却・廃棄までの全ての段階においても的確なオペレーションが要求される。

カナモトは，どんぶり勘定がまかり通っていた20数年前レンタル業界のなかで，各拠点の情報を即座に見たいという要求から，他社に先駆けてレンタル資産を1台ずつ管理する情報システムを導入した。安価なパッケージソフトがない時代，全てを自社開発した。カナモトが開発した情報システムは，全国100拠点をオンライン化，30万点を超すレンタル資産をリアルタイムで管理でき，さらには財務データを連動させ，転記作業や売掛帳簿の管理作業も必要ないものであった。その後も積極的な情報投資とデータベースの活用により，オペレーション面で常に他社をリードしている。カナモトの主な情報投資は表9-5の通りである。

表9-5 主な情報投資

1978年	本支店経理事務電算化を目的にバロースTK70を導入
1981年	全店オンラインネットワーク計画スタート ホストコンピュータに，富士通M130Fを導入
1985年	第1次全店オンラインネットワーク完成 ホストコンピュータ，富士通M340Rを導入
1988年	ホストコンピュータを富士通M340にバージョンアップ
1990年	拠点の専用端末をUNIXマシンに置換
1991年	拠点増によるデータ容量増大に対応するため，ホストコンピュータ富士通M770を導入
1996年	ホストコンピュータに富士通GS8400を導入，これまでの富士通M770と併用運用し，デュアルCPU化
2004年	基幹システムをオープンシステムに全面移行

ハードメリットとソフトメリット

　この情報システムの導入によるメリットは大きく2つに分けられる。ひとつは電算機から損益計算書を打ち出したり，顧客への請求書の発行を可能にしたりといったシステムを導入したこと自体から得られるハードメリットであり，もうひとつはレンタル機器と関連する他の全ての情報データベースを活用することによって得られるソフトメリットである。とくに全拠点の稼動状況分析による顧客ニーズの的確な把握による品揃えの戦略適正化，拠点間の未稼働資産の融通による顧客対応の網羅性，迅速性向上はカナモトブランドの信頼性向上に大きく貢献している。

5. 今後の展望

縮小する建設投資市場

　日本の建設業界はバブル崩壊以来，長期にわたる景気低迷と構造改革による公共事業の大幅な縮減に見舞われ，国内の政府部門・民間部門を足した建設総投資額は縮小傾向にある。

　建設機械レンタル業界は建設投資額の影響を受ける構造となっており，建機レンタル売上高も減少傾向にある。この傾向を補うものにレンタル依存度(建設機械に占めるレンタル機械の利用率)がある。現在，建設会社の設備投資抑制により，レンタル依存度は上昇傾向にある。しかし，レンタル依存度の上昇が建設総投資の減少による影響を全て吸収し続けるとは考えにくい状況にある。

　この状況を克服するには，データベースを活用した「資産戦略」と成長著しい「海外市場への進出」が考えられる。

資　産　戦　略

　カナモトは中長期的にROI(投下資本利益率)の高い機種を積極的に入れ替えており，収益性の高いアセットミックス(資産構成)を実現している。また，2003年にスタートした長期経営計画「メタモルフォーゼ」では，EBITDA^{+}(減価償却前営業利益)を最重要経営指標に掲げている。また，レンタル資産の生涯利益には，レンタル収入のほか，役割を終えた資産の中古市場への資産売

(単位:兆円)

	1996	1997	1998	1999	2000	2001	2002	2003
建設総投資額	83	75	72	69	67	61	56	54

図 9-4 建設投資額(政府・民間合計)の推移
出所) 国土交通省

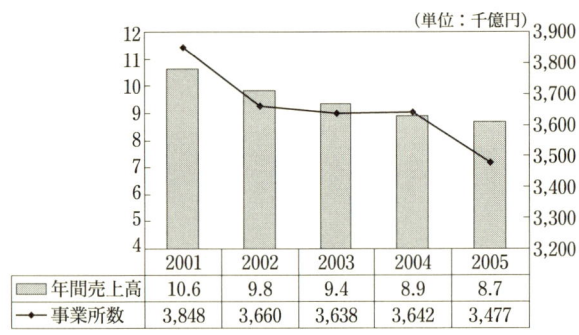

(単位:千億円)

	2001	2002	2003	2004	2005
年間売上高	10.6	9.8	9.4	8.9	8.7
事業所数	3,848	3,660	3,638	3,642	3,477

図 9-5 レンタル業の売上高・事業所数の推移
出所) 経済産業省『特定サービス産業実態調査』(物品賃貸業・土木建設機械)

(単位:%)

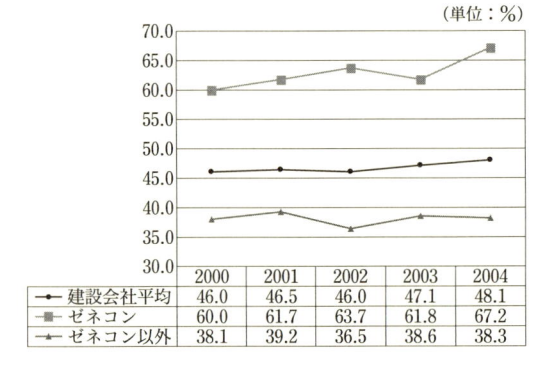

	2000	2001	2002	2003	2004
建設会社平均	46.0	46.5	46.0	47.1	48.1
ゼネコン	60.0	61.7	63.7	61.8	67.2
ゼネコン以外	38.1	39.2	36.5	38.6	38.3

図 9-6 建設機械レンタル依存度
注) ファンディーゼル,高所作業車は対象外
出所) 日本土木工業会『社外機械使用実態調査結果』

表9-6 長期経営計画「メタモルフォーゼ」数値目標

	2007年10月期	2008年10月期
連結売上高	68,570 百万円	70,980 百万円
連結経常利益	4,020 百万円	4,560 百万円
1株あたり当期純利益	71.82 円	67.87 円
単体売上高	61,540 百万円	63,670 百万円
単体経常利益	4,000 百万円	4,500 百万円
EBITDA+	18,800 百万円	19,960 百万円

出所) 2006年10月期「決算短信」

表9-7 整備技術技能・運転技能有資格者数
(2005年10月現在)

	資格名	人数
整備技術技能資格	建設機械整備技能士(特級)	12
	建設機械整備技能士(1級)	86
	建設機械整備技能士(2級)	196
	可搬形発電機整備技術者	228
	自動車整備士	270
	有機溶剤作業主任者	24
	危険物取扱主任者	171
	職業訓練指導員	28
運転技能資格	車両系建設機械運転者	737
	移動式クレーン運転士	46
	移動式クレーン特別教育	330
	大型(特殊)免許	239
	玉掛け技術者	420
	フォークリフト運転者	136
	ショベルローダ等運転者	13

注) 資格者数は延人数
出所) カナモト『アニュアルレポート2006』

却代金の回収も含まれる。カナモトでは中古建設機械需要の約70%を占める海外市場，とくに中国を始めとするアジア，中東を中心とした中古市場を見据え，有利に売却できる資産を選択購入している。また，全営業店に整備工場を配備するとともに，従業員の技術レベル向上によるメンテナンス力を活かした資産価値の維持にも力をいれている。さらに，レンタル資産の定期的な更新を意識的に早め，国土交通省が推し進める公害対策規制をクリアした機械を前倒し導入，ユーザーの利便性とともに環境経営も実現している。

海外進出

　カナモトは，日本国内では公共事業の削減傾向により市場が伸び悩む一方，中国では2008年の北京五輪，10年の上海万博に向けた建設ラッシュが続いており，建設機械レンタル需要も伸びると判断。「海外事業室」を新設，初の海外拠点となる「上海金和源設備租賃有限公司」を現地企業の上海米源国際貿易，オリックスと資本金60万ドルで設立している。

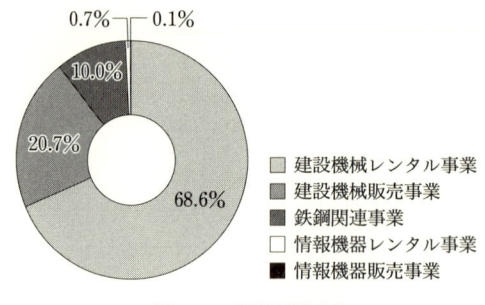

図9-7 事業別構成比
- 建設機械レンタル事業 68.6%
- 建設機械販売事業 20.7%
- 鉄鋼関連事業 10.0%
- 情報機器レンタル事業 0.7%
- 情報機器販売事業 0.1%

出所）表9-7に同じ

多角化

　カナモトは建設機械レンタル事業，鉄鋼製品販売事業に次ぐ第3の柱として1982年に情報機器事業部を開設している。デバイスの販売，ソフトウェアの開発，PCサーバーなどのコンピュータならびに周辺機器等のレンタルと販売，様々なネットワークソリューションの提供を行っている。また，通信関連機器分野ではLANからIP電話に至るまで，総合通信ネットワークの構築をサポート，ハード・ソフト両面から最新のサービスを提供している。SUN社からは，世界で2番目の同社ワークステーションレンタル会社として公認されている。

　カナモトは次なる発展のステップとして異業種を含めたベンチャービジネスへの投資も行っている。目的は，株式の公開によるキャピタルゲインだけではなく取引を通じたプラス効果も目指している。

おわりに

　今後のカナモトの成長は，相対的にマーケットが大きい関東および中部地区を始め，大都市圏でどれだけシェアを拡大できるか，高性能橋梁点検車や地盤改良機械等の新商品開発・新分野進出と既存の建設機械レンタル事業とのシナジー効果を発揮し，どれだけ質の高いビジネスソリューションの提供をできるかにかかっている。

〈参考文献〉
金本太中『脱　私の経営　私の人生』北海道新聞社，2002年
金本太中『回想四十年』2005年
金太中『わがふるさとは湖南(ホナム)の地』（およびその別冊と飯島・工藤氏のエッセイ）思潮社，2005年
「金本太中の私の中の歴史」『北海道新聞』1998年8月4～14日夕刊
「脱の思想で北国から全国へ」『流通サービス新聞』日刊工業新聞社，1998年4月21日

〜5月29日

［辻村英樹］

第 10 章

モ ロ オ

地域密着型の総合健康・医療企業を目指す医薬品卸

医薬品卸は医薬品流通の要の位置にあって，われわれの健康を支える重要な機能を果たしてきた。患者としてわれわれが支払う医療用医薬品の価格，つまり一般の商品の小売価格にあたる薬価は，国によって決められるなど，医療用医薬品の流通は国の規制を多く受ける特殊なものである。1992年4月には，国の指導によって医療用医薬品の流通慣行が大きく変化し，それ以後，卸はメーカーからの独立性を強め，卸売企業間の統合が進んだ。また，国の政策により，医療費抑制のために薬価のダウンが続けられ，卸の経営は厳しい環境にある。92年時点では，北海道内に4つの主要な卸売会社があったが，今日，同じかたちで残っているのは，本章で紹介する株式会社モロオだけである。同社は，創業90周年を数え，純粋道内企業として非上場の独立経営を行っており，2006年には売上高が1000億円を超えるに至った。本章では，医薬品流通のなかでの卸売業の動向を概観するとともに，株式会社モロオの経営の内容を紹介する。

1. 医療用医薬品流通の概要と卸売業の動向

医療用医薬品流通の概要

　医薬品は，大きく一般用医薬品と医療用医薬品に分けられる。近年は，9割が医療用医薬品の売上げである。医療用医薬品は，医師の処方箋を必要とするものである。一方，一般用医薬品は大衆薬やOTC医薬品とも呼ばれ，薬局・薬店で医師の処方なしで買えるものである。OTCは英語の over the counter の略で，OTC医薬品はカウンター越しに買える薬の意味になる。業界では今後OTC医薬品の呼び名に統一する方針であるので，本章でもこの名前を使うことにする。1960年代に国民皆保険が実施される前後までは，OTC医薬品の売上げの方が多かったが，この関係は今では完全に逆転している。医療費32兆円のうち2割が薬剤費となっている。
　医療用医薬品メーカーは，先発医薬品(新薬)メーカーと後発医薬品メーカーに分けられる。後発医薬品は，特許満了後にほかのメーカーが同じ成分で製造する医薬品で，ジェネリック医薬品とも言われる。金額ベースでは，後発医薬品は医療用医薬品の5％を少し超えるくらいである。医薬品の流通は，OTC

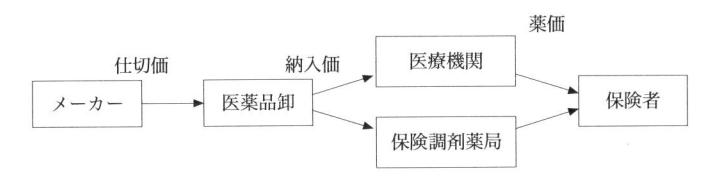

図 10-1　医療用医薬品(新薬メーカー)の流通チャネル

医薬品と医療用医薬品,医療用でも先発医薬品と後発医薬品の流通チャネルが相違するが,図 10-1 のような新薬メーカーの流通チャネルで,医薬品の全体の 8 割は説明できることになる。この図が示すように,医薬品メーカーは医薬卸に販売し(この価格は仕切価と呼ばれる),卸が病院などの医療機関や保険調剤薬局に販売し(この価格は納入価と呼ばれる),最後に患者に処方される(このときの販売価格を薬価と言う)。われわれが実際に支払うのはこの薬価の一部(1～3 割)で,残りは健康保険組合や国・地方自治体などが負担する。

　政府は薬剤費抑制のため後発医薬品使用拡大の方針を示している。後発医薬品の価格は先発医薬品の 20％から 80％くらいの価格のためである。しかし,日本での使用は金額ベースで約 5％,数量ベースで約 17％となっている。欧米では数量ベースで 50％前後使用されている。医師が処方箋で後発医薬品を指定しない理由としては,安定供給,医薬品の情報提供,品質に対する不安,薬価差益が少ない等の理由が挙げられている。このような事情から,医薬品卸も積極的に後発医薬品を扱ってこなかった。したがって,後発医薬品メーカーは,卸のほか,専門の販売会社など独自のルートでも販売されてきた。

　日本の代表的医薬品メーカーの武田製薬,三共,第一製薬(持株会社第一三共が 2006 年設立),アステラス製薬(山之内製薬,藤沢薬品が 2005 年合併),エーザイなどは,医療用の新薬の開発を行って販売する先発医薬品メーカーであり,後発医薬品は製造していない。これらの企業は,いずれも売上げが年 5000 億円を超える大企業である。一方で後発医薬品メーカーのトップ企業の沢井製薬でも 340 億円規模で,ほかの多くの企業はより小規模メーカーであり営業担当者の数も少ない状態にある。政府は後発医薬品の使用を増やすために,2006 年,処方箋の仕様を変更したり,2007 年 6 月には 2012 年度までに現在の後発医薬品の使用を 2 倍までに引き上げる方針を示している。

われわれが医療用医薬品の処方を受ける場所は，医療機関内の場合と，病医院外の保険調剤薬局の場合とがある。医薬分業が進むなかで医療機関内での処方・販売は減少して5割を切っている。薬価は国によって決められ2年おきに4月に改定される。薬価改定時には過去の納入価が調査され，その価格に2％が加えられるかたちで新薬価が決定される。薬価と医療機関などへの納入価格の差は薬価差益と呼ばれるが，薬価の改定は，薬価差益を小さくすることで国全体の薬剤費を減少させる目的がある。したがって，薬価改定では薬価がダウンするのが一般的である。2004年では平均で8％の減少となっている。新薬価の決定に伴って，メーカーは新しい仕切価を決め，この価格を基に，卸は，医療機関や保険調剤薬局などの納入先と価格交渉を開始する。医療機関や薬局などの納入先は，当然，薬価の減少に伴って納入価を下げることを望むため，交渉が長引く傾向にある。その結果，卸売業の売上高総利益率（グロスマージン）の平均が，2003年以降ややマイナスに転じてきている。このような厳しい状況で経営が成り立つのは，メーカーから一定期間後に卸売会社に様々な名目で渡される金銭があるからである。これらは，その理由によって，割戻しあるいはアローアンスと呼ばれる。割戻しには，支払条件に応じたもの，金融や物流条件に応じたものなどがある。アローアンスには販売目標の達成率に応じて渡されるものなどがある。

　OTC医薬品の一部のメーカーでは薬局・薬店に直接販売するが，上述したように，医療用医薬品の場合は，全て卸を通して医療機関や薬局に販売されている。MR（Medical Representative）と呼ばれるメーカーの営業担当者が医療機関を中心に医療情報提供や営業活動を行っているが，直接販売することはない。医療機関や薬局が，必要な医薬品を揃えるために非常に多くのメーカーと取引するよりも，多くのメーカーの医薬品を在庫するごく少数の卸と取引するほうが合理的である。メーカーが非常に多くの医療機関や薬局に対する配送や決済の業務を行うことは，実際上難しい。また，卸はMRの活動が手薄になる調剤薬局などに対して，医薬品情報の提供などの支援も行っている。卸の営業担当者はMS（Marketing Specialist）と呼ばれる。また，病院経営の相談にも対応するなど，医薬品卸は，メーカーでできない各地域の医薬品流通に必要不可欠な重要な役割を果たしている。

道内の医薬品卸業界の動向

　全国的に卸売業の数が減少しているが，とくに1992年の取引慣習の変化が，卸売業の合併などの統合を加速させた。日本医薬品卸業連合会参加の企業数でみると，1993年で331社，その後，2007年では128社まで減少している。1992年3月以前は，MRと呼ばれるメーカーのセールスマンは医療機関に対する営業活動のなかで，自社製品の説明だけでなく，病院への納入価格の決定までも行っていた。しかし，独禁法運用強化によってこの年の4月以降は，卸が独自に交渉し，納入価を決定することになった。卸がメーカーから独立性を強めるとともに，この前後から，いっそう全国的な卸の合従連衡が進むことになった。

　北海道内には，1970年代には卸売業者は43社あったが，徐々に統合が進行していった。例えば，1991年には，中堅・中小卸の真鍋薬品(本社・旭川)，大槻中央薬品(同・北見)，寿原薬粧(同・札幌)ら7社が合併して新会社のバレオが設立された。合併は，物流経費の低減のためと言われた。このとき，「7社の生産性を①販売員一人当たりの売上高，②事務員一人当たりの売上高，③物流要員一人当たりの売上高について比較したところ，販売や事務ではあまり差がなかったが，物流に対する生産性では大きな開きが出た。規模の小さい会社ほど物流に対する生産性が低く，効率が悪い。物流システムの合理化を進めるにも，価格競争力や品揃えを強化するにも，さらには医薬品情報や経営支援情報などリテールサポート(小売店支援)をするにも，規模の大きさがカギと考えている」(『北海道新聞』朝刊，1991年1月11日付)と報じられた。この時点で，本道の医薬品卸は13社に減少したが，秋山愛生舘，モロオ，バレオ，ホシ伊藤の上位主要4社で90％以上のシェアとなり，卸売業の集約が一気に進んだ。

　1990年代後半からは，本州の卸売企業が本格的に北海道に進出を始める。1996年には当時全国第2位のクラヤ薬品(その後99年，クラヤ薬品，三星堂，東京医薬品の3社の合併によりクラヤ三星堂となり，現在は，持株会社メディセオ・パルタックホールディングスに統合されている)が，北海道支社を開設し道内進出を開始している。97年当時は，秋山愛生舘がトップの27％，2位以下が順に，モロオ，バレオ，ホシ伊藤で24％から22％程度で続いていた。秋山愛生舘はほぼ全メーカーと取引があることに特徴があったが，98年に，

当時最大手のスズケン(本社・名古屋)に吸収合併された。武田との取引はスズケンにはなかったが、この合併によって、取引ができるようになった。その後、99年に、バレオとホシ伊藤が合併し、ほくやくが誕生している。武田薬品系のバレオ、田辺製薬系のホシ伊藤の合併で取扱商品が広がるほか、管理部門のスリム化、営業拠点や物流の集約などのコスト削減で競争力強化を目指したと言われる。当時、バレオは、売上げ741億円(1998年3月期)従業員539人、ホシ伊藤は売上げ720億円(98年3月期)従業員395人であった。この合併によって、ほくやくが道内でトップの売上げ企業になった。また、2000年には東邦薬品(本社・東京)が、道内卸の同立薬品工業㈱を吸収合併し北海道に進出している。

2. モロオの創業と発展

　株式会社モロオは、1917(大正6)年に旭川で薬店として創業された。創業者の師尾護道は、1886年(明治19)年に新潟県で生まれ、高等小学校3年のときに母の弟・斉藤弘輔を頼って札幌へ出てきた。斉藤弘輔は当時、札幌の三大薬舗のひとつに数えられていた丸一斉藤薬舗を南1条西2丁目に開業していた。現在もほぼ同じ地に斉藤薬局として営業している。師尾護道は札幌中学校(札幌南高校の前身)を中退、東京薬学校を卒業後、斉藤薬舗に戻り、数年後には旭川支店に赴任している。この旭川支店を譲り受けるかたちで、モロオが創業することになったのが1917年であった。開業資金の出資者のなかには、妹の夫である今井清七もいた。今井清七は、丸井今井の創業者今井藤七の甥に当たり、丸井今井で長く常務を務めた人である。

　創業当時、店員には引き継いだ者のほか、護道の弟・俊輔がいた。1919年には、護道の妹の義弟・伊藤六郎が入社し、こののち、店の商圏拡大に貢献する。戦前までは丸一薬局とか単に丸一と呼ばれ、何種類かの自家製薬を販売し、屋号には護道の干支である戌(犬)印のマークを使った。当時の店員はほとんどが住込みで、入店すると4、5年は店内の仕事と配達を行い、その後、病院回りをして注文をとる仕事をするようになる。商圏も旭川を中心に北は名寄から、南は富良野沿線にまで及ぶようになった。堅実経営が特徴で、他の薬局より

「医者売り」に力を入れていた．1カ月のかけ売りが全額入金したときには金額に応じて年末に現金を渡すなどして，医院からの入金が促された．また，支払いも手形を使わず小切手であった．

　1923年には合名会社となる．商号は合名会社丸一師尾薬局で，資本金5000円，翌年の決算では売上げが7万5018円となっている．29年には，資本金が1万円に増額されている．31年，護道は，46歳で心臓病で死亡する．この直後，合名会社を解散し個人商店となるが，32年には，合資会社として再出発する．代表社員は護道の妻ミサであったが，実際の切り盛りは番頭格の伊藤六郎が行った．長男・守一(二代護道)は旭川中学を卒業，1937年に東京薬科専門学校を卒業後，函館の薬局に勤める．翌年に召集され，薬剤将校として中国各地を転戦し，45年の終戦まで完全に除隊することはなかった．この間，38年には医薬品原料の配給統制が，39年には医薬品の価格統制が始まり，医薬品の多くが軍用に回され，民間用の薬品はどんどんなくなっていった．

　1945年に二代護道が復員する．49年に，商号から丸一をとり，資本金300万円で株式会社師尾薬房となり，護道が代表取締役社長となる．次男の守泰は京都帝国大学工学部を卒業し，海軍の通信将校を経て戦後は日本鋼管に入社し，株式会社化の時点で師尾薬房に帰ってくる．三男・直邦は42年，四男・方巳は47年に東京薬科専門大学を卒業し家業についていた．

　1949年から直邦を責任者に札幌に進出し，翌年に出張所を開設する．当時は，北辰病院などの得意先があったが，官公立病院を中心に徐々に売上げを増やしていった．店先のビタミン剤などを買いに占領軍の兵士が来たのもこの頃であった．旭川，札幌の双方が順調に発展し，55年には資本金1000万円となる．社長の護道が61年に46歳で急逝し，新社長に次男の守泰が就任する．この年，国民皆保険になる．これ以後，総医療費が伸び医薬品生産が増大していく．医薬品需要が，薬局・薬店から病院・医院に大きく傾き，医療機関への販売強化が重要になっていった．当時，旭川，札幌の2支店体制で他都市は出張でカバーしていた．1960年代に，滝川，室蘭，釧路，帯広，岩見沢，北見，苫小牧の順に，70年年代に入って函館，小樽に営業拠点を設置する．

　1965年に資本金を8000万円とする．翌年の社内報『れいこう』創刊号に載せられた守泰社長の「会社創立49周年を迎えて」のなかで，当時の経営課題

およひ目標として，無駄の排除と販売シェアの拡大が挙げられている。具体的には，生産性の向上，従業員教育の徹底，合理化の推進などがあるが，合理化の推進の内容では，商品センターの機能拡充として，在庫管理の強化，配送費の削減，電子計算機導入のための研究も挙げられている。67年に札幌支店新築と併せて，医薬品業界で全国3番目の早さでコンピュータが導入された。77年には株式会社モロオに社名変更する。80年には全事業所のオンライン化がなされ，1980年代後半に道外同業6社と共同で，SUNET(サネット：医療機関向け医薬情報の提供)を開発し運用している。

業務提携や合併も進み，1965年には函館の白崎薬品との業務提携の後合併，82年に釧路の岩堀商店，函館の東洋薬品，84年に小樽の谷黒太陽薬品，85年に旭川の北海製薬の営業権を取得している。谷黒太陽薬品は，丸一斉藤ののれん分けで創業した卸売会社であり，北海製薬は，1920(大正9)年の設立時に，初代護道が発起人・役員となった，もともと関係の深い会社である。

1983年には三男・直邦が社長に，守泰が会長，四男・方巳が副社長に就任する。しかし，90年，直邦が急逝し，二代護道の長男で当時専務であった純一が社長に就任する。2004年には純一が会長に，純一の弟である仁が社長に就任し，現在に至っている。創業家の兄弟とその息子がほぼ順に経営幹部になっている。創業家族の強い結束とリーダーシップのもとに，時代の変化に対応しながら成長した企業と言えよう。

3. モロオの事業内容と特徴

医薬品の販売，受注・配送

株式会社モロオの主たる事業は医薬品・検査試薬・健康食品・OA機器の卸売販売，コンピュータシステム・ソフトの開発・販売，福祉用具のレンタル・販売である。売上げのほとんどは医薬品卸売である。売上高実績は2006年3月期実績で1020億円，経常利益は14億700万円，従業員566名となっている。売上高は全道2位(1位はほくやく)で，全道で25%のシェアを持ち，全国では12位となっている。

全道に17営業拠点(23の医療用医薬品(医家向け)デポと5つのOTC医薬品

表 10-1　主な医薬品卸の売上高(連結売上を含む)

社　名	本社	売上高(百万円)	経常利益(百万円)
メディセオ・パルタックホールディングス	東京	1,921,713	32,736
アルフレッサホールディングス	東京	1,411,639	19,405
スズケン	愛知	1,388,694	29,639
東邦薬品	東京	706,488	8,889
アステム	大分	320,798	6,843
バイタルネット	宮城	258,139	1,149
ケーエスケー	大阪	240,090	2,205
中北薬品	愛知	183,727	1,355
コバショウ	埼玉	156,228	1,029
ほくやく	北海道	150,002	2,326
丹平中田	大阪	131,727	159
モロオ	北海道	102,087	1,407
富田薬品	熊本	98,626	2,102
翔薬	福岡	96,998	859
大木	東京	90,469	664

出所)『日経MJトレンド情報源2007』

(一般向け)デポを含んでいる)，札幌大谷地と石狩に物流センターがあり，そのほか，札幌業務推進センター，仙台業務センターがある。2002年には札幌業務推進センター内に，コールセンターを開設している。そのほか，指定福祉用具貸与事業所「ふれあいの輪」がある。

　医薬品の販売先としては7600カ所の病院・診療所，薬局・薬店，ドラッグストアなどと取引があり，仕入先としては医薬品メーカーなど260社との取引がある。ほとんど全ての主要新薬メーカーと取引があるが，とくに，第一三共との取引が多い。後発医薬品メーカーとの取引もあるが，在庫や配送などに関して一定の条件をクリアできるメーカーであることが条件となる。医療用医薬品の場合，薬価基準の改定ののち，メーカーから仕切価が提示され，各医療機関など販売先との納入価の交渉に入る。最近では，大手薬局チェーンや大病院とは価格交渉が長引き，未決定の状態で納品する例も見られる。2006年度3月期売上げが創業以来初めて1000億円を超えたが，このほとんどは医薬品の売上げである。このうち90%以上は医療用医薬品で，10%未満がOTC医薬品となっている。

　OTC医薬品はヘルスケア本部の下に，道央第一エリアを含む5エリアに営業担当が分かれ，石狩物流センターから全道に配送されている。石狩物流セン

ターは1992年に設立され,以後,物流効率化が進んだ。このほか,仙台業務センターからは,主にツルハドラッグに向けて配送が行われている。ツルハドラッグの営業範囲が本州全域に拡大していくのに対応するため,2006年にはシーエス薬品(本社・名古屋)と提携した。これは,物流の利用のため,初めて道外企業と提携したものである。OTC医薬品はドラッグストアの大型チェーン店が得意先として多く,90%以上がEOS(Electronic Ordering System)による受注となっている。EOSによる受注には,VAN(Value Added Network)などの各種ネットワークを使用したものや,インターネットを利用した業界団体のWebEDIによるものもある。EOSは,発注データを取引先や本部・配送センターのコンピュータに伝送するシステムであり,業務処理の正確さ・迅速性・省力化が向上する。

一方,医療用医薬品は,30%強がEOSによる受注であり,残りは札幌の

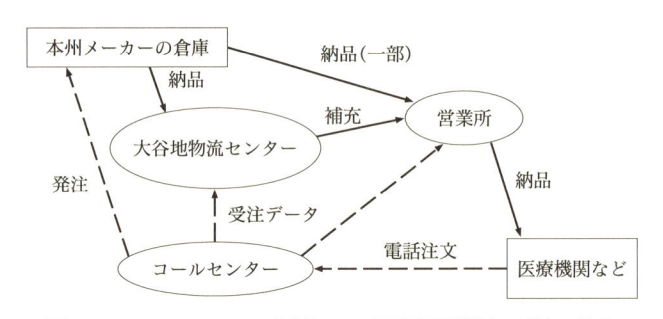

図10-2　コールセンター利用による医療用医薬品の受注と納品

図10-3　コールセンター

表10-2 医薬品卸の売上高販売管理比率ランキング

社　名	本　社	販売管理比率(%)
モロオ	北海道	5.7
明祥	石川	6.1
岩渕薬品	千葉	6.3
東邦薬品	東京	6.5
酒井薬品(大分)	大分	6.6
酒井薬品(東京)	東京	6.6
ほくやく	北海道	6.6
オムエル	広島	6.7
アルフレッサホールディングス	東京	7.1
コバショウ	埼玉	7.1

出所)『日経MJトレンド情報源2007』

コールセンターで，全道の病医院・薬局などから電話(一部Fax)により受注を行っている。受注された医薬品は大谷地の物流センター，道内の各営業所や札幌業務センターなどから配送される。大谷地物流センターは，また営業所などへの商品補充の役割を担っている。コールセンターは2002年に建設されたが，それまでは各営業所で90人弱が受注業務を担当していた。この受注業務を1カ所に集中し，お客様情報や在庫情報を共有することで，サービスの向上や在庫の適正保有が可能になった。コールセンターは37人で業務を行い，年間1億円近いコスト削減となった。

　同社の大きな特徴として，株式非上場の無借金堅実経営が挙げられる。また，販売管理比率が5.7％と業界で最も低い数値となっている(表10-2)。これは，早い時期からの情報化投資による流通情報化や物流センター，コールセンターの設立など，物流・情報化に先進的に取り組んできたこと，一部の配送を外部委託するなどの対応も行ってきたことによる成果と言えよう。

地域密着型総合健康・医療企業としての事業の多角化

　医薬品の安定供給だけでなく，主要な得意先である病院・診療所・薬局の経営を始めとしてあらゆる活動をサポートできるように商品，サービスを拡大してきた。開設支援室では病院・診療所の新規開業支援，医薬分業支援などを行っている。ほかには，在庫の適正化のためのコンサルティングやシステムの提案・販売，インターネットによる医薬品情報提供サービスの紹介を行ってい

る。また，接遇研修や診療報酬改定研修など病院職員を対象にした各種研修の実施など医療従事者などへのサポート，医療の正確性・安全性をサポートするための各セミナー・勉強会開催のコーディネートを行っている。さらに，リスク管理関連商品として「MERIT」を開発し販売しており，これは，患者・看護師・薬剤のバーコード照合により投薬過誤を未然に防ぐシステムである。

　医薬品卸業界は薬価ダウンや流通慣行の変化など厳しい環境のなかで，合理化と並んで，事業多角化，新分野への進出が課題になっている。しかし，あくまでも本業としての医薬品卸を核に，関連事業は，顧客からの要望に応えるなかで拡大してきた側面がある。関連会社としては，1992年に，全額出資で㈱テクノメディカルを設立している。病医院・薬局の設備・医療器械・器具の販売と維持修理，開業のためのトータルコンサルティング事業を行っている。それまで医薬品卸のノウハウを基に医療器械部が医薬品の分包機等を販売してきたが，医療の高度化で高度医療機器のニーズが期待されることから，高額な医療機器商品の販売に乗り出した。

　1996年にはそれまでのOA機器部を分社化し，㈱メディソフトを設立している。診療報酬処理のコンピュータと関連ソフトを中心に電子カルテなど医療情報システム関連商品を中小医療機関に販売している。各社の製品を取り扱っているが，自社開発の24時間診療予約システム「安診CALL(あんしんコール)」を2003年から発売している。

　1995年には，全国14卸の共同出資のかたちで㈱メディカルフーヅジャパンを設立し，ニュートリション(医療用栄養食)の分野に，道内の医薬品卸業界では最も早く進出している。96年に有限会社クリオネを設立し調剤薬局事業に進出，現在，株式会社となって道内10店舗(札幌，函館，釧路，室蘭，千歳，石狩)を営業している。

　2004年設立のオーロラ・ケアネット㈱は，小規模・多機能介護事業所「うららの郷　ミニ大通り」を運営し，デイサービスセンター，グループホーム，ヘルパーステーション，居宅介護支援事業所を備え，複合的サービスを提供している。関連して，株式会社モロオとして「メディカルショップふれあいの輪」を運営し，福祉用具のレンタル・販売，住宅の改修など介護保険が適用される事業を行っている。

4. 未来に向かって──事業を担う人材の育成

　2007年4月に創業90周年を迎えて，マーケティング部会，イベント部会，ヒストリー部会，広報部会からなる「90周年実行委員会」が社内に組織された。ヒストリー部会では創業90周年記念誌の発行を準備している。広報部会では90周年事業の広報全般を行うと同時に，モロオの広報のあるべき姿を考えていくことになった。マーケティング部会では記念講演会，ユーザー・メーカー対象のセミナー，スポーツイベントなどが企画され，イベント部会では記念式典・コンサート，社内向けスポーツイベント，地域・市民対象のイベントや寄贈が企画されて，一部はすでに実行されている。創業の地の旭川にある旭山動物園には電気自動車が寄贈された。同社では環境問題に強い関心を持っており，この寄贈も，人の健康・生活に貢献する会社としてのこれまでの活動の延長上にある。

　また創業90周年を機会に全社員アンケートが実施されたが，一部を紹介すると，「創業90周年を迎えた感想は？」では「歴史の重みを感じる」の回答が，「90年にわたり会社が存続した要因は何だと思われますか？」では「先輩たちの業績基盤があったから」の回答が，「当社の魅力・自慢できるところは何ですか？」では「北海道に根ざした企業である」の回答が最も多かった。現在の社員も創業以来の先人の努力を充分認識している。今後も地域に根ざした人づくりが会社発展の根幹を成すと考えられるが，企業文化として，「一人ひとりがものごとを考えられる，発想できる組織体」を目指している。

　そのため，将来の事業を担っていくため人材育成・社員教育にとくに力を入れている。ユニークな取組みとして企業内企業家の育成塾とも言えるC-2塾がある。これは，30歳代前半までを対象に受講生を募集す

図10-4　旭山動物園に寄贈された電気自動車

る．応募者のなかから12人が採用され，任期1年のなかで毎月1回，毎年決められたテーマをもとに，講師の指導で研究発表や討論を行い，最後に各自が提案を行う．提案が採用されれば実行されて経営に活かされる．これまで採用された提案の例として，全車両340台のうち75%を低公害車に切り換えてきた．同じく提案のなかから，「社員が創造性を発揮し，社会に貢献できる企業」を目指して，北海道グリーンファンドへの参加が決定された．これは，全社員が節電活動を実行し，削減された電気代の一部をNPO法人「北海道グリーンファンド」へ定額ファンドするものである．これによって，市民風車づくりを始め，自然エネルギー・省エネルギー普及に役立つことになる．

　また別の活動として，提案・実行運動「キャンペーン」委員会がある．毎年，全社共通のテーマが決められ，委員長は中堅・若手社員から選ばれ，各職場で60から70チーム作られる．各チームがそのテーマのもとで具体的な提案・実行を行い，優良と認められた場合は全社で実行(水平展開)される．この運動は1997年に開始され2007年でちょうど10年を迎える．これまでのテーマと内容を表10-3に示す．これは，売上げ目標などが内容になっていない点に特徴がある．実行例として，小児科医院への手作り絵本の寄贈や，診療所長を講師にした健康講演会の実施などがある．2006年の「コミュニケーション'89」では，帯広，札幌北，函館，経営戦略室，人事・人材の5チームが全社水平展開にノミネートされた．表10-4に各チームの企画タイトルと内容を紹介する．

　師尾仁社長は，「モロオの90年は，お客様との対話の歴史であり，未来への挑戦の歴史である」と述べている．2007年度の経営方針としては，「お客様をよく知ること」「お客様から信頼を獲得すること」「真のSQR (Super Quick Response)を実現すること」の重要性を挙げている．お客様の悩みや課題に対してサポートできる提案を継続して行い，お客様の信頼を得ることが重要であり，そのためには，社内の各部署がお客様の情報を共有し，SQRを意識した行動を実現していかなければならないとし，「お客様と共に未来を創造する」ことが2007年度のテーマであると述べている．

　また今後の基本的方向性に関して，「他社と合併・統合して広域卸・全国卸になる道もありますが，規模が大きくなると，大都市圏を重視した営業形態をとらざるをえない．道内に張り巡らしたサービス網を維持できるかどうか疑問

表 10-3 キャンペーンのテーマと内容

年度	テーマ名称	「キーワード」と内容
2002 年	PowerCup85	「ナレッジ・マネジメント」「スピード」 全社員が参加し，会社の知恵・知識を共有することにより，ユーザー・社内に対するスピードある問題解決を実現する。
2003 年	Cluster86th	「お客様のお客様」「つながり(クラスター)」 「お客様に認められる価値」を探求することを社員一人ひとりに浸透，ナレッジマネジメントのさらなる浸透。
2004 年 (4〜9月)	活き活き大作戦	「活き活き」「他社とは違う，昨日とは違う」 社員一人ひとりがいつもと違うモロオとは何か，「活き活き」とは何かを考え，行動する。
2004 年 (10〜3月)	活き活き大作戦 Return to Basics	「活き活き」「相手を活き活きさせる」 「個人」にスポットを当て全社に紹介することで「活き活き感」を感じてもらう。社員一人ひとりが考えて考動する風土づくりを目指す。
2005 年	Guts88	「現場力」「Gutsy Leader」 現場力を活かしたお客様へ向けた企画を実施し，モロオファンの増大を図る。
2006 年	Communication'89	「コミュニケーション」 現場力に新たな発想を加え，お客様へ進化するモロオをアピールする。やり抜く行動で，現場力を発揮し，お客様との絆を深めよう。
2007 年	future(みらい)90	「No.1」 100周年に向け，未来創造元年と位置づけ，チーム個々に考えるNo.1を楽しみながら数多く実現し，お客様に，より賞賛される企業を創りあげる。

です。北海道に根ざした医療機関にきめ細かいサービスを提供するため，今後も道内限定の独立経営体であり続けたい」「株式上場は考えていません。上場基準はクリアしており，過去に何度も利害得失を検討してまいりましたが，情報開示に要する手間・コストを上回るメリットが思い当たりませんでした」(『北海道新聞』朝刊，2006年4月12日付)と述べている。「病院のことは全てモロオに任せておけば安心だ」と言われる企業を目指し，他社との差別化を図りつつ，今後も独自路線を歩んでいくことと思われる。

表10-4　2006年キャンペーン「コミュニケーション'89」での全社水平展開ノミネート企画タイトル

部署(チーム)	企画タイトル	内容
帯広 「チームなでしこ」	みんなが集まる憩いの広場	「情報提供コーナーの設置」 MRの皆さんを対象に，情報提供の場を営業所に設置
札幌北 「チーム(いまどき)8ギガ」	89自己紹介 第3弾	「MSプロフィールの作成・掲示」 MSのプロフィールを楽しくMRの皆さんに紹介
函館 「チーム花園温泉'ず」	問題解決SQR隊	「問題解決掲示板(クレームの可視化と解決方法の明確化)」 お客様からのクレーム等を可視化してその解決方法を明確にし，メンバー間で共有する。
経営戦略室 「レイザーカモンHard C」	ありがとうの気持ちを貴方に	「オリジナルサンクスカード作成」 日常業務の中でのちょっとした感謝の気持ちを書き添えてメッセージカードを送付
人事・人材 「提案します！89」	"輪"をお届けします！	「動物占いの手法紹介」 コミュニケーションの輪を広げる事を目的に「動物占い」の活用を紹介

〈参考文献・資料〉

阿部要介『株式会社モロオ七十年史』株式会社モロオ，1990年

公正取引委員会『医療用医薬品の流通実態に関する調査報告書』2006年

片岡一郎・嶋口充輝・三村優美子編『医薬品流通論』東京大学出版会，2003年

富士通ロジスティクスソリューションチーム編『中間流通は誰が担うか』白桃書房，2005年

谷本寛治編『ソーシャル・エンタープライズ』中央経済社，2006年

北方敬一「医薬品卸売業界の動向」北海道拓殖銀行調査部『たくぎん調査』No.433，1990年

日経MJ編『日経MJトレンド情報源2007』日本経済新聞社，2006年

株式会社モロオ社内報『れいこう』

株式会社モロオ会社案内パンフレット

モロオHP(http://www.moroo.co.jp/index.html)

『北海道新聞』1991年1月11日付朝刊

『北海道新聞』1999年5月15日付朝刊

『北海道新聞』2006年4月12日付朝刊

『北海道新聞』2006年11月2日付朝刊など

『読売新聞』2007年7月9日付朝刊
株式会社モロオ経営戦略室，鈴木康弘氏，御船龍也氏，佐久間暢之氏からの聞き取り

［佐藤芳彰］

第 11 章

ムトウ

常に未来を志向して全国展開する医療機器総合商社

北海道では，地方病院での診療科廃止が取りざたされ，診療を受けたくても近くの病院で受診さえできない環境が出現してきている。反面で社会の高齢化等に伴い，国民医療費は30兆円を超え，しかも，年間1兆円規模の勢いで増加している。国は診療報酬の減額や薬事法等の改正など，医療費削減への努力に躍起になっている。医療業界の環境は，これまで医療保険制度等に守られながら市場拡大に伴う成長を続けてきたが，次第にその状況は厳しいものに変わってきた。当然，医療機器業界においても，この医療全般における環境変化のもとでの経営対応が，企業存続への大きなポイントになっている。

　「株式会社ムトウ」は北海道から飛躍し，今では全国にネットワークをめぐらす医療機器卸売業のトップ企業である。現在，医療に関するあらゆるニーズに対応できるグループ企業を率い，グループ全体の売上高は1115億円(2005年)に上る。ムトウが医療機器の卸売を業として開始したのは約90年前までさかのぼり，業界のなかでも古参の歴史を持つ。今，業界のトップ企業としての地位を確固たるものにするのも，その長い企業の歴史で，トップランナーとして先駆的な事業展開をしてきた結果と言えよう。

　このムトウの経営拡大の軌跡と，北海道から全国へ展開していった経営戦略について見ることにする。

1. 医療の始まりと今

　現代医療の概念に相当する行為が行われ医師が存在したのは，今から4600年前のエジプト第3王朝と言われている。当然，医療行為そのものは原始的であったにせよ，人が生を受けた太古の時代からあったものであろう。しかしこの医療の歴史は，医療とは名ばかりでその歴史の大部分が絶対的に不十分な医療内容であった。医療が充足し，現代医療が芽生えるのは産業革命以後で，人が歩んできた長い歴史のなかでもごく最近のことなのである。まさに医療は古くて新しい行為にほかならない。

　日本の医療制度は，江戸時代に端を発する自由開業医制度が受け継がれている一方で，明治維新後は，欧化政策のもと近代医療への道を邁進していった。そして今日，日本の医療は世界一の分野も多く，非常に高い評価を得るに至っ

た。

　2006年現在，わが国には病院(ベッド数20床以上)が約9000，有床診療所(ベッド数19床以下)が1万3000余，無床診療所が約8万5000余ある。国民医療費は，1954年に2152億円だったものが，半世紀経った2004年には32兆1111億円に達し，国民1人当たりの医療費も1960年代には1万円程度だったものが，2004年には25万1500円となり，国民医療費のGDP比は8％台となっている。今後も，高齢化社会等の到来により一層の増加懸念があることは周知の事実である。

2. 医療制度と医療機器業界

　わが国は国民皆保険制度のもと，国民は何らかの公的医療保険に加入しなくてはならず，病院の収入は診療報酬によって決められている。さらに，医療には非営利の原則が存在する。医療業界の多くの企業は，この医療制度の下で国の規制や許認可などの制限を受けている。

　このような条件のなかで医療機器卸売業は発達した。彼らは，医療機関と医療機器メーカーをつなぎ，医師の各種情報の把握や機器の販売，在庫，物流な

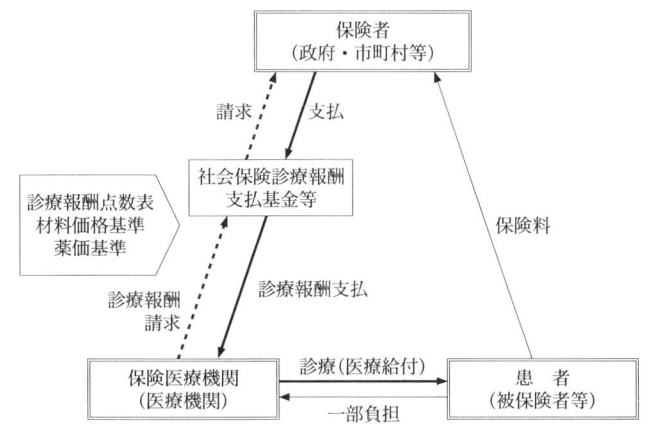

図11-1　診療報酬制度の概要
出所）公正取引委員会『医療機器の流通実態に関する調査報告書』2005年

どを行い，さらに技術情報流通の機能も果たしている。現在，医療機器の販売を行う企業は約2500社と言われているが，その規模は，資本金が5000万円以下の企業が半数近くを占め，地方を営業範囲とした小規模企業が多い。

　医療機器卸売業が扱う医療機器の数は膨大で，ピンセット，メス，注射針といった単位が何円のものから，X線コンピュータ断層撮影装置（X線CT）や磁気共鳴画像診断装置（MRI），陽電子放出断層像装置（PET）といった，何十億円もする大型機器まで，その製品数は約50万種類にも上る。

　国民医療サービスの充実という国の施策に沿って市場が拡大し，医療機器卸売業も順調に業績を伸ばしてきた。現在の市場規模は約2兆円と言われているが，しかしその一方で，増加の一途をたどる国民医療費の抑制が叫ばれて久しい。医療保険制度の抜本的改革，医療機関の経費削減などが実施され，さらには，欧米からの医療機器の輸入規制緩和や内外価格差の問題が取り上げられるなど，ここにきて市場の伸びはあまり望めない状況で，医療機器卸売業にとって厳しい環境に直面している。

3. 経営展開の経緯

ムトウの今

　「WiSM」はムトウ企業グループが標榜するブランドである。

　WiSMのWはWellness（介護），iはInformation（情報），SはScience（理化学），MはMedicine（医療）の頭文字を取った造語である。高齢化社会の到来，医療費の増大，医療の質の変化，さらには介護といった医療そのものや医療環境が大きく変化している現状で，この医療に関するあらゆるニーズに対応できるグループ企業を形成していることを表している。

　現在，ムトウグループは，医療機器，理化学機器，福祉機器などの商品を扱い，販売，製品の修理・メンテナンスや製造・開発，そして院内システムの開発・管理を行うサービス提供などを行う企業17社，116拠点で構成される。その営業網は，北海道から沖縄に至る日本全国を網羅し，アメリカのマサチューセッツ州にも情報収集拠点を設けている。

　このムトウグループの母体が「株式会社ムトウ」である。グループ企業を率

第 11 章 ムトウ 239

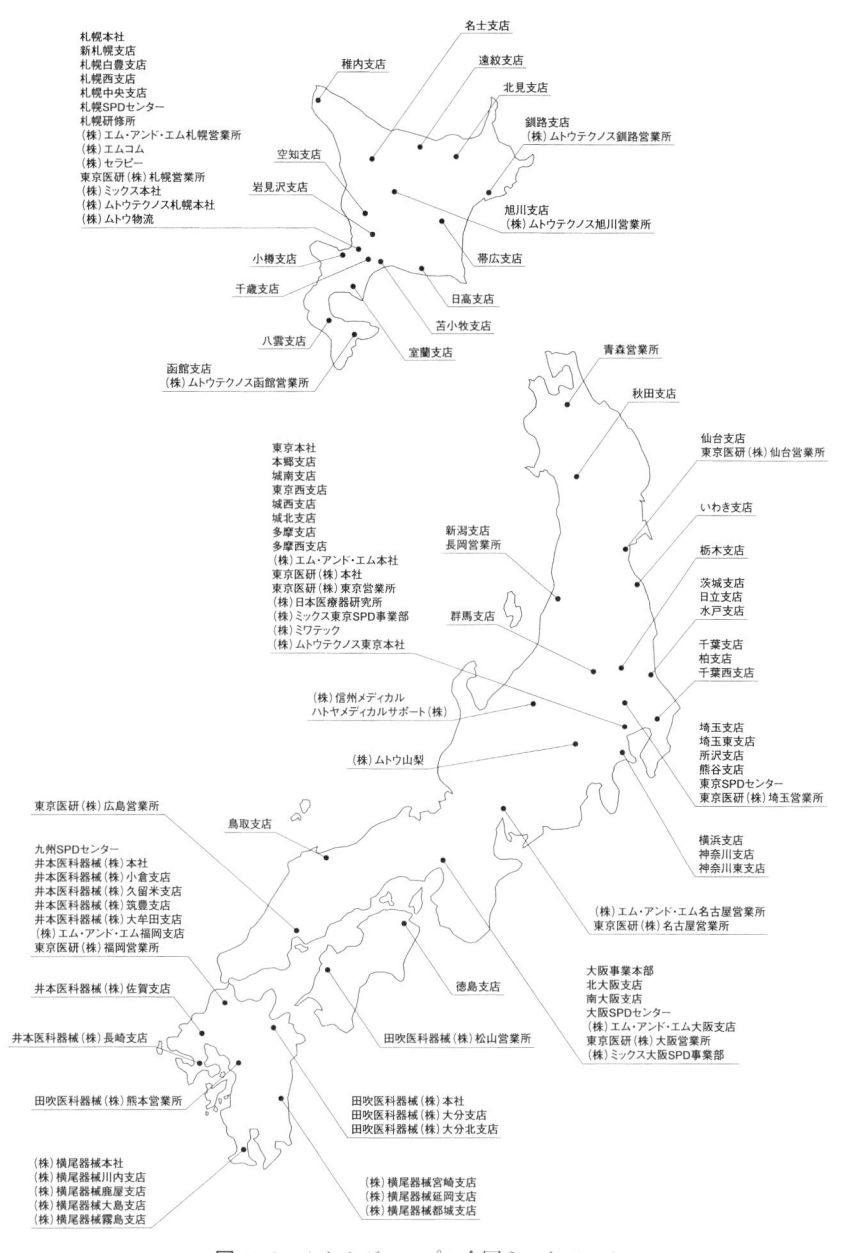

図 11-2 ムトウグループの全国ネットワーク

単位：百万円

図11-3　売上高の推移

年	売上高
1965	583
70	1,619
75	5,203
80	12,756
85	17,415
90	29,646
95	46,109
2000	67,042
05年	90,913

いる医療機器総合商社として売上高909億円(2005年度)を上げるわが国のトップ企業，つまり「北海道の企業」であるムトウは，今やグローバルな「日本の企業」なのである。

経営拡大の軌跡──北海道から全国へ

[創業期]

　ムトウの歴史を繙くと，およそ90年前までさかのぼる。1918年，創業者の武藤半司氏が東京本郷に「武藤器械店」を開業したことに始まる。半司氏は網走に生まれ，知人の紹介を得て東京にある後藤風雲堂に入社する。この年が1902年で，ムトウが医療機器業界への足跡を残す第一歩となった。入社した後藤風雲堂は，1886年に東京神田淡路町に薬局として開業，当初，薬品を主に扱い，医療機器は注文があればメーカーとの仲介を引き受ける程度であった。のちに，海外メーカーの医療機器を輸入して事業を拡大し，本格的に医療機器業を営むことになる。当時，近代化の黎明期にあって近代医療機器業の創始は大別して4系統あったといわれ，このうち，後藤風雲堂を含めた3社が薬種商からの転出であったという。

　店を持った半司氏は精力的に販路を広げ，当時，医療機器の普及がほとんど未開拓であった東北・北海道へと拡大していく。そのスタイルは器械類を背負っての行商であった。このように，北海道への足がかりをつけていった半司

氏に大きな転機が訪れる。1918年，北海道帝国大学が発足し，東北帝国大学農科大学は北海道帝国大学農科大学となった。これを機に医学部設置の準備が進もうとしていた。半司氏は，この医学部の設置を絶好の機会としてとらえ，札幌支店開設の意志を固める。翌年，医学部が設置され，札幌支店は，この北海道大学医学部の動きと軌を一つにして事業を展開していく。

　もうひとつ大きな足がかりとなったのが北洋漁業である。日露戦争に勝利した日本は，ポーツマス条約の締結によりロシア領の出漁権が認められ，1907年には日露漁業協約が結ばれて日本の漁業権が確立する。これに伴い武藤器械店は，北洋漁業の基地として活況を呈していた函館に支店を開設する。1935年頃，北洋漁業は最盛期を迎え，函館支店では，北洋船団を足場にカムチャツカや北千島方面まで医療機器や医療消耗品を送るとともに，大手漁業会社の母船に医療機器と医師を乗せ，操業期間中の漁船員の健康管理にあたった。

図11-4　独立した頃の半司氏の行商姿

[市場開拓期]

　その後，順調に事業拡大をしていくも日本は戦争へ突入し，戦況悪化とともに販売する製品も底をつく状態で敗戦を迎える。社会全体が戦前の払拭と復興の混乱のなかで，1949年札幌支店が独立して「株式会社武藤器械店」として新たなスタートを切る。戦前は樺太，北千島まで販路を拡大していた武藤器械店は，国全体が安定的成長へと向かうなか，地方における医療人口の急増，医療機器の高度化・多様化とともに再び地域密着型の経営戦略を打ち出し経営基盤を整備していく。日本経済は，その後も東京オリンピックの開催を控え，池田内閣の下で高度成長の道をまっしぐらに走り続けていく。所得倍増政策が功を奏し国民生活は向上，病医院の改築ブームが続き，ムトウの業績もそれに連れて倍増する。1970年には，札幌本社を拠点に釧路・函館・旭川・室蘭・帯広と道内主要都市の拠点網づくりが進み，「北海道のムトウ」として盤石な経営を確立していく。

この当時，本州大手企業はこぞって北海道市場にねらいを定め，出先機関の進出が相次いだ。ムトウは，北海道での拠点網づくりが確立したこのとき，逆に全国制覇の野望を胸に秘めていた。先代社長の武藤竜吉氏は「北海道の市場だけ守っていればよいという時代ではない。今ここで首都圏に楔を打たなければ悔いを残す」と，北海道から東京へ，そして，全国へ展開する第一歩を踏み出す決定をしたのである。

［市場拡大期］

　この決定により，北海道に基盤を置いていたムトウは1970年に東京へ進出し，経営拡大の意向を明確にする。この時期，ムトウにはエポックメーキングとなる年がある。その第一は東京へ進出した1970年である。この東京進出は，ムトウにとって全国展開に向けた経営拡大の原点となったのはいうまでもない。同時に「株式会社武藤器械店」を現在の社名である「株式会社ムトウ」に社名変更を行ったのもこの年である。取扱商品を冠とした社名からカタカナ表記に変更し，医療機器総合商社として，そして全国へ飛翔するためのものとした。

　東京への進出は，先代社長が社内的な猛反対を押し切るかたちで決定された。これは，先代社長が医療の中心は東京大学を中心とした東京にあるとの思いと，いずれ北海道だけでは経営が行き詰まるという見通しを堅い信念として持っていたことによる。しかし，東京への進出を果たすものの，結果は大赤字の連続であった。そこには，東京へ進出し，市場へ参入するだけではなかなか商売にはならない，医療器機業界における病院・医師と卸売業との関係が高い障壁となって立ちはだかっていた。それでも，1975年から85年にかけては，関東でも比較的市場参入が可能と判断した北関東や東北への出店を加速化していく。

　第二が1984年である。この年，田尾延幸社長が就任し新たなムトウの出発となったが，この就任は決して順風満帆の船出ではなかった。この年，大学病院を舞台にした事務・医療機器納入をめぐる収賄事件が発生し，ムトウも連座して処罰を受けることになる。これにより，先代社長が責任を取るかたちで退任した逆風のなかでの就任であった。しかし，事件により取引停止処分を受けるものの，この時期に，事件で沈滞化していた組織を活性化するために，逆に攻めの姿勢で道内に営業所を出店していった。当然，市場を見て充分採算が合い，市場を取れるとの判断で，小樽，空知を始めとして，道内郡部に営業所を

開設し，北海道市場への徹底した密着化を図っていった。そして，道内での出店が一段落すると，再び出店を関東・東北に移し，横浜，群馬，秋田，新潟と東日本の営業網を確立していった。

　しかし，この事件が経営拡大へ逆の意味でも影響を及ぼす。今までは小さな規模でその他多数の業者のひとつでしかなかったムトウが，事件で報道されたことや指名停止宣言を受けるために国公立病院から呼び出されたことなどにより，逆に知名度を上げる結果となったのである。そして，この事件が以後の営業への取組方針やコンプライアンスに決定的に影響したことはいうまでもない。今では社長に始まり全社員が行動規範を常時携帯するまでにコンプライアンスを徹底している。

　そしてこの時期に，経営戦略実現のためのコンピュータ導入や情報化，SPD (Supply Processing Distribution)，ME管理(電子医療機器の管理・修理メンテナンス等のサポート)など病院包括化への具体的な取組みを行い，全国展開への準備と手段のための基盤づくりを完成させていった。

［市場吸収期］

　市場の拡大を目指し，北海道と関東で基盤づくりを着々と進めていったムトウは，市場環境の変化や卸売業界全般，医療機器業界の変革のなかで，さらなる拡大のための時間を短縮する新たな手段を選択する。この手段としてとったのが資本参加による企業の系列化，子会社化，M&Aの駆使であった。最初に実施したのが1995年，関東を拠点とする「株式会社志水」との業務提携である。志水は東京に本社を置き，関東における売上げが2番目の企業であった。この時期ムトウの売上げは4ないし5番目で，まさに小が大を呑み込むものであった。この業務提携を足がかりに関東での基盤を強化し，2年後の1997年には志水の株を100％取得し完全子会社とした。この志水のケースが以後のムトウにおけるM&Aのモデルケースになった。翌年には，1961年創業の学童検診用具を中心に医療機器の製造販売を行っていた「株式会社日本医療器研究所」を子会社化，99年には超短波手術器メーカーで国内最大のシェアを持つ「株式会社ミワテック」を子会社化して，販売だけではなく製造部門の取込みも積極的に実施していった。

　未出店エリアがある限り「ここからはムトウさんとは話ができません」と

メーカーが線引きをする。この対策としては，全地域に出店すればよいことになるが，出店したからといって商圏は簡単にはとれない。そこには，医者と営業担当者との関係が強く，新参者が参入してすぐ商売ができる環境はないに等しい。「最初は自分たちで開拓しようとしたが，やはり社会や業界の環境変化のスピードがものすごく速くなっている。それに対して，時間軸を短縮しようとする発想が強烈に入ってきたことだ。やはり，新規市場に参入して一から全て始めようとすると売上げ10億円を確保するためには少なくとも10年はかかる。その10億円を1年で確保するためにはM&Aしかない。今はこの時間が重要になる」との判断が行動に現れている。

その後も，井本医科器機(福岡県)，五味医療器械(山梨県)，田吹医科器械(大分県)，梅田医療器(福岡県)，大矢医療器(大阪府)，東京医研(東京都)，横尾器機(鹿児島県)，木内メディックス(山梨県)など，次々に地方の有力企業を傘下に収め，ほぼ全国にネットワークを張りめぐらすことができた。しかし，子会社化することでの弊害も現れる。昔のようなM&Aに対する拒否反応は低減しているものの，既存の取引が単なる社名変更だけで2割程度減少するという。このため，最近では九州で子会社化した3社については社名を変えていない。歴史の短い北海道では問題にもならないことが，歴史のある地域では意外に影響することを理解し，地域事情を考慮して柔軟な対応をとっている。そして，厳しい経営環境下で，生き残りをかけムトウの傘下に入ることを希望する企業が出現している実情もある。

4. ムトウの経営戦略

業界環境の特徴

医療機器業界には，一般とは異なる特徴的な環境がある。その主たる環境を整理してみよう。

第一として，医療器機は医薬品ともども人の生命に直接関わり，安定供給や情報提供が不可欠なことから国の強い制約のもとにあることが挙げられる。このため，大多数の医療関連企業や医療機関は，薬事法を始めとする法律や保険制度の下，厚生労働省の医療政策の枠組みのなかでコントロールされている。

このうち医療機器は，診療報酬制度の報酬点数の枠内で構造，使用目的，医療上の効能・効果に着目した機能によって評価され，加えて，品質の保持や安全性の確保が厳格に規定されている。そのため市場は，完全な自由競争とは言えない状況になっている。

第二は，全国規模の企業が少なく，その多くが地方の小商圏を営業テリトリーとしている小規模企業である。わが国の医療機器製造・輸入販売企業は，資本金5000万円以下の企業が49％と半数近くを占め，100億円以上の企業は2.9％でしかない(医療機器産業実態調査，2004年)。厚生労働省は，2003年に示した「医療機器産業ビジョン」のなかで医療機器業界の小規模性を次のように報告している。「わが国の医療機器販売業者数は約2500社であり，医薬品の企業数とほぼ同数である。医薬品産業の市場規模が約6兆円，製品数が1万7000であるのに対し，医療機器産業の市場規模は約2兆円，製品数が数十万あることを考えると，個々の業者は比較的小規模で他品種を扱っていると考えられる」。また，医療機関の方も高額な診断機器等を除き，直接メーカーと取引をすることが少なく，多くが卸売業者を通して医療機器を購入していることから，小規模な卸売業者を存続させる環境をつくり出している。

第三は，医師と営業担当者の関係である。医療の分野では，医療機器も医薬品と同様に医師に営業の担当者が密着することが常識になっている。とくに医療機器の場合，医薬品とは異なり一元的に管理する部署がなく，診療科ごとに調達・在庫管理をしていることが多い。さらに，慣れた機器を使いたいとする現場医師の要請や，手術の際における立会い等の行為などから，機器購入にあたって医師が強い影響力を持ち，どうしても医師と営業担当者との関係が親密になっていく傾向が強い。このため，多くの企業では，一人の担当者が一機関に長期専従することが多くなり，結果として，医療機器の取引において，特定の機器の購入や特定の卸売業者との固定的な関係を生じさせることになっている。

第四は，医療機器の市場構造である。医療機器の市場は，大きく分けて治療系医療機器と診断系医療機器に分類される。このうち，診断系医療機器の分野では，日本企業が強い競争力を持つが，そのシェアは年々低下傾向にある。一方，治療系医療機器は，市場の伸びが大きく，しかも，外資系企業の市場シェ

アが拡大している。現在，治療系医療機器の7割が輸入機器で占められており，今後もこの傾向は拡大していくと思われている。厚生労働省は，医療機器分野において日本製機器の拡大を推進しようとしているが，現状の医療機器環境はそれを困難にしている。外資系企業が日本の医療機器市場に占める比重を拡大する原因は，日本の医療機器メーカーの企業規模が小さいことや，医療訴訟等に対する危険回避，さらには，医療機器開発を支える治験の環境が欧米に比べスピードが遅く，費用もかかる構図になっているなどの環境が指摘されている。

ムトウの戦略とは

　市場や業界構造等の環境変化は，少数の企業による市場の寡占化を加速化する。この市場に対応するため，ムトウがとった経営戦略の基軸にすえられているのが「シェアの奪取」である。今，多くの企業が生き残りをかけ市場におけるシェアの奪取に傾注しているが，ムトウは，このシェア奪取を20年前から明確に戦略とし位置づけていた。

　今日のムトウの経営を方向づける戦略は，田尾社長が就任して1年半後の1987年，社長として初めて中期的な基本戦略を示した「中期5カ年計画」にその基本がある。このなかで，戦略的な経営を標榜し「攻めの経営」を実践するための方針として，次の5つの項目が示されている。

　① マーケットシェア重視
　② シェアアップのためのムトウのグループ化
　③ 能力中心の人材開発
　④ 健全な企業体質の実現
　⑤ 株式の公開

　このように，計画の中心にシェアが表現され，「流通業でシェアをとらなければ存在はない」という田尾社長の考えが計画の柱となっている。その達成には，単なる売上げの増加ではなく，病院における医療機器に関連する全てを囲い込もうとする病院包括化という考え方が基底となっている。しかしそれは，卸側に軸足を置いた売上げ至上主義ではなく，川下となる病院のニーズに直結した顧客本位に徹することが重要であった。今でこそ川下戦略や顧客本位の考え方が経営戦略として一般化しているが，医療機器業界特有の環境や当時の時

代背景から見て，ムトウのこの取組みは，きわめて早いものであったことが理解できる。「1987年の計画通りにやってきた。だから，全国展開をしてその地域ごとで全部シェアをとっていこうという考えだ」。そしてこの考え方は，経営環境の変化に対応して，微調整はその都度行われているものの，今日に至るまで経営戦略の柱であり続けている。そして，20年という時間を蓄積することによって，企業全体への浸透が図られいっそう強固なものになっていった。そこには，市場に対する先見性があったことは確かであるが，堅持し続ける不変性と時間をかけて結果を出すための体制づくりがムトウの今を築くことになったといえよう。

このムトウの戦略は，実践するうえで前述した医療機器業界が持つ特有な環境や既成に対するある種の挑戦であり，「業界否定」ともいえるものである。そしてこの結果が，ムトウ躍進の糧であり続けていくのも興味深い。

最初の中期計画が示されてから3年後の1990年には，前の計画を補完するかたちで経営環境に対応する戦略を示した「第2次中期経営計画」が発表され，次の内容が示された。

① ネットワークシステムの構築
② 総合健康高付加価値サービス機能の確立
③ トップ企業としての地位の確立

ここでは，将来に対するムトウの進路目標が的確なかたちで定められている。それは，医療機器卸売業としての将来へ担保するための要素取得の方針にほかならない。情報管理とサービス機能の充実，ホームケア・健康分野を含めた総合健康高付加価値サービス機能の確立，そして何よりもこの時点で，業界のトップ企業としての地位を明確な位置づけとしたことが興味深くもあり，また，その予想がまさに実現していることが，ムトウの経営力の証明でもある。

拡大を可能にした素地

ムトウが全国展開を図り今日の経営拡大に至るには，それを支えるために保持されていた三つの素地があったと考えられる。そしてそれは，ムトウが北海道に基盤を置いた環境が大きく影響している。

[拡大志向と行動力]

　創業時，東京を拠点としていた武藤器械店は，販路を医療機器の普及未開拓地である東北や北海道へと延ばし，その先兵として札幌支店があった。道内にはこの頃から，札幌には区立札幌病院や天使病院，鉄道病院等を始め，地方でも区立函館病院，町立根室病院，小樽慈恵病院，三井砂川炭鉱病院，日本製鋼病院などの公立や有力病院が開院していた。これらの病院との取引を基に，ムトウは全道各地に積極的な営業展開をしていった。さらに，北海道はもとより国策として資金投入がされていた樺太や北洋漁業で活況を呈していた北千島方面まで営業範囲を拡大していた。人が活動しているところには必ず医療行為が発生し，それに伴い医療機器の市場も存在する。ムトウには，商売の鋭い嗅覚で地方開拓を積極的に行ってきた実践的行動力が企業内に綿々と受け継がれ，経営を拡大していくための経営姿勢が貫かれていた。

[多店舗マネジメント]

　1949年に札幌支店が独立したのち，ムトウは北海道での経営基盤を確保するため積極的に拠点づくりを開始する。1970年の東京進出までに，従来からあった函館を始め，釧路，旭川，室蘭，帯広と，道内主要都市に支店・営業所を開設し，その後も全道を網羅する営業網の整備を行っていった。北海道を基盤とするうえで，東京にメーカーが集中し，遠隔であった地理的条件をカバーするためには，卸売業として商品供給を担うための営業網整備は必須条件でもあった。遠隔地のハンディキャップが決してマイナスには働かず，この環境がメーカーとの距離を保ち，自立性の付加を促進していった。2500社程度あると言われる医療機器販売業者の多くは，その経営規模が中小零細で小商圏の地域固着型の営業を展開していたが，ムトウは北海道の経営環境という必然性から，早くに多店舗経営を実践し，そのマネジメント力を蓄積していった。

[田尾社長の就任]

　現在の社長である田尾延幸氏が就任したのは1984年である。武藤器械店札幌支店から独立して「株式会社武藤器械店」を設立してから35年の歳月を経ていた。この間，初代社長は創業者の武藤半司氏の弟である武藤賢三氏が就任，後継社長には賢三氏の子息である竜吉氏が就任している。田尾氏は先代社長竜吉氏の娘婿にあたる。当時，三井銀行に勤務する銀行マンであった田尾氏が，

大学の先輩から紹介された竜吉氏の長女と結婚したことで，ムトウの3代目社長となる運命をたどることになった。

田尾氏は銀行に勤めた16年間のうち4年間を支店部に勤務する。支店部は，支店評価のセクションで「朝の6時から夜の12時位まで，支店をどうすれば良いかというマーケット戦略を一生懸命たたき込まれていた。そういう意味で，事業所展開を勉強した」という田尾氏の言葉通り，この経験がノウハウとして田尾社長の戦略形成に寄与することになる。さらに，銀行マンとしての経歴は，医療機器業界を知らずして業界に飛び込んだこと，当時，最先端を走っていた銀行の情報システムを経験熟知していることなど，これまでの業界に異文化移入をもたらすインパクトを与え，結果的にその後のムトウ躍進の原動力になったのであった。

5. 戦略を具体化する取組み

前述したムトウ拡大の経営戦略を推し進めたのは，これまで業界が常識として行ってきた「既成」にとらわれない，新たな施策に取り組むことであった。とくに，それは既成に浸かる業界にとっては「新」ではあったかも知れない。しかし，ムトウ，とくに田尾社長にとってはこれからの卸売業の方向性を決定づける「常識」であった。

経営の基盤確立のために
[強固な拠点網の整備]
北海道を基盤に経営拡大をしたムトウは，当初，札幌を中心にして北海道の主要5都市に営業拠点を開設した。その後，1970年に東京へ進出を果たし，本州における経営拡大への第一歩を記すことになった。しかし，北海道でのシェアを確保することが全国展開への足がかり上必須であるとの思いから，再び北海道へ拡大の視線を移す。このため，1980年代の短期間に北海道全域をカバーする営業網の構築に努める。これまで医療の市場として小規模であると思われ，同業他社が拠点づくりに踏み込まなかった郡部の稚内，砂川，八雲，紋別，静内，名寄など十数カ所に営業拠点を次々に開設していった。地域の大

規模病院を営業戦略の中核にすえ，ベッド数4000〜5000床をマーケットの基準に，少ないところでは2000床の規模のマーケットまでも拠点を張りめぐらし，足下である北海道の経営基盤を盤石にすることに邁進する。後年，先手必勝で強固な営業網を築き上げてシェアを確実に奪取していたムトウが，追従してきた他社の前に参入障壁として大きく立ちはだかった。

[消耗品による売上げのベース確保]

　ムトウには「攻めの経営」の考えがある。「同じことを1年間続けていれば，翌年の売上げは10％減少する。例えば，1億円ある病院の売上げは，既存を守ろうとして現状維持の営業を続けると翌年には9000万円に落ちる。この売上げを維持するためには，常に売上げ10％増の努力が必要であり，なかんずく10％伸ばそうとすれば新たに20％増の売上げが必要になる。そのためには攻めなくてはならず，新たな開拓をしていかなければならない」。この攻めの経営がシェアをとる源泉となった。そして，シェアをとるためにはベースとなる売上げを確保する必要があった。

　ムトウは，その答えとして消耗品にシフトした。これまで消耗品は，利益率が低いため売上げ構成上メインとは考えられていなかった。この消耗品で売上げのベースを作ることでシェアをとり，結果として収益を上げていった。ベースを備品類にすると，高額な備品を納入すれば売上げは跳ね上がる。しかし，逆も当然発生する。これでは毎月の変動幅が大きく確実な売上げの確保は難しくなる。確実に見込めるのは消耗品であることから，備品類ではなく消耗品に売上げのベースを変えていった。要するに，売上げのベースを作ろうとした結果，病院で使う消耗品の比率を高めることに帰結したのである。しかも，売上げのベースを消耗品で作ることは，多店舗展開における消耗品の円滑な供給の常態化に必要条件でもあった。

　医療機器卸売業の多くは，大きく高額な備品を販売することが使命や伝統だと現在でも考えている。当然，ムトウも以前は同様な考えであった。田尾社長の就任時は売上げの70％が備品類で，消耗品は30％の比率でしかなかった。しかし，経営の見直しにより180度戦略を変えて，現在では，その比率が逆転し70％を消耗品が占めるまでになっている。ひとつの比喩であるが，他社において鞄1個の売上げが，ムトウではトラック1台の売上げに相当するという。

多少大げさではあるが，このような売上げの構成比は他社では見受けられないという。

経営を支える人材の育成
[営業手法]

　医療機器は初期の頃，医師からの依頼を受け職人的な注文生産が多かった。現在でも医師は，医療機器や材料に関して自分自身の様々なアイデアを持ち，改良等に対する要望を直接相談してくる。また医師は，機器について使い慣れた観点から特定の機種を選好し，それを長期間使用する傾向がある。高度化した機器の使用にあたっては，メーカーや卸売業者を手術に立ち会わせる等の行為も日常化している。このため，医療機器の購入判断は，特定機器の購入や取引先選定等について，現場医師の要請や意向が大きな影響力を持つことになるといわれている。結果として，医療機器の取引においては，医療機関が既存取引先との継続的な関係を重視する傾向が強く，これが医療機器の流通において取引先の変更が少なく固定的な取引関係を生じさせている要因になっている。

　このような医療機器業界特有の「商習慣」が存在するため，当然，病院側の要求は「慣れた担当者を永く置いてほしい」というものが圧倒的に多くなる。しかし，ムトウは，これを全て拒否したのである。同じ担当者が同じところで仕事をすると，確実に売上げは10%減少する。これは従前に述べたムトウの経営ポリシーである。このため，果敢に色に染まらない無党派人事を行うため，3〜4年で人事異動を実行している。これは，病院や医師の意向と軋轢を生む結果となるが，それを意に介さず，「今度は今まで以上の担当者を送りますよ」と，担当者間にレベル差がないことを相手に納得してもらう。当然このために，担当の病院，医療機器の各部門ごとにプロジェクトを作り，販売と技術サービスを分化したきめ細かな営業戦略を展開してきた。そして，最新最良の機器を医療機関に提供できる専門知識と技術を身につけた技術者集団を形成するための人材育成に力を注いだ。

　この人事異動は，1984年から行ってきた人材育成の成果があって初めて行えるものであり，さらには病院との癒着防止を狙った企業防衛策でもあった。しかし，多くの企業は，商慣習を維持することに重きを置き，担当者の専従体

制を堅持した。一人の担当者が10年，20年というのも当たり前の業界なのである。

　また，癒着のほかに専従体制の弊害がある。長い期間担当した営業担当者が得意先を持ってスピンアウトし，同じパイを食い合うこともこの業界では特異なことではない。この意味からも人事異動は，企業防衛の一端を担っている。

［人材の確保］
　医療機器業界の人材は，現場のたたき上げによる徒弟制度的な育成が多かった。このため，人材の確保については古き慣習に頼ってきた面がある。しかし，対応する顧客は高い専門性を有するプロフェッショナルの医師である。この医師と少しのコンプレックスも持たずに医療機器を提供する専門家として，対等な立場で対応するためには大学卒業者を必要とするとの思いがあった。このため，1971年から大学卒業者を採用し，75年からの採用は全て大学卒業者とした。この判断は，他社と比べてもきわめて早い時期での決定であり，この長いスパンで確保蓄積した人材が，今あるムトウの経営を支えている。

　しかも，理工系の人材が集まっている。これからの医療機器業界は工学との接点が多くなる。要するに，医療機器は電気製品が多いことから，工学的素養がないとなかなか説明ができない。通常，機器類の説明はメーカーから行われることが多い。このことが，他の卸売業者が大学卒業者をあまり採用しなかったひとつの理由と思われる。しかし，メーカーが来て直接説明をするものの，メーカーは，自分の製品しか説明をしない。これに対して卸売業は，いろいろなメーカーの製品を比較して説明できる立場にあり，その強みを発揮しないと単なる御用聞きでしかなくなる。このことから，いち早く大学卒業者を採用し，「医師よりも機器に関しては私達の方が専門家である」ことの育成を心がけてきた。そして，長期的な展望に立ち，早い時期から人材を確保し先鞭をつけることによって，戦力となる社員が育っていった。

［教育体制］
　医療機器の担当者は，機器の取扱いに精通していて，メーカーの情報を医師側にきちんとした形で伝えられることを使命として持っている。しかし，医薬品業界にあるMR（医薬品メーカーの医薬情報担当者）という確立された職種は医療機器業界にはない。今ある資格は，3年以上の実務経験で取得できる医療

機器業販売管理者があるが，基本的には販売資格であり，MRのような専門的な職種とは異なっているのが実情である。

　専門的知識を有することを必要としていたものの，これまでの業界の社員教育は，年功序列で徒弟制度的な育成が主体となっており，社員個人の資質に頼ってきた側面が大きい。ムトウは，独自の教育カリキュラムを作り，社員のレベル向上と維持のため，10年以上も前から研修制度を確立し実施してきた。現在の研修体系は，研修受講必要者を階層・等級・資格・職制別ごとに細かく分け，これらの対象者に新人研修，初級管理職研修，管理者基礎研修，上級管理職研修などの階層別研修と，営業スタッフ，新任店所長研修の職能別研修を組み合わせて実施している。これにより，2〜3年でプロパー職員として一人前に育成することから始まり，支店長になるまでのおおよそ15年間における統一された研修プログラムが用意されている。この研修にあたり，リクルートからインストラクターのスカウト，自前の研修所の設置など，当初から専門の研修内容に徹して実施してきた。

　このほかにも，QC的発想で問題を把握し改善していく考え方を社員に植えつけさせるために，1984年に「QC委員会」を発足し，現在に至るまでQC活動を継続実施している。第1回目では，オリンパス販売札幌営業所の協力を得て，同社がQC発表会で金賞を獲得したグループに実際に演じてもらった。この活動は，各サークルごとに設定したテーマに基づき検討を重ね，改善や向上を図っていくことを目的に年1回開催している。さらに，QC活動が定着してきた1990年後半から，社員啓発のための「ムトウ医療機器学会」を開催している。それぞれの社員が日常業務のなかで体得した知識・経験を発表する場で，日頃職場を異にする社員との意見交換や知識共有化を図るのが狙いである。この学会も東京で年1回開催され，500人の参集がある。このように，24年間続くQC活動や10年余積み上げてきた学会は，当然，他社にはない制度であり，人材育成にとって大きな戦力形成の場となっている。

市場への情報化対応
[情報化への取り組み]
　田尾社長が就任して知らされたのは，業界の情報化が非常に遅れている実態

であった。当然，それは当時のムトウも同様であった。都銀に永く身を置いた田尾社長にとって，情報化への対応がほとんどなされていない状況を目にしたとき，驚愕するものであったという。このため，社長就任早々の1985年に「コンピュータ運営委員会」を立ち上げ，情報化へのスタートを切った。そもそも，業界全体の情報化が遅れた原因は，医療器機メーカーの規模が小さいことから，情報化への投資が遅れたことに起因しているといわれている。ムトウのスタートは，他社から比べ10年以上も早い段階での着手であった。この情報化にあたっても，旧国鉄本社から情報システムの専門家をスカウトした。研修と同じで社内にいない専門家は，外部から積極的にスカウトをして体制を整えていった。

情報化への着手時は，勇んで業務の全てをシステム化するトータルな情報化を意図したが，かなわなかった経験もした。このため最初は，外注のシステムにより在庫と売上管理から着手し，次第に社内でシステム開発をすることによって自前のシステムへと移行していき，1988年からはシステムの全国供用を開始した。情報化はスケールメリットがあって初めて機能するが，ムトウには当初から営業網拡大によるスケールメリットがあったことが他社に対する優位性を持つことになった。

医療機関を取り巻く環境は近年，電子カルテシステム導入，医療機器のデータベース化，薬事法の改正に伴う生物由来品のトレーサビリティ管理の義務化など，情報化へと大きく変化している。このような医療環境や流通全般における高度情報化の流れに加え，国が提唱しているe-japan構想においても，医療分野はIT活用の先導的取組みを行う分野として第一に位置づけられる。医療分野も社会的な情報化の流れとは無縁ではいられない。しかし，社会の流れに比べて医療機器業界が情報化への取組みをスタートさせたのは遅く，しかも，遅々として進んでいなかった。国や業界団体が統一的な商品コードやバーコードの普及促進を図ってきたが，企業間で取組みに差があり，全体での対応があまり進んでいなかった。これに対してムトウは，情報化が進まない業界を尻目に，2001年から独自のバーコードを取扱商品全てにつけるなどして，業務全体のシステム化を早くから構築し完成させたのである。そしてこれが，戦略上の大きな武器になっていく。

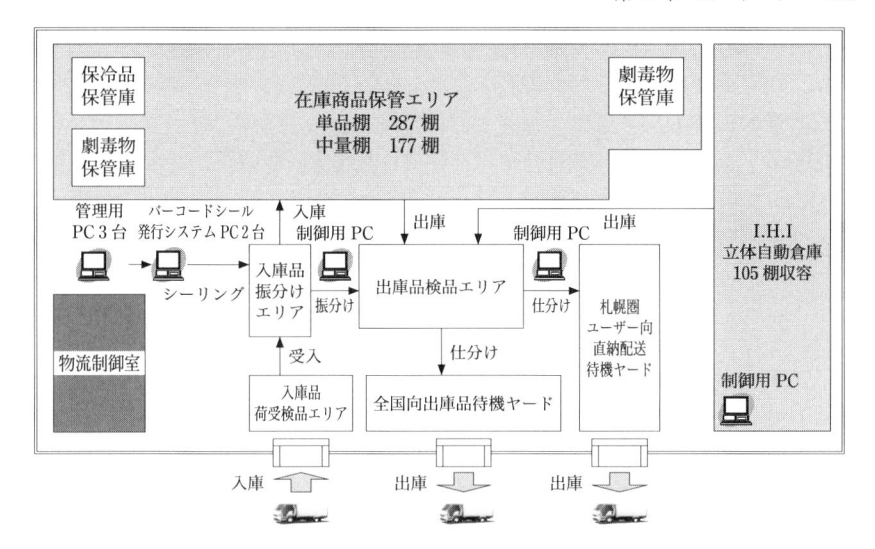

図11-5 札幌SPDセンターの入出庫フロー

[SPD]

　ムトウの川下対応やシェア戦略における要はSPD(Supply Processing Distribution)である。SPDとは，医薬品，診療材料，衛生材料，帳票類などの医療関連物品の購入，在庫，供給，搬送などの物流管理に必要な機能を集約し，物品管理を合理化・効率化し，その管理精度の向上を図ろうとするものである。その目的は，病院経営における経済性の向上にあり，一般的にSPDを導入するということは外部委託を意味することが多い。病院内で使用される医療機器，医薬品は膨大な種類に及び，これらの費用は，人件費に次ぐ比率となっている。このため，SPD導入により過剰在庫の解消，定数管理による安定供給，物品アイテム数のスリム化，在庫スペースの有効活用，人件費の削減などに取り組むことが，薬価差益に依存できなくなった環境で，病院経営上避けて通れない課題となっている。

　SPDは，流通先進国のアメリカで提唱された。日本には1980年代に紹介され，1995年に大学病院等が大手卸売業者に委託したのが実質的なケースといわれている。ムトウは，このSPDへの取組みを1998年に開始した。最初は，九州の企業が失敗したシステムを購入して，独自にカスタマイズして開始した

もので，医療機器卸売業のなかでは取組みが一番早かった。しかし，SPDはなかなか採算がとれないのも事実である。病院からの要求は，病院経営の環境悪化に伴い広範囲な分野まで及ぶようになってきた。医薬品は「スズケン」と提携するものの，現在では食材や事務文房具類まで守備範囲を広げなくてはならない。これらの物品を平均1日1回配送するが，この物流コストは，コスト競争のなかで経費になかなか計上することができない。また，通常の自社在庫に加え，病院への預け在庫もあり，卸売業にとっては在庫経費がかさむことになる。このため，参入しても資金手当や経費がかさみ撤退する企業も多い。しかし，SPDを受託できるかできないかは，結果0か100の取引環境になり，経営戦略上きわめて重要な武器になっている。現在，全国で約3000の顧客を持つムトウは，このような状況でSPDを積極的に活用して病院包括化に向け努力を怠らない。

6. これからのムトウ

今後の展開

今後，超高齢化社会に突入し，さらには，国民の高度な医療ニーズに応えるために，医療費の増大は避けられない。日本医師会や厚生労働省は，現在30兆円規模の医療費が2025年には65兆円ないし70兆円にも増加すると推計している。このため，医療費の抑制についての取組みが講じられ，診療報酬点数の減額や薬事法の全面改正による制度規制など，規制緩和の流れのなかで，一見逆行するような規制強化が図られてきている。これまで医療機器業界は，各種の法制や医療制度等によって守られてきた。そして，その中心を担ってきたのが中小企業であった。しかし，ここにきて業界を取り巻く経営環境は激変している。さらに，国立病院や大学の独立行政法人化により，今以上にコスト削減に対する要求が増加することは間違いなく，外資系企業の攻勢も待ったなしの状況である。好むと好まざるとに関わらず，医療機器業界も環境に適応していかなければならない。企業の生き残りをかけた競争は，今後さらに激しさを増すことは避けられない様相となっている。

ムトウは，この環境を悲観してはいない。むしろプラス思考で対応している。

「これからは規制強化に対応できる企業体質にしなくてはならない。うちは，他社に先駆けて対策を講じており，業界で一番強い企業であるという思いがある。やれといわれれば全てできるシステムを構築しており，厚生労働省の要求に全て応えられるだけの経営をやっている。近年問題となった生物由来製品やBSE の対応など，問題として与えられた環境をプラスに利用していく。だから規制はうちにとってはマイナスではない。本来は規制強化には反対であるが，規制をやる以上は，それを利用してある意味，経営の武器にしたいと考えている」。社長のこの言葉に，経営の将来に対する見通しの確実さと強固な体制が堅持されていることを理解することができる。

　ムトウにとって，医療機器業界の市場対応が遅れていたことによって，先行する医薬業界や流通全体の状況を学習することができた。さらに，業界のなかで早期に様々な取組みをしたことで時間のポテンシャルを常に保持できたことが，現状の強固な体制を堅持することにつながっている。この結果が経営戦略を進めるうえで大きな牽引力になっている。さらに，ISO9001 の認証取得やプライバシーマークの取得など，社会的要請の強い取組みを率先して実行していくなど，経営の付加価値を高めることにも積極的である。

　また，高齢化社会が進む環境で，在宅介護・介護機器・緊急通報システムなどのサービスや，一般消費者との接点を求め薬局を開設するなど，健康増進分野を視野に入れた展開も積極的に行っている。

　将来的に医療機器業界も医薬業界と同様寡占化は進み，まだまだ企業は淘汰されることが予測されている。その状況を想定して，これまで行ってきたことが未来に向かって有効に働き，企業基盤の堅固につながるという確信がナンバーワン企業への地固めをさらに進めていく。

北海道へのこだわり

　ムトウが東京に本社を設置し札幌と 2 本社制にしたのは 1989 年で，かなり以前のことである。北海道の企業が全国へと飛躍していくなかで，本社機能を東京に移転することはある種自然な流れである。東京にあることのメリットは計り知れない。とくに，医療機器業界にとって，メーカーが東京本郷に多く所在していることや情報集積，地理的優位性など，商流・物流どちらをとっても

東京に企業中枢を置くことのメリットは大きい。加えて，北海道では，人口の減少や地方病院での診療科の廃止など，医療を取り巻く環境は厳しさを増すばかりで，北海道へのこだわりは，経営にとって必ずしも最良の選択とはいえない。

ムトウが2本社制にしたのは，北海道本社ということで，どうしても地方企業扱いをされがちであることから，東京本社という実利をとってのことである。2006年には東京本社に営業企画と仕入部門を移したものの，経営の中枢機能として管理本部は今後も札幌へ置くという。あくまでも，ムトウは北海道の企業としてのこだわりを持ち続ける。それは，本郷に東京大学があるように，ムトウにとって創業期以来，北海道大学が医療を通してムトウを育ててくれたという思い，そして1984年の事件時，北海道がおおらかに接してくれたことなどが，現在のムトウの礎になったとの思いがあるためである。そして，この環境とムトウ拡大の軌跡が，北海道という土地があって初めて成し遂げられたことを一番良く知っている。それゆえに，今後も北海道の企業であり続けるという思いは強く，北海道の地方企業ではない，北海道の全国企業であり続けるムトウがそこにある。

〈参考文献〉

岡村晴道『医療機器の流通慣行に関する研究』㈶ファイザーヘルスリサーチ振興財団，1997年

株式会社ムトウ『来た道　進む道——ムトウ70年のあゆみ』1989年

川越満・布施泰男『よくわかる医療業界』日本実業出版，2006年

久保田博南『医療機器の歴史』真興交易医書出版部，2003年

公正取引委員会『医療機器の流通実態に関する調査報告書』2005年

厚生労働省『医療機器産業ビジョン』2003年

厚生労働省『国民衛生の動向』厚生統計協会，2006年

社団法人金融財政事情研究会『業種別審査事典　第4巻』2004年

社団法人日本臨床工学技士会『改正薬事法のポイントと医療機関への影響』2006年

舘澤貢次『ひと目でわかる医療機器業界』ぱる出版，2005年

北海道大学医学部五十年史編纂委員会『北大医学部五十年史』北海道大学医学部創立五十周年記念会館建設期成会，1974年

［加藤　玲］

第 12 章

データクラフト

ソフトウェア産業のものづくりとマーケティング戦略

『素材辞典』というものをご存知だろうか。1枚のCD-ROMに著作権(使用権)の拘束を受けていない写真約200点のデジタルデータを収めたパッケージ商品である。パッケージそれぞれには「空・雲」「手の表情」「メカ・歯車」「ほのぼの家族」といったタイトルがつけられ，そのタイトルに関係する写真が集められている。販売価格は現在1枚8000円〜10000円程度。1994年のvol.1発売以来，2007年8月現在でvol.189まで刊行されており，ロングセラーのシリーズ商品となっている。

この商品の主なユーザーは，出版や広告その他商業印刷物やWebサイトなど写真を使用した情報媒体を制作するデザイナーやクリエーターであり，一般の消費者向けの年賀状用イラスト集のような商品とはコンセプトが異なる。全国の家電量販店でのPOSデータを基に市販ソフトウェアのシェアを調査している株式会社BCNによれば，『素材辞典』はクリップアート・ソフトウェア部門で推定40%以上という国内トップシェアを占めており，同社が選ぶ「BCNアウォード」の最優秀賞を4年連続で獲得している。この『素材辞典』を作っているのが，株式会社データクラフトである。

1. 創業の経緯と時代背景

データクラフトの高橋昭憲社長は，36歳のとき広告業界からソフトウェア業界に身を転じ，45歳の1991年に同社を創業した。その後，「サッポロバレー」という言葉を全国に知らしめる契機となった札幌ビズカフェ(ベンチャー企業のヒューマン・ネットワーク)の設立を主導し設立時の副代表を務める(現在は顧問)など，北海道の情報産業のキーパーソンとして活躍してきた。

高橋社長は技術者出身ではなく大学では経済学を学び，

図12-1 『素材辞典』

その後，さらにデザイン専門学校でデザインを学んだという札幌のソフトウェア企業の経営者のなかでは異色の経歴の持主でもある。北海道の情報産業の成長は，北大マイコン研究会にさかのぼる技術者の系譜の観点から語られることが多いが，一方で，時代の流れに合わせたマーケティングや商品開発の視点も欠かせない。高橋社長がたどってきた道を振り返ると，後者の面における北海道の情報産業の一例を見ることができる。

大学入学から就職，そして転職

　高橋氏は1946年生まれ，いわば団塊世代のはしりの世代である。高崎経済大学に進学し，経済学を学んだ。と言っても，高橋氏が在学していた60年代後半は大学紛争の嵐が吹き荒れていた時代であり，まともに講義を受けられなかったという。当時の高橋氏は，文学と哲学に興味を持ち同人誌を発行する一方，広告研究会にも所属していた。これは，マーケティングや広告業界といったビジネス面の興味・関心というより，60年代大学紛争とともに進行していた広告やデザインの大衆化，日本宣伝美術会の解体という時代背景の下，アジテーションツールとしての広告の可能性といった思想面での興味であった。

　大学を卒業した高橋氏はそのまま就職せずに北海道デザイン研究所（現・北海道造形デザイン専門学校）に入学。何歳も年下の学生と一緒にデザインを学んだ。「きれいな線を描く」といったスキルの面では若い学生にかなわなかったが，「概念を見えるかたちにする」「情報をわかりやすく伝達する」というデザインの本質的な機能を学んだ経験が，「情報とデザインの関わりの追求」という，のちのビジネス展開のベースとなる着想につながっているという。

　北海道デザイン研究所を卒業した高橋氏は，朝日新聞系列の朝日サービス（札幌）に入社。朝日サービスは，朝日新聞向けの折込み広告取扱いが主業務であったが，北海道における朝日新聞の知名度向上のためのイベントなども手がけており，高橋氏はほどなくその業務の担当となった。イベントの一環としてセミナーや講演会を開催しており，その一つとしてマイコンフェア──80年代前半頃まではパーソナルコンピュータ（パソコン）よりマイコンという呼称が一般的だった──という企画を1980年に開催したことが高橋氏と情報産業との直接の出会いであった。このフェアのさい，すでにマイコン研究会を立ち上

げ北海道のソフトウェア産業のキーパーソンとなりつつあった北大の青木由直教授を講師に招いて知己を得ている。

高橋氏がマイコンフェアを企画開催した 1980 年の前後は，北海道の新たなソフトウェア産業がまさに立ち上がらんとする時期であった。高橋氏がやがて転職することになるデービーソフト（設立当時の社名はコンピュータランド北海道，83 年に商号変更）も 80 年に設立されている。設立を主導したのは当時，シャープ製マイコンの販売を担当していたシャープエンジニアリングの社員であった古谷貞行氏で，得意先である北大の青木教授やハドソンに接してマイコン業界の将来性を感じ取っての挑戦だった。朝日サービスと取引のあった自動車整備会社の経営者がこの古谷氏の独立起業を支援しており，その縁で高橋氏も同社の設立や経営に関する相談に乗るうちに，自らも同社に転職することになったのである。

パソコン産業の草創期

1970 年代の後半から 80 年代にかけては，パーソナルコンピュータ産業の世界的な草創期であった。海外では，75 年にマイクロソフト社，77 年にアップルコンピュータ社が設立され，国内では 77 年に株式会社アスキーが設立されるなど，パーソナルコンピュータ市場に関連の深いベンチャー企業の創立がこの時期に相次いでいる。道内においても，76 年にサッポロバレーの源流を拓いたと評される北海道大学のマイコン研究会が設立され，76 年のビー・ユー・ジー設立（個人経営），77 年のハドソンのパソコン事業参入などの動きが見られた。

1970 年代の終わりから 80 年代初頭にかけては，パソコン関連産業は未だ混沌の時代であり，ハードウェアの面では家電メーカーなどの参入が相次ぎ，ソフトウェアの面では全国各地で企業設立・市場参入が相次いだ。このパソコン産業の黎明期において，北海道の企業が果たした役割は小さくなかった。その後，企業の成長と撤退・淘汰が交錯するなかで，80 年代末に向けて業界の秩序がかたちづくられ，北海道のソフトウェア企業のポジションも定まっていった時代である。

国内でマイコン（パソコン）市場に先鞭をつけたのは，NEC とシャープであ

表12-1 パソコン産業の動き

	高橋氏周辺	道　内	道外，海外
1970年代	73　朝日サービス入社	76　北大マイコン研究会 77　ハドソン　マイコンソフト事業参入	75　マイクロソフト設立 76　NEC，TK80発売 77　アスキー設立 78　スペースインベーダー登場，ブーム 79　PC8001登場
1980年代	80　朝日マイコンフェア。コンピューターランド北海道設立に関わる 82　コンピューターランド北海道入社	80　コンピューターランド北海道設立。BUG法人化 83　コンピューターランド北海道，デービーソフトに商号変更 86　札幌テクノパークオープン 90　アジェンダ設立(デービーソフトからスピンアウト)	81　日本ソフトバンク設立 83　ファミコン登場 84　アップルのマッキントッシュ，IBMのPC/AT登場 89　DTP専門誌『MdN』創刊
1990年代	91　デービーソフト退社　データクラフト設立		

るが，この2社以外にも1970年代後半から80年代にかけて多くのメーカーがマイコン市場に参入していた。当時のマイコンは，メーカー間の互換性がまったくなく，マイコンを動かすBASICなどのソフトウェアは各社ごとに用意する必要があった。さらには，同じメーカー製であっても，シリーズが異なればソフトウェアを作り直す必要がある場合もあった。現在のパソコンでは，ほとんどのメーカーはマイクロソフト社のWindowsという基本ソフトを動かすことを前提にハードウェアを設計しており，ソフトウェア企業はどのメーカー製のハードウェア向けかを意識することなくソフトウェアを開発している。

しかし，この時期のマイコン市場においては，どのメーカー・どの機種向けのソフトウェアを開発すべきかがソフトウェア企業にとって重要な経営判断であった。もちろん，ハードウェアのメーカーにとっても，自社のハードウェアに適した良質のソフトウェアを多く揃えることが販売戦略上，重要であった。そのようなソフトウェアは社内から調達する(内製する)という選択肢もあった

が，社外のソフトウェア企業から調達することも多かった。

　結果として，多数のハードウェア企業と多数のソフトウェア企業による無数の組み合わせがありえたわけであり，ソフトウェア企業にとって多くのビジネスチャンスがあった。そこに，北海道の企業が活躍している。

デービーソフトへの入社

　高橋氏は，このような時代背景の下，1982年にコンピュータランド北海道（翌年デービーソフトに商号変更）に企画担当として入社した。デービーソフト社における高橋氏の業務は多岐にわたるが，なかでもNECやシャープといったハードウェアメーカーと接触し，新製品の開発情報を入手できる関係を構築・維持することが重要な職務であった。前述の通り，当時はマイコンのメーカーごと・シリーズごとのソフトウェアが必要な時代であり，他社に先んずるためには新機種の発売後にソフトウェア開発を始めるのではなく，事前に新機種の開発情報，発売情報を入手する方が有利である。もちろんメーカー側としてもユーザーを惹きつけられる良質のソフトウェアを新機種の発売に合わせて揃えておくことが重要であった。ちなみに，当時のハードメーカーとソフトウェア企業の関係は，大手元請と中小下請といった関係ではなく，ソフトウェア企業の側でもメーカーを選んで天秤にかけるようなところもあった。

　メーカーごと・機種ごとのソフトウェアの互換性がないという当時の状況は，いくら良いソフトウェアを開発してもそのソフトウェアを載せるハードウェアが売れないとソフトウェアも売れないということである。ソフトウェア企業にとって，メーカー・機種の選定は重要な経営判断であった。この点で成功したのがハドソンである。ハドソンは1980年代初めにはシャープのマイコン事業と密接な関係を築いていたが，その人脈で任天堂とも接点ができ，83年に登場したファミコン向けにBASICを供給した。その縁で，ファミコン用のゲームソフトも開発するようになった。ファミコン用のソフトは当初，任天堂が自ら制作・販売していたが，ハドソンがサードパーティ（他社のOSや機器などに対応する製品を作っているメーカー）のファミコンソフト企業第1号となった。以降，ハドソンはマイコン（パソコン）市場からファミコン市場にシフトし，ファミコンの普及につれ業績を大きく伸ばした。さらに，ハドソンは87年に

はNECと共同でゲーム専用のハードウェア，PCエンジンを開発するなど「ゲームのハドソン」として知名度を高めた。

　デービーソフトでも，高橋氏が任天堂に通ってサードパーティとしてファミコンソフトを開発することを認められた。ファミコンはマイコン（パソコン）と比べ普及台数が桁違いに多いため，ヒットするソフトが出ると大きな利益が得られたが，サードパーティはソフトウェアを収めるカセットを任天堂に製造委託する契約であり，資金調達や在庫リスクなど課題も伴っていた。デービーソフトが開発したゲームでは「フラッピー」というタイトルが有名で，当初マイコン用に開発したものを，ファミコン用に移植したものである。

パソコンの進化と業界動向

　1980年代半ば以降，マイコンはハードウェアの面では8 bit機に替わり高性能な16 bit機／32 bit機の普及が進み，呼称もパソコンと呼ばれるようになる。パソコンがビジネスの現場に導入されることが多くなり，ホビーユースだけでなく，ワープロ・表計算・データベースといったビジネスユースのソフトウェア市場も大きく広がった。ビジネスユースのソフトウェアでは，開発プロジェクトの陣容・期間・予算，アフターサービス体制などがそれまでのホビーユースより大きくなり，誰でも参入できるというわけではなくなる。また，ビジネスユースではユーザーはファイルの互換性を重視する傾向があるので，事実上の業界標準となれるか，自社ソフトがトップシェアをとれるかどうかが大きな意味を持った。

　1980年代後半，デービーソフト社はまずPC-8800用ワープロソフト分野に進出。続いて当時シェアを伸ばしつつあったジャストシステムの「一太郎」以上のものを目指してPC-9800用「P1.EXEシリーズ」を開発，88年に発売。一太郎以上に売れた時期もあり，バージョンアップを競ったが結局，トップシェアをとることはできなかった。またP1.EXEシリーズと並行して，86年から88年にかけてビー・ユー・ジーとの共同出資による別会社を立ち上げ，ワープロソフトに表計算・グラフィック機能を組み込んだ統合ソフト「コラージュ」も開発している。高橋氏はこのプロジェクトのデービーソフト側の責任者も務めた。

このようなビジネスユースのソフトウェアにおいては、プログラム本体の出来だけでなく、マニュアルやパッケージデザインなどの良し悪しも重要である。これらの業務には、パソコンのことをよく理解しているテクニカルライターやデザイナーが必要であったが、そういったフリーランスの人材は首都圏にはいたが札幌にはいなかったため、デービーソフトではそれらの業務を外注せず社内要員を育てて内製化していた。高橋氏はそれらの業務の統括も行っていた。また、自社のワープロソフトのシェアを高めるためには、文例集など周辺コンテンツの充実を図る必要があり、そういった業務も高橋氏が担当した。こういった技術領域とユーザー領域の中間的な領域が後の高橋氏の事業領域につながっている。

データクラフト設立の下地

パソコンとデザインの関係については、1980年代後半から90年代にかけて、大きな変革の流れが進行していた。アップル社のマッキントッシュシリーズの普及がその牽引役で、コマンドを入力して操作する従来のパソコンとは異なり、マッキントッシュは画面を見て直感的に操作できることが特徴であった。その結果、マッキントッシュ以外のパソコンも含め、ソフトウェア開発において、画面デザインや操作体系などのユーザーインターフェースにいっそう工夫が求められるようになった。また、マッキントッシュは画像や写真といったグラフィックの扱いに優れていたため、デザイナーやクリエーターといった職種の人たちも使い始めるようになった。

同時に、1980年代後半から90年代前半にかけて、パソコン用のデータ記録媒体として従来のフロッピーディスクに比べ数百倍の記録容量を持つCD-ROMが普及したこともパソコンにおけるグラフィックの利用を後押しした。

このようなパソコンとグラフィックやデザインとの接近はソフトウェア企業あるいは情報産業にとって新たな市場を生み出した。その一つがDTP（デスクトップパブリッシング、または、デスクトッププリプレス）と呼ばれる印刷業務におけるパソコンの利用である。印刷工程におけるコンピュータ導入は以前から進んでいたが、パソコン、とくにマッキントッシュの普及以前は高価な専用機によるものであり、また、レイアウトデザインや画像の加工などの感性的、

表現的な部分は手作業に頼り，そこで作成されるデータはフィルムなどのアナログデータであった。そこにグラフィックの扱いに優れているマッキントッシュが登場し，直感的な操作が可能なグラフィックソフトウェアが登場したことにより，クリエーターが自らパソコンを操作し電子データを作成し，それを下流の製版工程に引き継ぐ印刷業務の改革が行われたのである。

　高橋氏がデービーソフトを退社しデータクラフトを設立した1990～91年頃は，このDTP普及がまさに進行していた時代であり，のちにデータクラフトの主力商品となった『素材辞典』のメインターゲットとなるユーザーが誕生しつつあった。高橋氏自身がグラフィックデザイナーとしてのバックグラウンドを有していたことも，この市場に目を向けさせる要因であったろう。

　パソコンとグラフィックやデザインとの接近が生み出したもう一つの市場は，マルチメディア市場である。パソコンにおけるCD-ROM利用の普及により大容量のデータを流通させることが可能になり，大量の画像やCGアニメーション(動画)，音声を組み合わせたソフトウェアが登場した。これらではコンピュータープログラムだけでなく，コンテンツやその見せ方が重要となった。この市場もデータクラフト設立時のターゲットとなったが，高橋氏はデービーソフト時代のゲームソフトウェアの経験から，消費者向けのソフトウェア自体は当たり外れのリスクが大きいことを認識していた。他方，放送局などにおいてもCG制作にパソコンが使用されるようになり，データクラフトのターゲットはそういった業務用市場が中心となった。

デービーソフト退社とデータクラフト設立

　高橋氏がデービーソフトを退社したのは1991年のことであるが，その直接的契機となったのはいろいろなゲームソフトウェアやP1シリーズなどの開発者として同社を支えてきた中心的な技術者が，90年にスピンアウトして独立したことであった。退社の原因は経営者との意見の相違であったが，調整役として経営者と退社した技術者やその他の社員との間に立っていた高橋氏も大きな影響を受けた。

　91年にデービーソフトを退社した高橋氏はいったん個人事務所を設立するが，かつての取引先の勧めもあり，デービーソフト時代の部下数名とともに同

年データクラフトを設立する。当初は受託業務が中心であり，しかもソフトウェア開発ではなく，商品カタログ，パッケージのデザインやマニュアルライティングなどであった。データクラフトに集まったのは，デービーソフトでは企画やデザイン，テクニカルライティングなどをやっていた人達であり，プログラムを書くということより，パソコンを利用したデザインや編集の仕事が中心となった。

　92年に受託業務の一つとして，ウェザーニュース社から天気予報CG制作を受注。これは，マッキントッシュ上の動画作成・編集ソフトウェアでCGアニメーションを制作するという業務であった。この業務では，ソフトウェアのプログラミングを開発するというより，既存のソフトウェアを使いこなし，インパクトのある画像を作成することが重要であり，ソフトウェア技術領域とクリエイティブ領域の中間領域の業務であった。この業務で得たCGムービー制作のノウハウを活かし，以後，各方面からCGムービーを継続的に受注するとともに，そのノウハウを解説本形式にまとめた「Macromedia Director 読本」を93年に発売する。当時はまさに，コンテンツクリエーターと呼ばれる人材群が誕生し，一つの勢力（一つの市場）を形成しつつあった時期であった。コンテンツ作成のノウハウを公開した書籍などがまだ数少なかったため，これらのコンテンツクリエーターの間でデータクラフトの名前が知られるようになった。このような経緯のあとに，1994年にクリエーター向けの写真データ集『素材辞典』の開発・発売にいたるのである。

人に支えられての創業

　ここで少し違う角度から，高橋氏によるデータクラフト設立の性格を考えてみたい。高橋氏は，父親はサラリーマンで身近な親戚にも経営者がいないという生い立ちで，若い頃，将来自分で会社を立ち上げるとは考えていなかったという。高橋氏本人は，「いつも周囲の環境に押されて図らずも自分で会社を設立するまでになってしまった」と語るが，その高橋氏が45歳で起業するに至った過程を改めて観察すると，時代の流れに即した事業に身を任せつつも，学生時代に関心を持っていた情報とデザインという事業にたどりついたとも言える。ある意味，当初から確固たる将来ビジョンを抱いて，ステップアップし

ながら起業に至ったというベンチャー創業者の典型とは対極のストーリーかも知れない。

しかし，高橋氏が情報関連業界に身を投じ，さらに自ら会社を興してヒット商品を生み出すに至った20年間は，パーソナルコンピュータや情報産業が日進月歩の時代であり，技術革新や市場のニーズを読み誤れば生き残れない可能性は充分にあり，事実，一時的に名を成しながら長続きせず消えていった企業も多い。高橋氏自身はソフトウェア技術者ではないからこそ，「自らの技術が世の中を変える」といった発想を持たず，世の中のニーズ・ウォンツをあるがままに受け止めて，それを事業につなげていったのではないだろうか。

また，「周囲の環境に押されて……」ということは，周囲に高橋氏に期待あるいは支援を惜しまない人々がいたということである。デービーソフトを退社後，データクラフトを設立するまでの間，デービーソフト在職中に懇意になった企業の経営者が，コンサルティングを委託するかたちで応援し，あるいは，ビー・ユー・ジーの服部裕之社長(当時)は，DTP市場やマッキントッシュ活用などの高橋氏の進むべき方向性についてアドバイスを行い，データクラフト創業後は実際にデザイン業務の発注を行っている。

高橋氏がデービーソフトを辞したのち，高橋氏の部下も相次いで退職しているが，彼らもまた高橋氏同様プログラムが書けるソフトウェア技術者ではなく，企画やデザイン業務をやっていた人間であったことから，「ソフトウェア技術者であれば転職先もすぐ見つかるであろうが，彼らはそううまくいかないかも知れない」と考え，企画やデザイン業務を主とするデータクラフトの設立に至っている。このような人との関係を重視する姿勢も今日のデータクラフトにつながっていると考えられる。

2. 『素材辞典』の制作

次に，『素材辞典』という新しいコンテンツ商品が登場した背景と，その商品成立のカギになっている著作権など法律上の問題について見ていく。

DTP の普及と出版・印刷業界における写真ニーズ

　この商品が登場した背景の一つに，1990年代初頭から進行した印刷業界におけるDTP化の進行がある。従来，雑誌や広告チラシ，パンフレットなどの印刷物の制作は，ライターが書いた原稿，カメラマンが撮影した写真を材料として，編集デザイナーが紙面レイアウトを考案，後工程の製版工程や印刷工程では，レイアウトに従って原稿や写真（プリント，ポジ）などの材料を，写植による活字化や写真スキャンによる網点変換など，印刷に適したものに加工していた。それらの工程はアナログ的なもので，分業によっており，それも職人の技に依存する部分も多かったため，後から修正や変更するには手間と時間を要した。

　これに対し，DTPでは，編集デザイン作業をパソコン上で行い，そのデジタル化された編集データを下流工程である製版・印刷工程でそのまま活用するものである。編集～印刷工程の大幅な効率アップとともに，最終印刷物とほぼ同じものをパソコン上で制作できるため，デザイナーやクリエーターのセンスが印刷物によりダイレクトに反映されやすくなった。

　なお印刷業界における電子化やコンピュータ利用はDTP以前から進んでいたが，印刷工程の下流の印刷に近い部分からスタートしており，使用機器も高価な専用機であった。DTPという概念・手法が本格的に普及するのは，1980年代後半，グラフィックの扱いに優れ，直感的な操作が可能なマッキントッシュパソコンが登場してからである。それにより，デザイナーやクリエーターといった感性的な職種の人たちがパソコン画面上でデザインを行うようになった。また，同じ頃，コンピュータのデータ媒体としてCD-ROMが普及し始めていた。『素材辞典』が登場したのは，このようにデザイナー・クリエーター向けの電子データの写真集が受け入れられる技術的な条件が整った時期であった。

著作権フリーの写真

　『素材辞典』登場のもう一つの背景は，著作権フリーの既成写真に対するニーズの高まりである。出版物や商業印刷物に使われる写真は，初めからクライアントが使用写真を指定して持ち込む場合もあるが，そうではなく制作会社

側で写真を用意することも多い．後者の場合は，新たに撮影するか，既成写真を利用するという選択肢がある．

　新たに撮影する場合は，カメラマン，モデル，スタジオなどの手配が必要であり，手間やコストがそれなりにかかる．また，季節性のある写真などは，欲しいときにすぐ撮影できないことも多い．これに対し，既成写真を利用する場合は，手間・コストが割安で，使いたいときにすぐ使えるという利点がある．問題は使いたい写真すなわち使用目的に合致する写真がすぐに見つかるかどうかで，それについては，既成写真を多数ストックしている「フォトライブラリー」と呼ばれる写真の貸し出しサービスを利用する方法が一般的である．

　フォトライブラリーには，数百から数万点の写真がカタログ化されており，そのなかから目的に合致する写真を選んで規定の料金を払えば印刷物に使用できるというサービスである．フォトライブラリーを利用することにより，カメラマン一人ひとりにあたって目的に合致する写真を撮っているかどうか探す手間が省ける．フォトライブラリーはレンタルフォトやストックフォトと呼ばれることもあり，そのような事業を行っている事業者はフォトエージェンシーと呼ばれている．

　フォトライブラリーにある写真は撮影者が著作権を保持しており，写真を印刷物に利用したいときは，写真そのものを買い取るのではなく，その写真を掲載することを著作権者(撮影者)に認めてもらうという取引形態になる．写真を利用する都度貸し出してもらうので，レンタルフォトとも呼ばれる所以である．

　このような写真の貸し出しサービスは DTP 以前のずっと昔からあったビジネスだが，電子データの写真集はこのフォトライブラリーに替わる新たな商品であった．フォトライブラリーでは著作権は撮影者が保持しているため，写真利用の都度，手続きするという手間がかかった．また，新たに撮影する場合に比べれば廉価とは言え，フォトライブラリーの写真利用は一点あたり数万円の料金がかかるので，企画打合せ段階やコンペのプレゼン段階の仮デザイン，あるいは，候補写真を何枚か選んでデザインシミュレーションを行うといった用途では，フォトライブラリーはコスト面から気安く利用できなかった．

　『素材辞典』の利点は，購入者が一度購入すれば著作権手続きを気にせず何にでも何度でも利用でき，また，1 枚の CD-ROM に 200 点もの類似写真が収

められているので写真差替えによるデザインシミュレーションが気軽に行えることである。そしてフォトライブラリーを利用するよりはるかに安価である。こういった利便性と経済性が評価されて，『素材辞典』はデザイナーやクリエーターといったプロユーザーに認められるようになった。服にたとえるなら，写真の撮りおろしがオートクチュール(注文服)，フォトライブラリー利用がプレタポルテ(少数生産の既製服)のレンタルブティック，『素材辞典』が大量生産の既製服，ということができよう。

フォトエージェンシー業界

　著作権フリーの電子データ写真集との違いを具体的にイメージできるようにするため，フォトライブラリーのサービスについて，もう少し立ち入って説明しよう。

　フォトライブラリーサービスを提供する事業者(フォトエージェンシー)は，前述の通り写真の利用者(制作会社)から見て便利な存在であるだけでなく，写真家から見ても便利な存在である。個人の写真集を出すような作家性の高い写真家を別として，プロカメラマン(職業写真家)が写真で収入を得るには，クライアントから依頼を受けて撮影するだけでなく，自ら撮りためた写真をフォトエージェンシーに預け，そこから貸出し料を得ることが一般的である。カメラマンは，自ら営業活動を行わずとも，フォトエージェンシーが営業活動を代行してくれるので，いい写真を撮ることに専念できることが利点である。

　フォトエージェンシーは，カメラマンから預けられた写真のカタログを作成し顧客に閲覧させる。写真を使用したい者は，これらのカタログを見て使用したい写真を選び，規定の貸出し料をフォトエージェンシーに支払う。フォトエージェンシーは，そこから何割かの手数料を差し引いた残りを撮影者に支払うという仕組みである。すなわち，フォトエージェンシーの機能は，カメラマンの営業活動と貸出し業務を代行することであった。写真の貸出し料は，使用目的・掲載媒体やサイズによって定価が定められている。

　フォトエージェンシーは，大手・中堅と言われる20〜30社が東京に集中しており，そのほか，地方にも地域的な中小事業者が若干あった。フォトエージェンシー業界の規模は，データクラフトが『素材辞典』を発売した1990年

代中頃で，大手と言われる事業者でも年商数十億円程度であり，事業者全体を合計しても200〜300億円程度と，決して大きな市場ではなかった。大手あるいは老舗と言われる事業者は，例えば，世界文化フォト，オリオンプレスなどがあり，また，スポーツ写真に強いアフロ，旅行写真に強いJTBフォトなど特定分野で著名な事業者もあった。地方のフォトエージェンシーは概して中小規模で，自社が管理権を有する写真だけでなく，東京のエージェンシーのカタログなどを置いて取次ぐといったビジネスも手がけていることが多かった。フォトエージェンシーが東京に集中しているのは，フォトエージェンシーの主要顧客である広告代理店や出版社，編集プロダクションが東京に集中していて需要が圧倒的だからであった。

　このフォトエージェンシー利用の限界やデメリットが利用者にはどう意識されたであろうか。まずカメラマンにとっては，フォトエージェンシーに自分の写真を預けることは無料だが，利用されないと収入にならない。類似の写真が数十点から数千点もあるなかで，自分の写真を使用してもらえるケースは多いとは言えない。また写真を使用しようという者にとっては，従来フォトライブラリーのカタログは紙媒体であったので，それを検索するのにそれなりの手間がかかる。その手間に加え，1回ごとに借出し手続きを行い，1点当たりいくら（通常数万円程度）の使用料を支払う。商業印刷物にかけるコストから見れば金額的に過大と見えないかもしれないが，数十点使用するとなれば結構な額になり，正式受注を得る前の企画コンペ用といった用途では，けっこうな負担である。できればそんなコストは抑えたい。

　また，フォトエージェンシーが東京に集中していることも地方の編集デザイナー，クリエーターから見ると不満のもとであった。もちろん，北海道を含め地方でも地元のフォトエージェンシーにて大手のカタログを見ることはできるが，情報量にハンディキャップがあった*。

　＊　北海道における商業写真の環境
　　北海道にもフォトエージェンシーはあったが，地域性を反映して，自然写真・風景写真に強いといったエージェンシーが多く，人物・ファッションや食べ物の写真の取扱いについては東京のエージェンシーと圧倒的な差があった。また，北海道の商業カメラマンは，委託を受けての撮りおろし業務が多く，それである程度の収入を得ていたため，ライブラリーにあまり預けないという人も多かった。

そもそも，北海道では出版業が少ないため，商業写真の需要は東京に比べると限定的である。例えば，人物写真を撮る機会も少ないため，スタイリストといった商業写真周辺のプロフェッショナルも少なかった。もともと北海道には商業写真家，コマーシャルフォトスタジオ自体が少なかったが，それでも，バブル期まではそれなりに増加傾向にあった。しかし，バブル崩壊で商業写真の需要が減退，商業写真家は厳しい環境にさらされたという。

『素材辞典』制作の法律問題

上記のような背景から，データクラフト社が『素材辞典』の事業化を検討していた1993～94年頃には，著作権フリーの電子データ写真集が受け入れられる条件が整いつつあったと言えよう。すでに北米では一足先に著作権フリーの電子データ写真の商品市場が立ち上がり，そのうちの一社であるアメリカのフォトディスク社がプロユースにも使える高画質の電子写真データ集を，また，カナダのコーレル社はマルチメディア用のやや低画質の写真データ集を日本でも販売していた。ただし，これらの商品は秋葉原など一部でしか入手できなかった。

データクラフトの高橋社長は以前，広告制作業務をやっていた経験を持つ。データクラフト創業後もパッケージなどのデザイン業務を行っており，自らデジタルコンテンツを探して不自由さを感ずることもあり，こうしたクリエーター業界の情勢には敏感であった。また以前から親交のあったビー・ユー・ジーの服部社長からもDTP関連市場の有望性をアドバイスされていた。ビー・ユー・ジー自体も，大日本印刷向けに開発した電子製版システムを出発点にDTP関連，あるいは，マッキントッシュ関連各種ハードウェア・ソフトウェアの開発を行っていた。このような環境の下，高橋社長は電子写真データ集の制作・販売を進めることになるのであるが，高橋社長自身は「この決断をもう1年早く行っていれば，もっと楽に業界をおさえることができただろう」と振り返っている。

市場環境としては『素材辞典』が受け入れられる条件が整いつつあったが，具体的に商品化を進める際にはいくつかの課題があった。その一つが，ロイヤリティフリー（RF）＝著作権フリーの写真利用とライツマネージド（RM）＝著作権が管理された写真利用の使い分けである。

前述の通り，従来のフォトライブラリーのビジネスモデルは，著作権を撮影者が保持したまま，ユーザーには写真を貸与する(レンタル)，あるいは，出版物等への写真の掲載を認めるというものであった。写真を使用したい者はどのような媒体に写真を掲載するのかをその都度申告し，媒体の種類等によって定められた使用料金を支払う。すなわち，使用1回ごとに貸与規定に従って撮影者(著作権者)，フォトライブラリー事業者，写真使用者の間で，契約書こそ結ばないものの契約関係が成立すると考えられる。

しかし，不特定多数に販売されるCD-ROMの場合は，いったん販売してしまうと購入者がどの媒体に写真を使用するのか捕捉が難しい。したがって，著作権を管理することは事実上困難である。また，写真のユーザーからしても著作権管理を気にせず，購入した写真を何度でもどんな用途にでも(もちろん公序良俗に反するような使用は制限されるが)使用できるメリットは大きい。なお，レンタルフォトの場合も使用の追跡は難しいのは同じだから，黙って申告外の媒体でも使えるのではという見方もあるが，万が一無断使用が明らかになった場合のリスクは大きい。このような商業印刷物は，出版物であったり広告媒体であったりすることが多いが，著作権訴訟を起こされれば大きなマイナスイメージとなるので，出版社・編集プロダクション，広告主・広告代理店などは出所の明らかな写真しか使用しない。

著作権と写真家

『素材辞典』はロイヤリティフリー(RF)，すなわち，CD-ROMの購入者が購入した写真を自由に使用できるというかたちにしたわけであるが，このRFの考え方は，従来のフォトライブラリーの考え方とはまったく異なっていたため，最初は写真家の理解を得ることが難しかった。RFで販売するためには，個々の撮影者(写真家)が著作権を保持するのではなく，発売元であるデータクラフトが著作権を保有する必要がある。すなわち，写真家の側からすると従来は使用1回ごとに使用料が得られるのに対し，RFでは売切りになる。また，写真家は芸術性の高い写真作家と言われる人はもちろん，たとえクレジット表記のされない商業写真家であっても，「誰が撮った写真か」を気にする。これは，自分の将来の営業につながることなので当然である。したがって自分の名

前が出ず，データクラフト名義で販売されることには大きな抵抗があった（なお，著作権には，著作者人格権と著作財産権がある。データクラフトが取得するのは著作財産権であり，著作者人格権はあくまで撮影者に帰属する）。

しかし一方，RFの場合に写真家は，自分の写真が最終的にどのくらい使用されるかに関わらずデータクラフトが買い上げてくれるので，確実な収入が得られるメリットもある。データクラフトは，このRFに賛同してくれる写真家を探し出し，あるいは，有望な写真家にRFで写真を提供してくれるよう粘り強く説得した。その結果，道内で数名の写真家から写真の供給を受ける約束を取りつけた。人物ものの写真は道内では適任者がいなかったので東京在住の写真家にあたり，東京の大手スタジオの協力を得ることができた。時期的にバブル崩壊後の景気低迷期であったことも幸いした。バブルの絶頂期にかけて商業写真の需要は大きく伸びたが，バブル崩壊後はその反動で需要が縮小していて，商業写真については買手市場だったのである。また，写真家から供給を受ける契約形態は，基本は買取りだが，名のある写真家や大手のスタジオについては，CD-ROMの販売数量に応じて撮影者に追加報酬を支払うインセンティブ契約も当初は併用した。

商業出版物，印刷物への掲載を前提としたビジネスユースの写真集を販売するにあたっては，著作権以外にもいくつかの注意すべき法律問題があった。例えば，写真に企業や製品のロゴなどが写っていると，その会社から権利の侵害などを訴えられることがありうる。したがって，被写体の出所履歴等は重要なポイントであった。被写体の選定を写真家任せにすると，そのあたりの管理がおろそかになる恐れがあったため，被写体の調達は同社のスタッフが責任を持ってあたった。食材ものであれば市場で新鮮なものを買いつけたり，動物であれば動物タレントクラブと交渉したりして，被写体の出所について後から問合せがあった場合，きちんと答えられるようにしておく。

そのほか，肖像権や意匠権など他人の権利を侵害しないよう，『素材辞典』の商品化では法律問題は充分に検討を行った。この点については，今も著作権に詳しい弁護士を顧問として写真一枚一枚のチェックまでお願いするほど気を使い，コストもかけている。とくに，最近では企業のコンプライアンス意識の高まりから，広告などに使用される写真のチェックまで厳しくなってきたが，

同社では当初から気をつけて写真を撮影してきただけでなく，被写体や撮影データのデータベース化まで行っていることが，ユーザーからの信頼感獲得につながっていると考えられる。

経営資源

　法律問題をクリアすると同時に，制作・発売に向けた経営資源および販路の確保が課題となる。事業に必要な経営資源は「ヒト，モノ，カネ」とよく言われる。まず，ヒトについて，『素材辞典』の制作には，写真および印刷・出版・広告業界等に通じた人材が必要であったが，そのような人材については同社創業の経緯からある程度揃っていた。と言うより，まさにこの事業を行うために同社は設立されたのではないかと言えるほどである。高橋社長自身がかつてデザイン専門学校を卒業，広告代理店に勤務した経験を持ち，デザイナーの立場から写真のユーザーや写真利用実態を熟知していた。また，その他のスタッフも，デービーソフト時代にソフトウェア技術者としてというより企画やデザインなどの業務で活躍した人材がデータクラフト創業時から加わっていたのである。

　モノすなわち制作面では，写真加工・デジタル処理・パッケージのデザインなどはもちろん社内で行える能力を有しており，CD-ROMのプレスは外注にて対応した。

　問題はカネ＝制作資金の確保であった。『素材辞典』の場合，撮影費，CDのプレス費などまとまった制作費用をあらかじめ用意しておく必要がある。受託業務における運転資金とは異なり，見込み生産商品の制作資金は実績の乏しい企業では融資を受けづらい。これについては融資保証など公的支援制度をも活用して，必要な資金を確保した。パッケージ商品の見込み生産の場合，売れ残りリスクも考えなければならない。しかし，『素材辞典』のようなパッケージソフトウェアの場合，ディストリビューター(流通業者)による買い取り制が流通慣行であったため，売残りリスクはある程度予測可能で，事前にディストリビュータとの商談をある程度まとめておけば，売上げを計算できた。

3. マーケティング

新しい商品を販売するには，既成の類似製品とは異なった販売活動や販売政策が必要になる。次に，『素材辞典』のマーケティングについて見ていこう。

競合製品に対する差別化

販路については，高橋社長はデービーソフト時代からつき合いのあったディストリビュータに頼み込んで，とりあえず店頭においてもらうことは確保できた。だがそれを売るのは自らの努力以外にない。時代環境から『素材辞典』のような写真データ集の市場があることはわかっていたが，他社もこの市場に当然狙いをつけてくる。技術的な参入障壁は高くないので，売れるとわかれば他社が参入してくることも予想された。

高橋社長が悩み，経営者としての決断を迫られたのは，商品の品質（枚数と解像度）と価格のバランスであった。写真点数については，CD-ROMの記録容量に上限があり，高解像度にすれば画質は良くなるがファイルサイズが大きくなり，1枚の収録点数が少なくなるという関係がある。収録写真点数を50点あるいは500点にするという選択肢もあったはずである。また，販売価格については製造原価と販売見込み数による損益分岐点を検討しなければならないし，写真1点当たりの品質と価格もユーザーに受け入れられるものでなければならない。最終的に高橋社長が選んだのはCD-ROM 1枚に写真200点を収め，販売価格は7800円という設定であったが，これがユーザーに大いに受け入れられた。発売当初は，競合商品として写真の収録点数は多いが低画質の商品なども出回ったが，そういった商品は結果的に淘汰されたのである。

営業努力

こうして発売された『素材辞典』は，印刷・出版・広告などの業界のデザイナー，クリエーター達に評価され，ロングセラーとなった。その成功要因には，商品のコンセプト，品質と価格設定などで競合商品を上回っていただけでなく，同社の地道な営業努力があったことも見逃せない。

前述の通りパッケージソフトウェアは，ディストリビュータによる買取り，ディストリビュータから販売店(リセラー)という流通経路をたどるので，ベンダー(メーカー)の営業努力は対ディストリビュータ関係に注力すればすむと思われがちである。しかし，データクラフトが力を入れたのは販売店への営業であった。すなわち，店頭での販売促進支援である。

　まず，新商品の発売当初から，店頭での売れ方も意識して3巻を同時に発売した。3タイトル並んでいれば目立つし，売場(陳列棚)確保にもプラスである。また，商品パッケージ自体も店頭で目立つことを狙って，段ボール風の仕上げとし，一見素っ気無いが「素材」感を感じさせるものとした。もちろん，店頭での販促用POPなども工夫した。

　販売が軌道に乗った以降の日常的な営業活動についても，対ディストリビュータだけでなく販売店の売場に対する直接的な営業を続けている。ディストリビュータとの同行または同社単独で販売店を回り，売場(陳列棚)の確保，商品の在庫状況確認・欠品補充ケア，POPの提供など様々な販促活動を行っている。これらは，一般のコンシューマ商品の営業でよく見られる基本的な活動だが，同社はそういった営業の基本を忠実に継続している。

　他方，販売店(取扱店)の新規開拓については，一般のコンシューマ商品とはやや異なるスタンスをとっている。『素材辞典』は全国津々浦々の一般消費者が使用するものというより，特定のユーザー，主にデザイナーや印刷業者などプロフェッショナルユーザー向けである。その意味では都市型の需要が中心であり，地方部の店舗にまで売場を確保する必要はない。むしろ，『素材辞典』の取扱店ではシリーズの品揃えを充実させることと，欠品を出さないことが重要となる。プロユーザーの場合，店頭を訪れて探しているタイトルが見つからないとき代替品で済ます(「石」がないから替わりに「紙」を購入する，とか)ことはないし，特定の販売店でシリーズタイトルを充実させる(あの店に行けば必ず在庫がある)ことが，ユーザー，販売店，ベンダーの三者の利益に合致するのである。

　したがって，「『素材辞典』コーナー」を売場に設ける販売店も多く，同社ではそれを「データクラフト・オフィシャルショップ」制度として，ユーザーにPRしている。同制度では全国200店以上の販売店を登録しており，「データ

クラフト・オフィシャルマスターショップ」では「『素材辞典』シリーズ」の全商品を，「データクラフト・オフィシャルパートナーショップ」では，新商品や季節に応じた素材を収録した商品など，旬なタイトルを豊富に提供するというかたちで，販売店の特徴を分類したうえで，同社ホームページで地域別販売店情報を提供し，近くの「データクラフト・オフィシャルショップ」に誘導している。

パッケージソフトウェアの流通は買取りが基本であり，原則的には返品制度もない。したがって，書籍流通（委託販売が基本，代金回収のサイトも長い）などに比べれば流通対応の苦労は少ないが，もちろん販売店としてはデッドストックを抱えるのは負担なので，同社では販売店の在庫を常にチェックし，必要に応じ新作，売れ筋のタイトルと交換するといったきめ細かい対応も行っている。

シリーズ商品化

『素材辞典』は vol.1 発売から十数年が経過し，200 点に迫るロングセラー商品となっている。現在は新作を年間 15 タイトル程度発売しているが，同社が次々と新タイトルを制作・発売できるのは，ユーザーの要望に細かく応える商品企画の良さと，効率的な社内の制作体制があるからである。

『素材辞典』の固定的なユーザーは数万人規模と言われるが，そのほとんどはビジネスユーザーである。ユーザー登録を通じて，DM やメールニュースを定期的に配信して，最新の製品情報を提供するとともに，ユーザー側のレスポンスから，新たなタイトルの企画へとフィードバックしている。

同社では，プロデューサー的役割を務める制作主任を 1 タイトルごとに決めている。制作主任となるデザイン系の社員は 10 名おり，この 10 名と営業部門が定期的に企画会議を行い，過去の売上データの分析，出版傾向の分析も参照しながら，その時々の出版・広告業界で求められているタイムリーなテーマを選定する。最初は社長もテーマについて意見を述べていたが，途中からはスタッフに任せるようにしている。1 タイトル当たりの制作期間は 4〜5 カ月程度であり，社内では複数のタイトルの制作が同時並行で進められている。

制作主任は決定されたテーマに基づきカメラマンを選定するだけでなく，モ

デルや被写体の調達など制作の細部にまで関与している。これは，前述したように被写体の選定をカメラマンに任せきりにすると，あとでトラブルが起きたとき困るからである。ちなみに『素材辞典』に収録される写真は，基本的には自社手配により撮影したものであるが，なかには宇宙ものの写真のようにNASAから日本国内における配布権を獲得して収録している写真もある。

『素材辞典』が業界に与えた影響

『素材辞典』および類似商品の登場により著作権フリーの写真利用が普及し，そのためこの市場への進出を策した企業も多かった。『素材辞典』が発売された前後の時期に，類似・競合の製品を市場に投入している企業は50社以上に上ったという。しかし，その後淘汰が進み，現在は『素材辞典』を含むシェア上位3ブランドで8割のシェアを押さえるという寡占市場となっている。しかも，『素材辞典』と類似の写真集商品としてシェアを分け合っている商品は，『素材辞典』がデザイナーや印刷業者などプロフェッショナルユース（プロシューマ向け）であるのに対し，他社製品は一般消費者（コンシューマ向け）が中心というように，ある程度棲み分けがなされている。

以前は，競合他社がシェア獲得のため低価格競争を仕掛けてくることもあったが，プロユーザーの場合，低価格であっても低品質のものは絶対に使わない。このため，逆に低価格路線を採用した競合他社側が一般ユーザー向けにシフトすることになったという経緯がある。

印刷・出版・広告などのプロユースの業界で著作権フリーの写真利用が普及した結果，従来型のフォトエージェンシーでは需要が減少し，事業者の淘汰再編といった現象が起きている。例えば，業界の老舗であった世界文化フォト（セブンフォト），オリオンプレスはアマナグループに，ボンカラーはアフロに吸収された。また，地方の商業写真家も減少傾向であるという。

4. 経営環境の変化と今後の展望

このような市場競争を勝ち抜いた結果，『素材辞典』はプロユーザー向け写真集としてブランド認知されるに至った。しかし，インターネットの普及や経

済のグローバル化といった経営環境の変化が同社に新たな機会と脅威をもたらしつつある。

経営環境の変化としては，まず，パッケージソフトウェア商品の流通形態の変化が挙げられる。パーソナルコンピュータ関連市場は過去15年における急成長市場のひとつと言えるが，パッケージソフトウェアについて言えば，近年は販売店の売場面積は縮小傾向にある。これは，PC市場の急成長期に乱立していたパッケージソフトウェアメーカーの淘汰が進んだこと，ソフトウェアが単体パッケージとして販売されるよりもPCにプリインストールされることが増えたことなどが主要因と考えられ，さらに，高速インターネットの普及によりオンライン販売(ダウンロード販売)が増えつつあり，売場の縮小は今後も進行するものと考えられている。

写真(画像)コンテンツの販売についてもオンライン販売が増えてきている。これはWebサイトで大量の写真ストックをカタログ化し，キーワード検索等により利用者に必要とする写真を選んでもらうもので，インターネットのブロードバンド化により画像データの高速検索・ダウンロードが現実的になったことによる。

フォトライブラリー業界でも，従来の紙媒体のカタログからWebサイトを通じた販売にシフトしている。代表的な例は前述のアマナグループで，同社は写真制作会社から出発し，フォトライブラリー事業，RFのCD-ROM制作事業にも進出，現在はビジュアルソリューション提供を掲げて，自社Webサイトを通じて，RM，RFの両方を提供している。こうしたことから，従来あったフォトライブラリーとRF写真販売といった業態の違いがなくなりつつあると言えよう。

本格的に日本市場に参入してきた海外企業への対抗も同社の課題である。RF写真の商品化については，もともと北米が一歩リードしており，前述の通り，同社の『素材辞典』はそれを見習ったものである。これまでも，北米産のRF写真商品が日本市場に投入されたことはあったが，結果的にそれらは日本市場では受け入れられなかった。その理由は，外国製品(写真)をそのまま日本に持ち込んでいるので日本のユーザーの感性に合わなかったこと，マーケティング等の事業運営のコントロールを米国本社が行っており，市場動向に合わせ

たスピーディな方策をとれなかったことなどと指摘されている。しかし，最近は日本企業と連携して巻き返し，市場制覇を狙ってきている。

　このような環境変化に対し，データクラフトもWebを活用した新たな事業を次々と展開している。もともと，同社はソフトウェア企業をルーツに持ち，インターネット技術に関しては自社で対応できる点が有利である。

　その一つが，自社Webサイト「イメージナビ」の開設である。ここでは同社の主力であったRF写真だけではなくRM写真にも注力している。『素材辞典』で築いたブランドイメージを活用し，従来は競合相手であったフォトライブラリーのビジネスモデルも取り入れて，プロ向け写真素材トップブランドを維持しようとしている。

　もう一つは，デジタルクリエイター・デザイナー向けWeb販売サイト「デザインポケット」の開設である。こちらは，写真素材に限定せず，デジタルクリエイター・デザイナーが必要とするフォント・地図・サウンドなどの各種素材集を販売している。これらの販売商品は自社開発・制作のものだけでなく，同業他社商品の仕入れ販売も行っており，さらに，中小企業が開発したものをデータクラフトが商品化して販売するというパブリッシャー的役割も一部担っている。

　言わば，それまでのライバル企業の商品を販売していることになるが，これも『素材辞典』という強力なブランドがあるからこそとれる方策と言えよう。また，この事業は単なるメーカー直販の範疇を超え流通業に近い形態であり，中間流通業であるディストリビュータ，すなわち，同社のお得意先の事業領域とバッティングするものであるが，パッケージソフトウェア市場の変化によりディストリビュータもこのような事業に理解を示すようになったという。もちろん，同社が「デザインポケット」で販売する商品の多くはディストリビュータから仕入れるので持ちつ持たれつの関係もある。

　海外からの進出に対しては，いずれ海外企業との戦略的連携もありうるとしながら，まず，国内市場でトップシェアを固めることに注力している。一方で，「デザインポケット」における事業に見られるように，国内の有望企業とは開発・販売面での関係強化を進めている。

ロングセラー・シェアナンバーワン製品

『素材辞典』は販売開始から累計で 200 近いタイトルを数えるシリーズ製品であるが，ユーザーからの要望に応じて新たなタイトルを追加していくため，重複が少なく，最初に販売された vol.1 もまだ現役の製品として販売されている。これは，アプリケーション製品に比べると陳腐化が遅いコンテンツ製品ならではのメリットと言えよう。アプリケーションソフトウェアの場合，OS の改定に合わせバージョンアップが必要であり，古くなったバージョンの商品価値は失われてしまう。高橋社長は，デービーソフト時代の経験を通じて，このようなアプリケーションとコンテンツの商品特性の違いを充分認識していた。そもそも，データクラフトという社名も，データ集のような分野を手がけることを意識してつけた名前だそうである。

業務用途の製品に狙いをつけたのもよい戦略であった。コンシューマ向け製品はヒットすれば大きいが，当たり外れが大きく流行にも左右されやすい水物の性格が強い。これも，デービーソフト時代の経験から認識していた。

この『素材辞典』を生み出し支えてきたのは，高橋社長の物づくりに対する思いである。北海道のソフトウェア産業は技術力は高いが受託開発業務が多く，結局，大手企業の下請けが多くなってしまう。そうではなく，自社で企画した商品を自社で生産するという物づくりをやりたいという思いが昔から強かったという。

このような強い思いと，自らもデザイナーであった経験，デービーソフト時代に獲得したソフトウェア業の事業ノウハウと人脈，時代の流れ・ニーズを読む力が相まって，シェアナンバーワン製品が生まれたのではないだろうか。

［柳井正義］

終　章

企業活動と地域経済

規模・成長性・波及効果

企業活動の外部効果ということ

　地域の所得は，企業活動が生み出す付加価値により定まる。企業活動は，地域内における起業や地場産業の発展，さらに地域外からの立地により活性化される。地域におけるそれらの新しい生産活動は，労働への需要だけでなく他の投入物への需要も生み出す。後者の関係が企業の集積やネットワーク，産業クラスター，さらには地域の産業連関を形成し次の段階の財・サービスの需要へとつながるのである。

　地域における新たな企業の活動は，経済的相互依存関係を強化するだけでなく，もっと広い意味で地域社会に影響をおよぼす「デモンストレーション効果」と呼びうるような外部効果をもたらす。これをアームストロングとテイラーによって説明しておこう。地域にとって新たな分野・タイプの企業活動は，数としての雇用ではなく新しい職種・技術に適応する労働者を創り出し地域の高付加価値化に寄与する場合がある。例えば，有名レストラン・ホテルなどサービス業が新たに立地し，地場産の素材を用いた料理・商品の供給により，その素材の市場価値を高めることがよくある。同時に，新規立地企業がそれまではその地域で体験できなかったサービス（技術）を提供することから地元の人びとが影響を受け，商売の仕方，生活の仕方などを工夫するようになる。このようなプロセスが地域全体に浸透してゆくことが「外部効果」なのである。このような外部効果をもたらす企業は何も大企業である必要はない。個人零細的な規模であっても地域に外部効果をもたらすことは可能であるし，むしろそれら小規模企業のネットワークができれば大企業の場合よりも多様で個性的な外部効果の果実が期待できるからである。

地域における集積の意義

　そこで，地場企業であれ新規立地企業であれ，われわれが企業活動を検討する視点として，当該企業の活動がどのように，かつどの程度，地域に外部効果を及ぼすことができているかが重要ではないかと考える。地域にとって先進的なリーダー企業があるだけでは，外部効果は継続しない。インプット・アウトプットなど企業の相互依存関係が密接で，そこに「学習」の機会，否，「絶えざる学習」がなされ，それがイノベーションを通じて生産性の向上をもたらす

であろうことは直感的にも首肯できる(金井,2003)。

ロイド゠ジョーンズとルイス(2003)では,イギリスの工業都市コヴェントリーで産業の変遷にどのように対応し企業活動の集積が可能となったかが述べられている。

イギリス中西部にあるコヴェントリーは,19世紀から20世紀中葉にかけ急速に産業構造を変化させ,とくに自動車工業の中心地となる。リボン織り,ミシン,時計,といった伝統的な産業から自転車,さらに自動車,工作機械といった新たな工業製品へ転換(発展)していった。とくに重要なキーとなる産業は自転車であり,工業技術(スキル),テクノロジー,企業家精神を持った人材を輩出し,クラスター形成に寄与したという。これらは事業のネットワークのなかで発展してきたもので,そのネットワークとはヴェブレンの言う制度化された社会的慣習であると著者は定義している。

著者が言う制度化された社会的慣習とは,技術者や経営者がフォーマル,インフォーマルにつくるネットワークが安定的に機能した,ということであろう。地域の産業が継続的な生産性の向上に取り組むためには,上述の絶えざる学習が必要であり,その機会が求められる。その機会は,何らかのソサエティーであり,現代的には知識・技術を伝習させる学校のような組織であろう。コヴェントリーにおいては,陰に陽に人と人とをつなげる「学校」の役割を果たしたのがA. ハーバートの会社コヴェントリーマシニストであった。ここは,起業家精神を涵養し,暗黙の知識伝達を活発にし,自転車や部品供給のクラスターを形成することに寄与した。知識や技術が共有化され部品の仕様が共通化されれば,全体として生産性も上昇,品質も向上し,その地域の競争力の強化に結びついたと言われる。

織物や時計製作の技術や機械,資本,人材などの蓄積(プール)が新しい商品である自転車の製造へ労働力,技術者,部品,デザイン力などを供給できた。自転車の組立ては,レースやメリヤス製造機械の組立てと同様であったと言われる。自転車がブームの期間においても,熟練労働者は近くのバーミンガムなど周辺から移すことができ,技術者不足に泣くことはなかった。自転車産業発展の過程で部品企業・技術者が育ち,次なる新生産物につながるテクノロジーが準備された。ネットワークがあって,ヒト・モノが新産業に移動できる準備がなされ

たのである。

　部品生産が増えたことにより，とくに工作機械部門が充実し企業間取引が盛んとなって，新たな自動車産業の育成・発展を支えた。部品の企業間取引が盛んになったことは，品質等の「標準化」を促進させた。戦前・戦後に隆盛をみたローバー，シンガー，ダイムラー，ハンバー，などの自動車メーカーの前身はいづれも自転車メーカーである。

　集積からネットワークへ
　だから，地域の産業がネットワークを形成する際に重要なことは，リーディング企業や人であり，信頼や人を集める力である。これらを有する企業(人)が「核・種」となり，人的資源や情報を拡散できると筆者は考える。北嶋(2005)も，地域産業のタイプが伝統型であっても新興型であっても再生と発展に不可欠な要素として，人材の育成，他産業や他地域とのリンケージ，そうして地域ブランドの形成を挙げている。

　企業やヒトのネットワークが緊密にすぎ，競争関係が損なわれては元も子もない。単に企業や人がその地域に集積しているだけでなく，ネットワーク化され彼らの活動が外部効果を発揮するためには，情報や技術について伝播がスムーズに行われ，共有化されなくてはならない。前述のコヴェントリーのケースは，当地の実業家であったA.ハーバートが中心にあって，ゆるいソサエティーのごときネットワークを作り，技術の向上と標準化が実現した。

　では，本書のシリーズで取り上げられているものも含めて，北海道の企業(人)はネットワークを作り，北海道の産業の技術・生産性の向上にどのような役割を果たしているであろうか。現段階でそのことを明示的に示すことは難しい。しかし，一連のバリューチェーン(value chain：付加価値連鎖)にあってニッチ(隙間)に見える事業活動が実は新たな機能を市場に付加し，市場規模を大きくする役割を果たしているケースがある。

　例えば垂直的なネットワークを想定してみよう。新たなノウハウを導入し，従来の取引の間に新しい市場を付加する場合がある。室蘭に起業したレンタル業のカナモトではどうであろうか。旧来の建設土木事業者は自らが建設機械を保有していた。レンタル業は建設業者のコスト負担を軽減すると同時に建設機

械の稼働率を上げることにより，業界全体の生産性の向上を実現し，新しい資金の流れも作っている。

　アダム・スミスが言うように，（生産性を高める）分業は市場の規模に依存する。垂直的な生産の連関の一部が拡大することにより，新たな市場を挿入するように創始して上流から下流への流れの一部を太くし，関連する市場（業種）によい刺激を与えて全体として生産性を向上させ，さらに市場を拡大することが可能なのである。水平的なネットワークが形成され，新しい地場企業の誕生に結びついているのがパソコンソフトの業界であろう。現在はユニークな頭脳を集積したサッポロバレーとして話題を集めている。この場合は，北海道大学の研究室が，情報や技術を広める文字通りの学校であった。

　本書でも2例が取り上げられている菓子の場合はどうであろうか。垂直的あるいは水平的なネットワークが生産の波及効果を生み出しているというよりも，むしろ，旧弊にとらわれない多様な商法の導入が，同業・異業種に止まらない外部効果をもたらしているのではないかということに気がつく。職人わざがものをいう菓子業界にあって，北海道の開拓物語をイメージさせる商品化というユニークなマーケティング手法を生み出した六花亭製菓は，十勝地方のメセナの担い手として地域の文化の掘り起こしを誘発している。また，「きのとや」はケーキの宅配という新たな仕組みを創始したことにより，自らの生産・管理方法を改善することになった。それらの新しい販売・管理方法は他企業にも伝播するとともに，「さっぽろスイーツ」ブランドという切磋琢磨する水平的なネットワークを形成し，市場拡大に寄与している。

　しかし，これまで述べてきた「ネットワーク」は多分に曖昧な概念である。人と人との関係は社会的に埋め込まれて，信頼関係でネットワークができる。企業と企業との関係は，垂直的であれば取引関係であり（産業の連関性・相互依存関係），水平的であれば同業者のネットワークでしばしば閉鎖的になる弊もあろう。ただ，筆者がここで言うネットワーク概念に込めているのは，地域におけるリーディング企業の活動を，様々な角度から外部効果を発揮しているかどうかという観点から評価する場合の便宜的な概念である。当該企業がネットワークのなかでどのように，どのくらい外部効果を発揮しているかを定量的に計ることができることが望ましいが，たとえ定性的に過ぎなくても，このよ

うな観点からのアプローチも有益であろう。

産業連関の視点からみた北海道産業の動態

このような視点から，地域の成功事例に取り上げられる企業の果たしている役割を検討することが，広く地域の産業を見つめることにつながるのではないかと考える。個別企業の外部効果をネットワーク，あるいは産業連関の観点から定量的に分析することは困難であるが，産業連関分析は第一次近似の方法として認められるであろう。多少マクロ的な視野に偏るかもしれないが，産業連関分析を用いて北海道の産業の変化を概観し，産業活動の相互依存関係の視点から企業が地域に果たす役割を考えてみたい。

分析対象期間は，ニクソン・ショックやオイル・ショックを契機に大きく産業構造が転換した1970年代から90年代半ばの約四半世紀，比較地域を(沖縄県を除く)九州地域とする[1]。北海道および九州の人口はそれぞれ568万人および1346万人(2001年数値：対全国シェア4.5%および10.7%)であり，主な経済指標は表終-1のごとくである。

表終-1より，九州において域内総生産および製造品出荷額の対全国シェアが，わずかだが増加していることが分かる。ただ，九州7県では産業構造にも大きな相違があるので，各県の1人当たり県民純生産を北海道と比較する。それが表終-2であり，表中の頭数字は，純生産額の低い順位である(最も低いのは沖縄県である)[2]。

表終-2より，1人当たり県民純生産で見た九州各県の経済力が向上したこと，最も豊かな東京都との格差および平均値との格差が縮小したことが明らかである。なかでも，臨空型工業団地にIT関連企業が立地した熊本県，新日本製鐵などの立地で賑わった大分県の経済力向上がめざましい。製造業企業の立地が盛んで地場企業の発展もあり，クラスター化が県境を越えて拡大して，シリコン・アイランドと呼ばれるクラスター形成がなされているという(城戸，2002)。

九州各県の経済力向上は集積回路の製造などIT関連産業だけではなく，もっと広い分野の製造業の立地と生産拡大によるところが大きいことは間違いない。その生産拡大は生産量や額の拡大に止まらず，「産業の連関」を強める方向での拡大であると言える。以下，このことを確認しておこう。

終　章　企業活動と地域経済　291

表終-1　北海道および九州における主要経済指標の対全国シェア

(単位：％)

		1975年	1985年	1995年	直近年	
北海道	域内総生産(年度)	4.2	4.0	4.0	4.0(1998年度)	20兆円
	製造品出荷額等	2.5	2.0	1.9	2.0(2000年)	6兆円
	卸売販売額	3.2	3.3	3.2	3.1(1999年)	15兆円
	小売販売額	5.7	5.5	5.0	4.9(1999年)	7兆円
九州	域内総生産(年度)	9.1	8.6	8.6	8.6(1998年度)	43兆円
	製造品出荷額等	5.9	5.8	6.3	6.6(2000年)	20兆円
	卸売販売額	6.0	6.3	6.7	6.9(1999年)	34兆円
	小売販売額	9.5	10.1	9.6	9.8(1999年)	14兆円

注）卸売販売額および小売販売額の1975年は74年数値。95年は94年数値。製造品出荷額等の直近年(2000年)数値は速報値
出所）内閣府政策統括官編『地域経済レポート2001』より作成

表終-2　北海道および九州における1人当たり県民純生産

(単位：千円)

1970年度		(金額)	1991年度		(金額)	1995年度			(金額)
2.	鹿児島	303	3.	宮崎	2,074	3.	鹿児島	(6)	2,153
4.	熊本	354	6.	鹿児島	2,105	5.	長崎	(4)	2,269
5.	長崎	360	7.	佐賀	2,121	9.	宮崎	(12)	2,402
7.	宮崎	365	11.	長崎	2,212	13.	熊本	(16)	2,464
10.	大分	389	17.	熊本	2,368	15.	佐賀	(15)	2,497
11.	佐賀	391	20.	北海道	2,479	19.	大分	(31)	2,665
21.	北海道	464	21.	大分	2,493	20.	福岡	(20)	2,688
33.	福岡	519	33.	福岡	2,720	30.	北海道	(27)	2,836
	東京	977		東京	5,728		東京		5,308
	平均	576		平均	2,997		平均		2,776

出所）東洋経済新報社『地域経済総覧』より作成。1995年度のデータの右側カッコ内の数値は、2000年度における下位からの順位を表している

わが国では1970年代半ばに、就業者数で見ても生産額で見ても製造業のシェアが最高で、それ以降、製造業のシェアが低下し、産業間の資源配分が大きく変化してきた(表終-3参照)。70年から25年間で、全国では48.06％から33.71％へと14.35ポイント、北海道では34.56％から19.13％へ

表終-3　製造業の全生産額に対する割合(％)

	全国	北海道	九州
1970年	48.0589	34.5637	41.3191
(農林水産業)	4.3717	12.9192	8.1088
1995年	33.7086	19.1258	26.9809
(農林水産業)	1.7040	6.1149	3.8667

注）参考までに農林水産業のシェアを加えた
出所）『地域産業連関表』(各年版)より作成。シェア(％)はGDPではなく、生産額で測っている

表終-4 北海道と九州における製造業各部門の生産額シェアと逆行列係数縦計

部門名	北海道 1970年 シェア(%)	bij縦計	北海道 1995年 シェア(%)	bij縦計	九州 1970年 シェア(%)	bij縦計	九州 1995年 シェア(%)	bij縦計
食料品	9.8646	1.8537	7.7298	1.7224	7.5957	1.8325	5.7906	1.6420
木材・家具	3.3258	1.8543	1.3107	1.6065	2.1964	1.7955	1.0835	1.5964
パルプ・紙	4.4748	1.9801	1.8549	1.6574	1.1531	1.7607	0.6181	1.5659
鉄鋼	7.6116	2.3331	0.8664	1.6975	11.5873	2.3167	2.4514	2.0094
非鉄金属	0.2786	1.6010	0.0184	1.2810	1.1578	1.5720	0.3610	1.4296
金属製品	0.9113	2.0131	0.9396	1.5180	1.1456	1.8105	1.1762	1.6522
一般機械	1.4714	1.6400	0.5383	1.3855	2.4234	1.5696	1.7017	1.5007
電気機械	0.3381	1.4436	0.7542	1.3508	1.5552	1.5576	3.7937	1.3855
自動車	0.8100	1.3652	0.4480	1.2766	0.7900	1.3859	2.0599	1.5186
他の輸送機械	0.7516	1.6368	0.2046	1.3699	1.2521	1.6198	0.6876	1.5601
精密機械	0.0553	1.3505	0.0256	1.3420	0.0768	1.4701	0.1634	1.4182

注)出所等は表終-3に同じ。本章注3)の部門表より,特徴的な産業部門を抜き出した

と15.43ポイント,九州では41.32%から26.98%へと14.34ポイント,シェアがそれぞれ低下した。九州地域内の全産業生産額に対する製造業シェアの低下の程度は,北海道や全国とほとんど変わらないのである。全体としては製造業生産額シェアの動向が北海道と似ているが,九州は素材型の重厚長大産業から,より付加価値の高い自動車や電気機械などの加工組立型産業,技術集積の大きな精密機械などの分野へ資源を移動し,それら分野のシェアを伸ばしているところが北海道と大きく異なる(表終-4参照)。

産業の地域経済への生産波及効果を測る

地域経済にとっては,わが国全体の構造的変化に遅れることなく,成長産業でしかも他産業の生産を誘発できるという意味で,影響力の大きな産業のシェアが上昇することが望ましい。そのような「外部効果」のある企業が立地し成長することが望ましいのである。

ところで,産業連関分析では「投入産出分析」とも呼ばれるように,ある産業部門における最終需要から惹起された生産活動が,産業の投入・産出の相互依存関係を通して直接・間接に広く産業全体の生産に及ぼす効果の大きさを検出することができる。地域経済においては,大規模な企業や産業があってもそれが成熟・衰退産業で成長性が期待できず,他の産業全体に生産を波及させる

構造に欠けていることは望ましくない。先に述べたイギリス中西部のコヴェントリー市における産業の発展期では，ある産業の活動が他の産業の生産増加や技術進歩を促し，新たな産業発展へとつながった。地域経済の発展を考えれば，新規企業の立地であれ地場企業の発展であれ，当該企業の生産活動が他に及ぼす効果の大きさを考慮すべきことが重要である。

このような観点から，北海道と九州において製造業の各部門のシェアがどのように変化したか，と同時にそれら各産業部門の地域経済全体への生産波及効果の大きさについて比較してみよう。生産波及効果は，産業連関分析による逆行列係数，b_{ij} で見ることができる。例えば，産業 j において最終需要が 1 単位増加したとする。産業 j では自分自身を含めて，関連する産業から中間財の投入を増やさなくてはならない。それは投入－産出構造に従い，各産業における生産の増加が必要になったことを意味する。これは言わば直接的な生産の増加であり，これが次に産業間でのさらなる生産の増加を誘発する。この直接および間接的な生産誘発効果，すなわち，産業 j の生産物 1 単位の生産に必要な各産業の生産量合計は，逆行列の第 j 列の縦計(列和)，$\sum_{i=1}^{n} b_{ij}$ で表すことができ，この部門に 1 単位の最終需要が発生した場合の直接・間接の生産波及効果の大きさを示している[3]。もちろん，この逆行列係数縦計の数値が大きい産業部門ほど経済全体への波及効果が大きいことを意味する。

表終-4 より，北海道の製造業において，木材・家具やパルプ・紙などの成熟産業のシェアは高い。一方で九州に較べて，自動車や電気機械などの技術進歩の早い成長産業の立地に大きく遅れていることをわれわれは知っている。北海道は，成長率が高い自動車，電気機械，金属や精密機械といった業種においても逆行列係数が小さく，その意味で製造業が経済全体に与える影響力が弱いことがわかる。単に地域における製造業の立地や成長といった「量的な」分析からでは，その産業部門が地域経済に果たす役割の大きさを測れないのである。繰り返すが，逆行列係数縦計($\sum_{i=1}^{n} b_{ij}$)が大きいほどその産業部門が地域経済全体の生産に与える波及効果が大きいということである。

また，製造業各部門の逆行列係数の 1970〜95 年の変化を両地域について比較してみたのが図終-1 である(農業，鉱業，その他部門については省略した)。わが国では 1970 年から 95 年の間に，製造業については成熟産業あるいは素

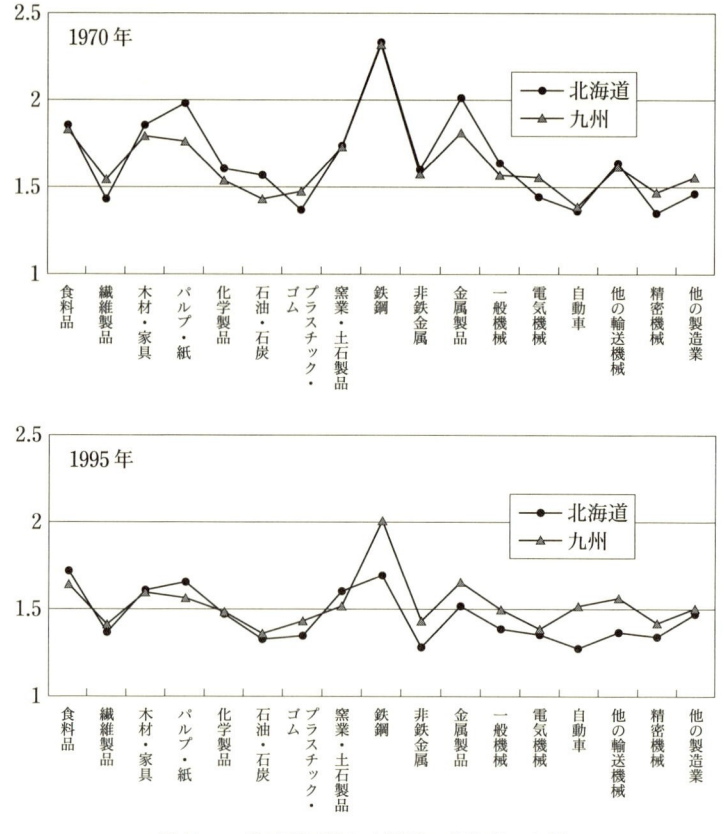

図 終-1　逆行列係数(b_{ij})縦計：北海道・九州

材型産業に代わり，成長率が高く高付加価値の自動車，機械，電気機械などの加工組立型産業のウェイトが高まった。これらの分野で，九州に較べて北海道における影響力が相対的に低下していることが明らかである。1970年時点では，製造業全体はもちろん加工組立型産業の影響力について，北海道は九州に比して遜色のない状態だったものが，95年時点ではかくも大きな較差が生じている。

地域におけるリーディング企業の役割

では，北海道において製造業とくに加工組立型産業の企業・工場を立地させ

終　章　企業活動と地域経済　295

れば地域の経済活動が全体的に活発になるのであろうか。それは一面正しい，従来型の視点である。ただ，上記の分析より考えなくてはならないのは，生産の相互依存関係を強めると同時に高付加価値の経済体質をどのようにして発展させるかということである。

　産業連関分析からは生産の波及効果が検出できるが，波及は技術・ノウハウ・流通システム・人材育成など広い範囲の外部効果として地域に影響をもたらすであろう。地域のリーディング企業に求められるのは，外部効果をいかにして地域全体に波及させるかであり，成熟産業に止まってシェアを確保しているだけでは，リーディング企業としての役割を果たしているとは言えない。自らが産業の枠を越えて新たな技術・商品開発にチャレンジし，他企業に広く波及効果を及ぼすことが期待される。企業の立地によって雇用が増加しても，それが単純・低賃金労働の増加に終わっては地域の豊かさは実感できない。事実，北海道では全国平均に比して単純労働的な職業分野の就業者割合が多いことも分かっている[4]。

　リーディング企業の地域経済における役割として，規模(シェア)，成長性，波及効果がともに重要で，とくに本論では産業連関分析より生産の波及効果に言及してきたが，前に述べたような，広い意味での外部効果をもたらす企業の活躍が望まれるのである。一方，注3)における産業分類番号22以下のサービス部門については，北海道も九州も逆行列係数縦計の変化に大きな差はない。企業間および産業間の相互依存関係や学習を製造業に限定せずに，サービス部門まで拡げて地域全体の生産拡大・生産性向上につながるイノベーションへとつなげることができないか考えてはどうだろうか。その方向性に立って，北海道の成功企業の役割を検討することも有意義ではないか[5]。

注1)　産業構造の変化を分析する期間を定めるのは難しいところがある。1970年代の半ばに大きな変化，とりわけ製造業における構造変化が惹起されたのでこの時期を分析期間に含めることは妥当であろう。一方，分析期間の終期が直近であることがよいとは必ずしも言えない。後で用いる『地域産業連関表』の作成は5年ごとで，公表は4～5年後である。2000年の『地域産業連関表』のデータを用いることはできるが，1970年のそれと比較するにはあまりにも期間が長いようにも思われる。また，90年代初めのバブル経済崩壊後の日本経済にあって，とくに1996～2000年度の対前年度純生産増加率は，5年間で全国ではプラスが2度，北海道では1度，九州では2

度であり，九州地域の相対的な経済力はわずかだが向上した。つまり，北海道と九州を比較した場合，1995年までの趨勢が2000年まで続いている。そのことを考えれば，95年までの期間における分析をもって最近の傾向とすることに問題はないと考える。
2) 注1)にも述べたが，表終-2より，1995年までの趨勢が2000年まで続いていることが明確であり，とくに大分県の躍進が突出している。
3) 以下では松本(2001, 2005)の分析手法・データを用いた。産業分類については次表のごとくである。この分類は，北海道および九州経済産業局『地域産業連関表』部門分類を松本が編集し直したものである。以下では，番号22以下の産業を「サービス部門」と呼んでいる。

番号	部門名	番号	部門名	番号	部門名
1	農林水産	11	鉄鋼	21	電気・ガス・水道
2	鉱業	12	非鉄金属	22	出版・印刷
3	食料品	13	金属製品	23	商業
4	繊維製品	14	一般機械	24	金融・保険・不動産
5	木材・家具	15	電気機械	25	運輸・通信
6	パルプ・紙	16	自動車	26	サービス
7	化学製品	17	他の輸送用機械	27	公務
8	石油・石炭	18	精密機械		
9	プラスチック・ゴム	19	他の製造業		
10	窯業・土石製品	20	建築土木		

4) 詳しくは松本(2001)第4章参照。
5) 筆者は以前，パソコンを用いて軽便だが高性能の3D計測器を開発し，北海道の代表的ベンチャーとして話題になった企業を訪問したことがある。しばらく後にその企業は，財務状況が悪化して倒産の憂き目にあった。新聞報道によれば，技術は一流であったが財務運営の知識に乏しく専門家もいなかったということであった。このようなケースは，企業経営者のリンケージ，絶え間ない学習機会があれば防げるのではないだろうか。外部効果を発揮する要素は技術だけではなく，手法や知識でもあるのである。

〈参考文献〉

H. アームストロング，J. テイラー著／計量計画研究所地域経済学研究会訳『地域経済学と地域政策』〈改訂版〉流通経済大学出版会，2005年

Roger Lloyd-Jones and M. J. Lewis, "Business networks, social habits and the evolution of a regional industrial cluster: Coventry, 1880s-1930s" in John F. Wilson and A. Popp (eds.) *Industrial Clusters and Regional Business Networks in England, 1750-1970*, Ashgate, 2003年

金井一頼「クラスター理論の検討と再編成——経営学の視点から」石倉洋子外著『日本の産業クラスター戦略』有斐閣，2003年

北嶋　守「産業集積再活性化への挑戦とジレンマ」橘川武郎・連合総合生活開発研究所編
　　『地域からの経済再生——産業集積・イノベーション・雇用創出』有斐閣，2005 年
城戸宏史「クラスター化するシリコン・アイランド」山崎　朗編『クラスター戦略』有斐
　　閣，2002 年
松本源太郎『経済のサービス化と産業政策』北海道大学図書刊行会，2001 年
同　　「経済のサービス化と産業構造の調整」『開発こうほう』No.501，㈶北海道開発協会，
　　2005 年，9-13 頁

[松本源太郎]

編者・執筆者紹介

〈編　者〉

佐藤郁夫(さとう いくお)

　札幌大学経営学部教授。昭和シェル石油株式会社，(財)日本エネルギー経済研究所，北海道銀行調査部，地域企業経営研究所などを経て，1996年札幌大学。専門は起業論
　主著　『北海道産業史』〈共著〉(北海道大学図書刊行会，2002年)，『札幌シティガイド』〈監修・著〉(札幌商工会議所，2004年)，『起業教室』(中央経済社，2005年)，『北海道の企業』〈共編著〉(北海道大学出版会，2005年)，『観光と北海道経済』(北海道大学出版会，2008年)など

森永文彦(もりなが ふみひこ)

　酪農学園大学環境システム学部教授。(社)北海道商工指導センター(現，(財)北海道中小企業総合支援センター)を経て，2001年酪農学園大学。専門は経営戦略論
　主著　『のびる企業の経営戦略：拡・新・資・想』〈共著〉(北海道商工指導センター，1988年)，『地域産業支援マニュアル(工業編)』〈共著〉(北海道商工連合会，1994年)，『北海道の企業』〈共編著〉(北海道大学出版会，2005年)など

小川正博(おがわ まさひろ)

　大阪商業大学総合経営学部教授。東京都商工指導所(東京都労働経済局)，札幌大学経営学部教授を経て，2006年大阪商業大学。専門は中小企業経営論
　主著　『創造する日本企業』(新評論，1996年)，『企業の情報行動』(同文舘，2000年)，『企業のネットワーク革新』(同文舘，2001年)[中小企業研究奨励賞]，『21世紀中小企業論』〈共著〉(有斐閣，2001年)，『事業創造のビジネスシステム』〈編著〉(中央経済社，2003年)，『北海道の企業』〈共編著〉(北海道大学出版会，2005年)など

〈執筆者〉

佐藤郁夫(さとう いくお)　　　札幌大学経営学部教授［序章，第3章］
山本　敦(やまもと あつし)　　札幌大学経営学部助教授［第1章］
佐藤はるみ(さとう はるみ)　　税理士［第2章］
湯川恵子(ゆかわ けいこ)　　　北海道工業大学未来デザイン学部准教授［第4章］
長尾正克(ながお まさかつ)　　札幌大学経済学部教授［第5章］
本田康夫(ほんだ やすお)　　　酪農学園大学環境システム学部教授［第6章］
小川正博(おがわ まさひろ)　　大阪商業大学総合経営学部教授［第7章］
森永文彦(もりなが ふみひこ)　酪農学園大学環境システム学部教授［第8章］
辻村英樹(つじむら ひでき)　　コンサルティングオフィス辻代表取締役［第9章］
佐藤芳彰(さとう よしあき)　　北海学園大学経営学部教授［第10章］
加藤　玲(かとう あきら)　　　北海道中小企業総合支援センター相談担当部長［第11章］
柳井正義(やない まさよし)　　㈱北海道二十一世紀総合研究所調査研究部次長［第12章］
松本源太郎(まつもと げんたろう)　札幌大学経済学部教授［終章］

札幌大学産業経営研究所企業研究シリーズⅡ
北海道の企業 2 ──ビジネスをケースで学ぶ
2008 年 6 月 25 日　第 1 刷発行

編著者	佐　藤　郁　夫 森　永　文　彦 小　川　正　博
発行者	吉　田　克　己

発行所　北海道大学出版会
札幌市北区北 9 条西 8 丁目 北海道大学構内（〒 060-0809）
Tel. 011(747)2308・Fax. 011(736)8605・http://www.hup.gr.jp

アイワード　　　　　　　　　Ⓒ 2008　札幌大学産業経営研究所

ISBN978-4-8329-6697-0

主要企業の経営の歴史と現在がわかる，分析シリーズの第1集！

北海道の企業──ビジネスをケースで学ぶ

小川正博・森永文彦・佐藤郁夫 編著　Ａ５判・320頁・2940円(税込)

学生や若い社会人がビジネスの感覚を身につけるために！　北海道の代表的企業の多様な事例を深く掘り下げて分析した，生きた経営学への招待。

〈目　次〉

第１章　北日本精機
　　　　──グローバル・ニッチ市場で躍進するベアリングメーカー

第２章　ジャパンケアサービス
　　　　──介護ビジネスを創出した市場のリーダー

第３章　カワムラ
　　　　──寒冷地住宅建築の独自ノウハウで市場創造

第４章　ビー・ユー・ジー
　　　　──学生の夢を体現したITベンチャー

第５章　ダイナックス
　　　　──技術深耕により世界へ大きく飛躍

第６章　セイコーマート
　　　　──地域密着で進化するコンビニエンスストア

第７章　カンディハウス
　　　　──洗練されたデザインで世界を目指す高級家具企業

第８章　アミノアップ化学
　　　　──産学連携バイオ・ベンチャーの成長と経営戦略

第９章　ホクビー
　　　　──独自技術で躍進する食材加工企業

第10章　阿寒グランドホテル
　　　　──顧客満足に徹し，老舗旅館の経営改革を実践

第11章　総合商研
　　　　──顧客の本質的なニーズを解決する印刷ビジネスの創造

第12章　光合金製作所
　　　　──地域の課題に応えるもの造り

──────北海道大学出版会